城市修道者

The Urban Monk

暫停時間，尋找成功、快樂與平靜的幸福法則

佩德蘭・修賈 Pedram Shojai

游淑峰 譯

獻給我們子孫一個平和、永續與豐足未來的真知洞見。

願我們為所有生命的未來挺身而出、即起而行，使之成真。

目錄

前言

你是否曾經因為錯過一次健身房運動而感到罪惡呢？
或者因為少上一堂瑜伽課而懊惱？
你是否曾一度學過靜坐，但之後無疾而終？
你是否後悔沒有足夠時間與小孩、先生或妻子、朋友，或與年邁的父母共度美好時光？
你的夜燈旁邊是否有一疊書，你每晚看著它們，卻不知何年何日才有時間閱讀？
你是否曾經在度假回來後，發覺自己精疲力竭，提不起精神回到生活常軌？
你是否曾經覺得壓力大、倦怠，或者純粹對一成不變的生活感到無聊至極？

歡迎來到現代世界。

過去的世界並非一向如此。我們的祖先在一生當中擁有比我們更多的時間、更大的空間。他們四處步行，呼吸新鮮空氣。他們花時間料理三餐，並與親愛的家人共享，而且，他們更常浸淫在大自然與天然元素中。他們的生活較少壓力，時間沒被工作塞滿。他們被家人圍繞著，而且屬於一個更大的部落。

今天，我們會收到帳單。我們每一分鐘都收到數以百萬位元的資訊轟炸。好戰份子計畫殺人的新聞，通常伴隨著罹癌率上升以及經濟崩壞的消息。我們的小孩被商業廣告拉著走，我們地球的冰帽正在融解。每樣東西都比我們願意支付的價錢還貴，我們發現自己忙到天昏地暗，焦頭爛額，但只是繼續歹戲拖棚。

這是何苦？

現代都市人或者郊區居民的危機處處，子彈從四面八方飛來，而我們的裝備不足，無法應付任何一顆子彈。

我們焦慮不安、疲憊不堪、無精打采、徬徨失據。有些人在冥冥中相信，東方古老的祕密是問題的解答。如披頭四帶回了瑪赫西（原為梵文，意為智者或導師，常被加在一個名字前，作為宗教頭銜），而印度教上師開始千里迢迢從亞洲過來，我們認為瑜伽、靜心冥想、斷食、太極與禪定將為我們救苦救難。如今，我們身陷風暴之中，忘了在需要的時候，呼喚那些方法。

另外有些人仰賴宗教，試著在教會中活躍。對有些人來說，這確實有幫助，但對許多人而言，卻是幻滅與失望。許多舊式教會並未跟上時代的瞬變，讓人覺得他們活在象牙塔中，不了解我們的問題。

我們讀到一些資訊，說運動很好，便去健身房試水溫。我們強迫自己忍受那裡飄散臭味的渾濁空氣，以及對著鏡子孤芳自賞的擁擠人群，這真令人作噁。我們知道自己得繼續運動，但對大部分人來說，光是前往健身房就是一場天人交戰。運動？那是什麼？大多數人每天花超過一小時通勤上班，然後坐在辦公桌旁整整八個小時。回到家，我們已經頭昏腦脹、肚子咕咕作響，完全沒有心情運動。

如果以上任何一點的情況與你雷同，你確實來對地方了。在撰寫這本書時，特別把你放在心上。為什麼？因為我環遊世界，向心靈大師學習，而且，也從一些正統訓練出身的人那裡學到療癒的技巧。我所受的訓練，是為我所來自的世界帶來均衡與平和。當我從喜瑪拉雅山下來，我很快便領悟到，我的病人，他們多是住在洛杉磯地區的尋常上班族，他們不會和我做一樣的事。他們不會去參加一個月的閉關禪修，每天打好幾小時的氣功，或者隨時出發遠行。他們當然不會遠走他鄉，成為僧人。他們不會剔個光頭，千里跋涉上聖山尋找上帝。他們家裡有小孩、有帳單、有小狗，以及日常生活中狗屁倒灶的事，而這就是他們需要幫助的地方。他們在此時此地，需要解決方案。

我已用了全部的生涯，致力將東方實用的古老智慧帶給我們這座城市與市井居民，這本書集結了我執業歷程中，成千上百的成功案例。我從這多年的經驗中發覺，西方有著可怕的錯誤理解，無可計數的百萬生靈因此受苦受難。

問題就在那些從中國、西藏與印度帶來的深奧修行法，多是來自苦行者的一脈相承，但在西方卻是在家中修行。苦行僧棄絕了俗世，他們拋棄了金錢、性、家人與其他世俗的名利，以追求能夠與各種相承的神靈、道、佛性等更深刻的連結。他們接受了苦行與特別的修行，每天修行數小時，年復一年。這是他們選擇的道路，而且，老實說，這對他們也是有益的。

那麼，我們其他人呢？嗯，因為孩子的足球比賽超時，我們錯過了瑜伽課，我們感到很罪惡。我們告訴自己每晚要靜坐冥想，但忍不住點頭如搗蒜，因為我們已經整天在辦公桌前為電子表格絞盡腦汁。我們試著吃健康一點，但飛機場的食物和僧人吃的畢竟不同。我們需要一套不同的指導原則，幫助我們在這個充滿金錢、壓力、緊湊的行程，以及一堆人搶著得到我們關愛的眼神的世界裡，安全地航行。我們所居住的世界並不那麼安靜，也很少是平靜的。所以，要如何找到平靜？在我們安身立命的地方做好準備，以應付一切呢？

成為城市修道者

這本書俯拾即是你可以在日常生活中進行的無價修行與練習，就在當下，找到平靜，獲得更多的能量。與其在雜貨店櫃台旁邊咒罵前面那位到處翻找優惠卷的小姐，你可以謝謝她，因為她剛給了你寶貴的時間當禮物。你現在有了五分鐘來練習呼吸，吸納無邊無際的能量與平靜，這些原是你與生俱來的基本權利。

我曾是加州大學洛杉磯分校（UCLA）醫學院預科生，後來我發現了太極。從那裡，我認識了一位道教道長，他教我功夫和氣功。我成了一位道教僧人，環遊世界，跟隨許多位大師學習靜坐，從此成為一名密宗弟子。但我是在洛杉磯長大。我有一般的朋友，上一般的學校。我和搖滾明星混在一起，曾和其中幾位最有名的人一同坐在亞馬遜的茅草屋裡。我後來成為東方醫學醫師，看過成百上千名患者。這讓我體認到人類的苦難，不是透過抽象的新時代的方法，而是實際真實的。多年來，我幫助正常人度過現實生活的危難。離婚、親人往生、孩子嗑藥、不孕。這是城市裡的真實生活，這是我們需要協助的地方。讓我們暫且忘記崇高的靈性思想，實事求是。當我們擺平了家裡的大小事，然後，沒錯，有一個奇異的神祕國度等待我們探索，但先從我們的足下開始，我們受苦受難的地方開始。

我有太太和小孩，我是一家之主。我家裡養了狗，還有房貸。我和你同病相憐。我是Well.org這個網站的創辦人，製作影片和電視節目，無時無刻有著山一樣多的事要處理。我了解帳單隨時會來，稅單也會跟著來。這些是理所當然的事。一家之主會創造工作，而且擔負轄區內一家大小的責任。一家之主每個月都會遇到倒楣的事，而且情況變嚴峻時，也不能退縮。一家之主首先必須要能活下來，然後才是學習如何活下去。

讓我們捲起袖子，身體力行。我把自己想成是一位城市修道者，而且，在本書的最後，將邀請你照著做。為什麼？因為我們的世界需要你站出來，好好地過你的人生。我們的小孩需要你來幫忙保護我們的環境，在消費時做更好的選擇。你的家人在和你一起時，需要你更多的關注、陪伴與愛。你的事業需要你的融入，為你的世界帶來更多的富足。而且，最重要的是，你需要你回來。

讓我們學習改變自己的方式，從我們的家、辦公室，甚至通勤中，成為我們該成為的人。

這本書分成十章，每一章討論現代世界我們面臨的主要人生議題：壓力、時間不足、缺乏動能、睡眠問題、停滯的生活型態、不健康的飲食、與大自然疏離、孤獨、金錢問題，以及缺乏意義與目的的人生。每一章，我從一位病人的故事開始，這些故事是這些年來，我擔任醫師與僧人，和數千名病人接觸的經驗得來。這些名字是化名，故事也稍加改編，以保護個人隱私；有些是稍加混雜與配對，但這全部都是這幾年來真實的故事，以及我給予的真實建議。從這裡，我們進入第一段，標題為「問題」所在，我分析這個問題，和你用另一種新鮮的眼光來看它。接著，展開到下一段：「城市修道者的智慧」，這是來自東方與薩滿教的密宗哲學，讓我們以另一種角度看待我們的問題，並找出一種解決的方法。最後，我們落實到解決方案。首先是「東方修行法」，這是來自古老的智慧與傳統，經驗證過的辦法，簡單、優雅，而且千百年來證實對人們有效。接下來是「現代破解法」，說明實用的練習、app，以及其他我發現有效面對當代問題的技巧。每一章的最後以一段與開頭的故事呼應的短文作結，提供解決方法。最後，我會給你一些食譜與行動計畫，這些將戲劇性地轉化與提升你的人生。這些修行稱為「功」，我已經用它教導學生多年。這是一種你（根據這本書學到的原則與課程）選擇的專注的修行，會給你實際的計畫、路線圖，以及成功的框架。我已經用這個模式幫助了上千名像你一樣的人，我有信心，它也能幫助你。

你可以選任何一章開始閱讀，但我建議你讀完整本書，你很可能會聯想到生命中的許多人，而當你看見他們也如何痛苦掙扎時，更能認同他們。當你準備好進入你第一次的「功」，你會在未來好幾年，都想參考這本書裡的方法。

好好享受這本書，在上面畫重點。在空白處寫筆記，讓它幫助你思索，那些在你的人生中能量被卡住的地方。它將一路教導你享受人生之旅，並發現你自身的力量。

我為你成為本書的讀者而興奮。

第一章

壓力：我如何躲過這些子彈？

羅伯來自一個舊式的學校。在他成長的這個地區，男孩長大後只有三種選擇：醫生、律師或是工程師。他讀了法律，知道這會是一份穩定的工作，有安全感。經歷長時間埋首苦讀、律師資格考試、每週工作七小時、一杯接一杯的咖啡、與難纏的人打交道，這些全是他成功之路上的考驗。他過關斬將，努力往上爬，如今是一間聲譽卓著的事務所年輕合夥人。日子依然度日如年，壓力依然大到誇張。他的毛髮日漸稀疏也是意料中的事。

他的妻子在他們第二個孩子出生後，就辭職待在家，所以他現在肩負了整個家庭全部的經濟重擔。

他住在高級住宅區一間美侖美奐的房子裡。有一座游泳池，還有一個按摩浴缸，只是他從去年就沒進去泡過了。他們還擁有一間分時度假的小屋，但他經常焦慮著是否有時間去。健康保險的費率年年增加，而他最小的小孩患有氣喘，還有令人抓狂的食物過敏，這全都需要花錢和時間，生活中充滿挑戰。即使有一位兼差的褓姆，他似乎也沒得睡。而最近一次去夏威夷茂宜島的家庭旅行更是一團糟，很不值得。回家後，他覺得精疲力盡，情緒低落。

羅伯的人生充滿了壓力。雖然他有遮風避雨的房子、有車、而且三餐溫飽，但內心深處，他卻充滿了恐懼。他知道他無法繼續這樣的步調。他覺得自己某天就快倒了，但他不行倒下。畢竟，他們一家人都仰賴他。他喝咖啡、上健身房、吞綜合維他命，偶爾讓人按摩，但他的心裡總是充滿了必須繼續撐下去的壓力。

一位優秀的律師應該要開 Lexus 房車。

優秀的父母應該送小孩上私立學校。

健身課和鋼琴課都是必要不可少的。

其他父母把孩子送去一些很酷的夏令營。當然！我們也得參加……

壓力使得生活失衡，不再有樂趣，他得不時振作自己，抬起下巴。他的父親教導他，「真正的男人」絕不放棄；他們為自己的家庭奮鬥，絕不示弱。每天早上，他和孩子一起吃麥片早餐，看著晨間新聞，他感覺自己像是一位缺席的父親，沒有真正看見孩子成長，對此他感到悵然。他感到虛弱，很怕自己將要打輸這一役。畢竟，由於他不斷為每件事燒錢，他們幾乎沒有存款，如果他停止工作，幾個月內，他們家就會出事。如果他突然倒下，他的壽險會有一筆數目不小的理賠金，他已經想到這件事很多次了，但每次想到這些，總令他毛骨悚然。

羅伯的人生觸礁了，他的腎上腺即將用罄，而且看不到終點。他找不出解救之道，每一天，一塊絕望的大石無聲地卡在他心靈的陰影中，對他家庭來說也是一大折磨。羅伯努力撐著，但他的醫生警告，他的血壓太高了。這個賭注太高，和他的血壓值一樣。他該怎麼辦？

〈問題〉

就某方面而言，我們都有和羅伯一樣的問題。我們的身體經過上百萬年的演化，能夠對環境中可預期的壓力來源產生反應。在充滿捕獵者與資源稀少的危險世界裡，「打或逃」是一項讓我們得以存活的理想策略。演化到現在，我們的身體能藉由優化新陳代謝系統，轉進危機模式，幫助我們遠離生命受威脅的情境。遇到危險的時候，我們的皮質醇和(或)腎上腺素會激增，協助血液流轉移到大肌肉，以此擊敗對手，或者逃離獵捕者。這些壓力激素由上而下控制身體的若干系統，而且在各處以各自的水平微幅波動。它們與體內神經系統中一個優雅的切換機制協同工作。我們的交感神經系統主導了「打或逃」的反應，並迅速將能量分流到危險發生時需要的地方；與這個機制相對的，是副交感神經系統，它可以被想成是「休息和消化」模式，讓身體可以自在地修復、消化食物、執行解毒和排泄工作。在危險時刻，身體機制會輕鬆地從內臟器官、免疫系統，以及與高認知相關的一部分腦，將血流拉回，再推往股四頭肌，以便讓我們在必要時，可以沒命似地奔跑。在大難臨頭時，這是個很巧妙的機制，但讓我們抽絲剝繭來看看羅伯的生活，探討為什麼這個機制對現代律師是一個不好的消息。

羅伯的壓力不是來自一個急性事件。當然，偶爾隔壁車道的車突然轉向過來，心率（和中指）會突然跳起來，但這不會致命；致命的是慢性壓力。一頭非洲的野生黑斑羚，不會預先想到獅子突然靠近這種「假設」的場景。牠顧著吃，四處遊盪、交配，如果威脅出現，牠就快跑。如果牠逃過一劫，便拍拍屁股，回去做牠原來做的事。我們不是這樣。我們會不斷在腦海裡重複播放這次事件，連結到情緒，以不同的方式看見這幅影像運轉；我們不會把它放下。黑斑羚已經繼續往前走了，但是我們仍在談論它，作為一種心理治療；或者更糟，把它保存起來。我們並沒有真正地進入「休息和消化」模式來平衡這些系統，所以我們依然神經緊繃。

慢性壓力是一個殺手。

每次客戶威脅要取消案子委託，或者法官不受理某個案件時，羅伯就要經歷一次小型的「不是生就是死」的時刻。改天，他的妻子回家時拎了一只新的時髦包包，立刻讓他反胃。「那個包包多少錢？」

這些現代的壓力，基本上就是一種千刀萬剮。我們對金錢或貨幣的抽象概念，與我們的生存息息相關，會觸發相同的電路。它會攪亂我們的心緒，使我們精疲力盡。當壓力太大時，它深層的意思是，這是我們身體深刻感應到不可輕忽的東西。持續一段長時間釋放低量的皮質醇，會對身體造成可怕的後果。你可以說，羅伯活在一種令人同情的過勞，已經忘記如何回復到之前的狀態來好好休息。隨著身體不斷將重要系統需要的血流量減少，以下是一些可預見的後果：

限制了給予免疫系統的能量

長期處於壓力狀態下的身體，就像是處於戰爭狀態的國家，所有的金錢、軍隊、物資都被送往前線（緊張的「打或逃」模式）。街道上還有誰留下來看管嗎？你如何處理地方幫派和恐怖組織？你沒有辦法的，它們趁虛而入，占據上風，然後以疾病的方式表現出來。在你把軍隊從前線調回來之前，損害已經造成，你需要花費更多的力氣來修復它。

這不是設計不佳的問題，人類的免疫系統是令人讚嘆的，這是一個精心設計的宇宙，幫助我們辨認不屬於我們身體的東西，並且將它們排除。當情況運作順利，免疫系統的精準與效率簡直是奇蹟。但現代世界大部分的人，都嘗到免疫力受損的惡果。美國疾病控制和預防中心（CDC）將九〇％的慢性疾病歸因於壓力，這是很大的一個數字。當羅伯的免疫系統變得相當弱時，他一定會罹患某種麻煩的慢性疾病，只是時間早晚而已。

問題在於羅伯的生活。

每天，羅伯不經意地做了許多會將資源從免疫系統抽出來的事，這使得他的身體愈來愈難維持平衡。長此以往終會出事，他會累出病。

減少送往消化系統和內臟的能量

當身體得到信號說，獅子來了，它會把身上的血液從內臟（器官）聚集起來，導向能夠幫助我們躲過這個「攻擊」的肌肉。當這種情況發生，器官會受一點傷害。由於血液被分流到「快讓我離開這鬼地方」的肌肉，流到器官的血液便減少了，這會削減遞送到重要器官的能量和營養。想像戰爭時期的經濟狀態，在戰爭時期，不會有多餘的錢留給學校的課本、街道修繕或食品券。

當消化道的能量定期被拉走，我們開始會看到吸收不良、營養缺乏、便祕或腹瀉、消化問題、脹氣、疲勞，最終是腸漏「症狀」（我將在本書後面解釋）。「休息和消化」是我們療癒的地方，但是，當我們不允許自己休息和消化，會發生什麼事？看看你的周圍。世界上有萬億美元的醫療保健產業靠慢性疾病大發利市，而這些慢性疾病就是源自不良的生活方式和未控制好的壓力。

導致血糖雲霄飛車

當皮質醇升高，各種情況就會發生。如前所述，血流會被引導到「快讓我離開這鬼地方」的肌肉，但這也會對血糖產生巨大的影響。

皮質醇就像信用卡。

在危急的情況下，身體需要立即的能量，所以皮質醇就像是刷卡獲取立即的滿足感。它可以幫助身體從肝臟儲備的糖原汲取能量，滿足立即的需求，但這會造成一些嚴重的後果。當血糖開始衝高，胰腺感知到這一點，並釋放出胰島素，以抓住這個糖，把它送進細胞。這一切都很好，直到當情況開始脫離軌道。經過多年處理皮質醇能量的雲霄飛車，胰島素的注射經常超過糖(能量)的釋放，這會使我們感覺飢餓，渴望更多的糖或碳水化合物來平衡。這可能表現在喜怒無常、煩躁不安、頭痛和全身倦怠；它往往使我們想喝些咖啡，在能量不濟時助一臂之力，也許來塊鬆餅也有幫助……我們將在稍後的睡眠章節，討論腎上腺素在這種瘋狂狀態中的角色。

大部分人每天在這種情況中起起伏伏，以致於才星期二中午，他們已迫不及待週末的到來。

造成內分泌系統嚴重損害

已有數十位優秀的運動員來到我的診所，私下承認他們無法再勃起了，皮質醇往往是當中的原因。這些運動員因為長期的高壓力，耗盡了腎上腺，最終牽連了睪丸激素、雌激素、脫氫表雄酮（DHEA），以及其他一些激素路徑。挖東牆補西牆似乎是我們這個時代的做法，而這肯定會反應在身體上。如今，就像羅伯，他借了明天的能量來撐過今天，但他們不看這種交易的利息，它會吸血。也許你可以撐過三十多歲，但你之後就會碰壁，身體開始罷工，一旦激素用罄了，就會發胖，拖著疲累的身軀，在臥房裡受挫……對不起，對不起，給我一分鐘……

當然，有些藥物是針對所有這些問題的，但根源通常來自腎上腺燃燒率的能源應用不佳。藥物通常有副作用，而表面下的問題往往陰魂不散。

大腦受損

當我們長期處於壓力下，也許，最糟糕的情況是阻斷了流往前額葉皮層的血流。前額葉皮層是大腦的一部分，也是人類與猴子的區別所在。它能幫助我們進行抽象思維、解決問題、高階認知以及高階的道德推理。它是大腦中負責否定衝動的部分。在古代傳統裡，這個區域被稱為第三隻眼，應該好好發展與珍惜。問題是，人體的交換系統知道，當一頭犀牛衝過來時，身體不需要這部分來爬上一棵樹，所以它把血液和能量分流到負責即時反應行為的後腦。再次地，身體的衝動是「讓我從這裡消失，或是快點衝過這個要來搶我東西的傢伙」。

萬一你在芝加哥遇到一隻獅子，這會很有用。當一輛計程車沒注意到你穿越馬路時，它也能幫你閃到路邊，但長期將能量錯置到「打或逃」的腦，將使我們處於消極反應、不信任、較少同情心，以及無法做出長期而深思熟慮的決定。高階的道德推理是我們之所以為人的主要原因。宗教、道德、榮譽以及自我意識，全來自這個優美的灰質，若我們無法使用它，將是一個悲劇。大多數人活在「生存模式」，可以證明這點。這也可以解釋為什麼這麼多的人明明懂，卻還是做了傷害自己的事。我們知道吸菸對我們沒有好處，但許多人仍然吸菸；我們明白派餅含有很多脂肪，依然照吃不誤；我們告訴自己，我們的前男友、前女友是個麻煩，卻發現自己又打電話給他們。如果我們與前額葉皮質聯繫不佳，便無法使用這一部分的大腦，來抑制危害身體的衝動。長期生活在壓力下，會使我們被拒於部分大腦之外，使我們更加衝動與無知。

活力能彌補傷害

在我的第一部電影中，我談到活力（vitality）的概念，它是生命的能量，能餵養器官、讓細胞有力、為大腦補充燃料。它是生命的通用貨幣，並且是保護我們抵抗疾病和壓力後遺症的能量場。當羅伯的壓力超過了他的活力，他就麻煩上身了。一旦身體越過拉鋸的「打或逃」引爆點，麻煩來敲門，事情就不妙了。當我們把「存款」和能量花費到身體入不敷出的地步，就開始要犧牲部分系統，這時情況已經變糟了，我們最後得坐在候診間，直到一個穿著白色外套的人丟一些藥丸給我們。這時我們已驚慌失措，擔心生命安危了。

死亡總是存在，總是提醒我們生存就在不遠處，這是我們可以利用的一種優勢。

個人心旅

我從喜馬拉雅山回來時，決定要以我旺盛的精力來迎戰世界上的健康危機，挑戰使命感。我認為我能從圈內人的角色修復一個破碎的系統，所以我建立了一個醫療集團，並迅速成長到三間辦公室。期刊報導了我們的在互補醫學（complementary medicine）上的創新，並獲得很酷的榮譽，但我知道那是沒用的東西。從本質上而言，我的養成訓練是疾病的預防與預測，而我的開業模式，卻是等人上門，而且人們已罹患可診斷的疾病。我一直試圖在這混亂的系統裡找出變通方法，並不斷與巴著我們的錢不放的保險公司周旋。這股壓力非常巨大，而它也真的得以測試我的靜坐冥想技巧。

我延遲了幾年，終於恍然大悟：無論你是多麼優秀的戰士，如果你站在一個圈內太久，一定會被打倒。這時，我意識到我可以在健康與媒體方面做更好、更有意義的工作。我跨出了壓力子彈的路徑，我的人生變得非常精采。我學到了什麼？有時，我們得從困住我們的箱子外面來思考，然後發現，其實只要一個簡單的決定，自我施加的壓力就會煙消雲散。

〈城市修道者的智慧〉

單純存活下來是不夠的，我們想要茁壯成長。城市修道者建立一個穩固的基礎，並且帶著清醒的意識活動。我們學習脫離「打或逃」的困境，到達摩天大樓的樓頂套房，也就是人體。這是什麼意思？

努力開發你的前額葉皮層。增強你的第三隻眼。

一些研究表明，即使是靜坐的新手也會增加前額葉皮層的皮層神經元密度。這是個好消息，這意味我們仍然可以積極開發我們大腦的這一部分。它幫助我們在壓力下保持冷靜，得以更輕易地檢視緊張的情勢。從瘋狂的恐慌到冷靜與專注，這個曲線，便是城市修道者的旅程，到達那裡才是重點，整本書裡，我們會圍繞著這個主題跳躍，因為很多基本元素都涉及清爽的飲食、良好的睡眠、全方位的運動、安靜的時間，以及健康的思維模式。

大師保持平靜

這個世界是瘋狂的，我們的生活把我們推向恐慌，若不守住底線，我們就會迷失。活在颱風眼裡是非常重要的，在那裡很平靜，混亂不是這塊土地的律則。

很多古老修道院的智慧已經在學術中心流傳了上千年，例如寺廟、學校、洞穴和學院，它們不會隨著外面的世界嬗變游移。我們的工作即是將那種平靜帶回到我們的城市，以及在當下為平衡的生活訂定基調。

在西方，我們掉進了一個錯誤的假設，以為靜坐冥想是極度焦慮時該做的事。這就像是說，你拉傷肌肉後，需要做伸展動作，是的，這可能有幫助，但為時已晚。

改變看待靜坐的方式，可能有幫助：大多數人把靜坐當成是電腦桌面上的一個圖示，當他們覺得壓力太大，便去點擊它，深呼吸幾次，感覺好一點，然後再回到已經打開的十二個視窗，重新陷入混亂之中。

嘗試把靜坐當成作業系統。

這句話的意思是，你要不斷地掃描你的意識，並引導到平靜。你可以感覺到令你激動和不安的想法，你練習讓它們飄走，不要讓它們擋住你的去路。

大腦是有回應的。

我們經歷了某件事，然後我們把那段經驗，與過去某件相關的記憶連結起來；如果有一個懸而未決的情緒反應與這段記憶相關，我們會重新體驗它一遍，而且開始變得不安。這種不適感使我們焦躁、抽出一根菸、突然轉移話題，或者改做其他任何事，避免彆扭的感覺。我們一整天就做這些事情……

「學習保持沒有回應」，是這個遊戲的名稱。這意味沒有熱情的活著嗎？絕對不是。好好地生活、好好地愛、好好地笑、好好地學習——就是不要太入戲。帶著熱情與目的過你的人生，但不要讓別人把你當成棋子。由你來駕駛，更重要的是，由你更高的自我（Higher Self）來駕駛，而且你要放輕鬆。

欲望是受苦的根源

關於這一點，佛陀說了很多，而他本身是一個說話不多的人。他追溯人類的苦難，歸結到兩件事情：愛與惡。一種是我們不喜歡某件東西，它是如何使我們厭惡，驅使我們迴避它；或者我們喜歡它、渴望它，妄想要更多。

在我返家領航我自己的企業之船以前，我花了人生很大一部分的時間修習佛教，行走在喜馬拉雅山間。在學習市場營銷一〇一招，並在隨後的幾年投入未知的兔子洞，我很訝異這兩個世界是如此地衝突。身為一位道士與佛教弟子，我負載著減輕人類痛苦的責任；身為一位企業主，我被教導要將欲望視為驅動銷售最強的武器，這是一種靠他人弱點而茁壯的行業。你可以成為靠那些餓鬼生存、而不是拯救他們的寄生蟲。顯然地，也有許多好人在體系內工作，全力以赴，但最根本的挑戰，仍然是如何強迫他們，同時又能幫助他們。幸運的是，我找到了健康這條路，運用我改造的驅力，來喚醒人們幫助自己和世界，但很難調合剛開始的窘境。

所以，這和你有什麼關係？**每件事都有關係。**

一整天，每一天，我們都被廣告轟炸，對人類心智來說實在是一場戰鬥。從公車站牌上的標示到你接收的垃圾訊息，每家公司隨時都在爭相吸引你的注意，他們無所不在，而且永不放棄。如果你稍微鬆懈，可能就會染上一種頑劣的心理病毒（稱作「文化基因」）。

心理病毒？

是的，像是「我需要那部卡車，因為真正的男人都開那種很酷的卡車」。

或者，「我需要那只皮包，因為蘇姬買了一個漂亮的包包，全部的人都看她。」

或者，「我的小孩得穿這位設計師的款式，這樣其他父母才會知道我們也是有水準的父母。」

這可以列一大串。我們整天汲汲營營去賺錢，但是經常把錢花在其實並不真的需要的垃圾上，特別是根據心智判斷，列為非必需品的東西上。很快地，我們發現自己捉襟見肘，很擔心每個月該如何收支平衡。還記得羅伯嗎？他很會賺錢，但仍然一貧如洗。那就是我們每天生活的體系，金錢與生存息息相關，如果你有了金錢，你會開始擔心失去它，而不管你擁有什麼，卻永遠都嫌不夠。

一位城市修道者不擔心地位的問題；因此，她是自由的。

她的自我意識是建構在堅實的內在基石上。她調養她的呼吸，與她接通整個宇宙的韻律一致。其他人給她的任何褒揚並無關緊要。隨著活力與熱情從內在散發出來，她因生命與大自然而更有能量。

控管你的訊息

為什麼世界上的寺廟通常遠離塵囂，隱身在深山之中？這是有原因的。「你吃什麼，你就是什麼。」這句話也適用於你所汲取的訊息。收看每日新聞會讓你相信，這個世界是一個危險的地方，你得隨時繃緊神經。這是用力鞭笞你的腎上腺、把自己送進醫院的好方法。

每天人云亦云的廢話，只是製造八卦，它會玷污心靈，並剝奪清靜。城市修道者試著挑剔他所吸收的訊息，而且，他熱衷於能夠豐富自己內涵的內容。世界上有許多很棒的老師、書籍、課程和賢達人士，可以作為學習榜樣。如果記住「你吃什麼，你就是什麼」這個原則，那麼我們會以全新的過濾機制，注意被允許進入生活的每件事物。學習、成長、茁壯，並保持冷靜——這是往前進的方向。

這是否意味著我們不應該關心時事？不。我每天瀏覽一次頭條新聞，確定看到了我該知道的大新聞。偶爾，我會深入閱讀某件有趣的事，但我利用科技來調控吸收的管道。目前市場上有許多閱讀器，我使用Google Alerts。我挑選了五到十個有興趣收到最新訊息的主題，只有這方面的訊息才會出現。如此一來，我能一直收到相關的新知，至於最近哪一位名人喝得酩酊大醉，做了什麼糗事，這和我的人生一點關係都沒有，只是浪費大腦空間。

重新校準你的壓力水桶

殊死搏鬥曾經是一種生活方式。男孩經由眼睛直視面對死亡，從而變成男人；小女孩知道如何躲避捕食者和毒蛇。獅子闖入村莊，土匪到處流竄。過去的生活危險得多，而且死亡披著不同的外衣。當我在非洲學習跟蹤獅子之前，我已經受了上千小時的功夫訓練，習慣於戰鬥，知道居於劣勢的代價。即使如此，仍不足以讓我準備好在野生獅子的領地與牠狹路相逢。與如此巨大而有力的捕食者近距離接觸的感覺很原始，足以把你嚇到變成縮頭烏龜。我記得有一次跟蹤一頭公獅橫越山谷，與危險只有咫尺之隔；如果風向轉變，讓他嗅到我們的氣味，麻煩就大了。有一刻我們與這頭獅子非常近，牠在我們方圓五十呎（約十五公尺）之內，我的每根毛髮都豎了起來，每個細胞突然都醒了。**死亡將近！醒醒啊！**

我記得那天有一種昇華的感覺，因為所有小事都不值一提了。我們還活著，而這件事很酷。我想這是很多人喜歡從事冒險運動或危險工作的原因，為了記得生龍活虎是什麼感覺。我們不覺得自己活著，這是一種特別的感覺，我們恍如隔世，而且這是現代世界的悲劇。當我們太久沒有調整或重整我們的壓力水桶（stress bucket）[1]，那麼同事的一句話，就成了壓力的底線，足以讓當天的系統大亂。

我們一直拘泥於芝麻小事，這是不恰當的。

重新調整壓力水桶，也可以很簡單，例如每天做一件令你害怕的事，可能是請哪位同事離開、獨自去祕魯旅行、跳傘，或者任何能從感官遲鈍的單調現實拉開的事。在古代，僧人得對

1 壓力水桶：將壓力比喻為水桶的心理壓力分析圖示，注入的水代表壓力，有效的處理技巧能將水（壓力）釋放，而無效的處理方法（如飲酒或毒品）會回收壓力或延遲壓力的釋放。可參見：https://student.unsw.edu.au/sites/all/files/uploads/CAPS/Stress%20Bucket.pdf。

抗野生動物、土匪、帝國士兵，以及其他任何不速之客。仔細想想，我們的祖先實在充滿了拓荒精神，得時時面對許多危險。你和家人得獨力求生，生死存亡全掌握在自己手中，距離最近的醫生得騎兩天的馬，所以過河時，你最好小心。

參與生命，確實有助壓力管理。如果小事讓你心情低落，那麼，就去做大事。在本章稍後，我們將討論多種可行的方法。關鍵是要抬高眼界及回頭看，如此一來，你會笑看那些曾經困擾你的事物。沒有其他事比重新設定你的壓力水平，更令人宛如新生。亨利．福特曾經說：「當我們的視線從目標移開，障礙物就成了可怕的東西。」

學會傾聽

每一秒鐘，都有數以百萬計位元的訊息通過你的大腦。從你一隻腳的位置，到拂過你臉龐的風，全像噪音一樣，反映在大腦的訊息。此外，還有源源不斷流過的昔日記憶、創傷、情緒與痛苦，大腦一直試著逃避這些不堪記憶。但它大喇喇地在那裡。大部分的人在試著靜坐冥想時第一次注意到這種情形，而當他們發現時，往往大驚失色……**混亂其實就在我們內心**。這是人類處境的詛咒，也是福音。一旦我們明白，平靜是一種內在遊戲，我們必須學習穩定大腦裡的喋喋不休，學會降低對噪音的回應，減少一點衝動。當我們精於此道，便成就了人生最大的奇蹟之一。

當我們的內在狀態改變，外在世界會開始跟著改變。

當開始看見我們在周遭世界中新發現的平靜所產生的反映，就像是強大的回饋迴路。混亂變為有序，鬧劇消散，好人接踵而來，惡人退散。

「如其在上，如其在下；如其在內，如其在外；如其在宇宙大觀，如其在內心靈魂……」——赫爾墨斯．特里斯墨吉斯忒斯[2]（Hermes Trismegistus）

古老的赫爾墨斯原則（Hermetic axiom）總結得非常完美。基本上，我們的外在世界是內心世界的反映，當我們開始發現平靜，改變自己，將會看到這種變化體現於周遭世界。這是原始的生物反饋。現在讓我們深入探討一些達到這個境界的方法。

2 赫爾墨斯．特里斯墨吉斯忒斯：希臘羅馬神話中的神祇赫爾墨斯與埃及神祇托特的綜合體，是神界與人界的信使。

〈東方修行法〉

城市修道者的運作系統

學習靜坐定心是城市修道者之道。這是指一種無回應的狀態，當不舒服的感覺浮現時，我們不否定它。當思緒來來去去，我們觀察它，但學習不執著於它。當思緒浮出，把情緒附加在思緒上，這是人類受苦的方式。執著於過去的記憶，會使我們遠離當下。當思緒和情緒浮現，城市修道者學習被動地觀察，並**不處理它們**。當我們更諳此道，我們會開始察覺到身心安定的深意，以及生命中的幸福。

我們該怎麼做？展開練習。城市修道者不停掃描身體裡的感覺與知覺。當不舒服的感覺升起，便對著它吹氣。他能感知到這個感覺在他的身體裡，並打開感知之光照看感覺，而非如我們以往所習慣的教養方式去躲開它。這能讓我們的感知停留在此刻，將我們帶進真實的情況。我們的心智極為巧妙，具有一種難以解釋的能力，能夠飄進抽象世界，抽離此時此刻。當我們試著思考、做白日夢、創造、出神時，擁有這個能力很好；但當我們投入生活，它也很有幫助。城市修道者在斗室之中，他對手邊的任務表現出活力、清明、專注的態度，並帶著決心和目的處理他的工作。之後，他像孩子一般遊戲，深度放鬆。

在本書，你會接收到許多修行法，幫助你保持這種心理狀態。練習做做看，並從每一種練習中找到價值，你將很快地感覺到這種意識狀態。當你覺醒時，會發現一個更有能力的自己，並且能幫助自己踏過壞習慣的蜘蛛網，進入一個光明的未來。

紓壓靜坐

學習阻斷瘋狂的意念，安定你的大腦，是掌控人生的第一步。如果任由瘋狂的浪濤恣意發展，我們會更加焦慮、易怒、無法集中精神，也會更疲累。學習利用呼吸平息壓力，這很容易做到，但這需要練習。

要成為一位城市修道者，意味你願意做這項功課。

熟習靜坐冥想需要一些練習，剛開始可能不太順利，然而一旦柳暗花明，回報是很大的，而且你的餘生都會受益，這是一個很棒的投資。

在這裡介紹第一個原則，是東方對於呼吸的理解。呼吸承載著生命的力量，是我們與宇宙本質的連結，以及我們對偉大奧祕本身的依靠。宇宙的膨脹和收縮，即反映在我們的呼吸吐納之間。息出息入，即是生命循環本質的週期，兩者之間的時間點特別重要。吐氣的底部與吸氣的高點，亦即我們正要換氣的時間點，是個值得玩味與留意的地方。

該怎麼做呢？先來一種入門的練習，好為繼續探索驚人的內在宇宙來建立框架，這能很快平衡你的左右腦，以及平衡陰陽的能量。

- 找個舒適的地方坐下來，讓你的脊椎能夠打直，並將周圍的干擾減至最低（意思是把你的手機轉至飛航模式）。
- 設定練習時間，五到十分鐘是一個好的開始。
- 用計時器設定你想練習的時間，然後按下開始鍵。用這種方式，你可以放鬆靜坐，不必擔心錯過時間。允許自己靜坐，而不用擔心錯過任何事的一段時間，這很重要。讓這段時間專心留給練習。

步驟：

- 用鼻子吸氣與吐氣，將氣吸進到下腹部，約肚臍下面三根手指的地方。這將是大部分練習的基礎。
- 把左手放在左膝蓋，掌心朝上，拇指和食指輕觸。

- 用右手來交替按壓鼻孔。把拇指放在右鼻孔外側，無名指準備好放在左鼻孔外側。
- 用右拇指按壓右鼻孔，以左鼻孔輕輕吐氣，然後繼續用左鼻孔輕輕吸氣。
- 現在用右手無名指按壓左鼻孔（整個練習都是用右手），用右邊的鼻孔完全地吐氣，繼續用右鼻孔吸氣。
- 保持交替與重複此順序，直到鬧鐘響起。
- 完成後，輕輕吐氣，正常呼吸幾次（移開手，兩個鼻孔一起呼吸）。用鼻子吸氣，嘴巴吐氣，以清淨呼吸道，然後回到原來空間。

抖落

清乾淨體內的通道，排出卡住的能量，是這個遊戲的名稱。如果你仔細觀察黑斑羚成功逃脫掠食者追緝後的行為，你會看到牠有好幾秒的時間顫動和發抖。這是神經系統正從剛才的事件中，排空所有的壓力能量（和激素），以讓牠重新調整，回復到「休息和消化」的模式。但我們做了什麼呢？我們整天萬箭穿心，回家看電視，然後睡在被網路電磁波覆蓋住的高床，但不知為何無法入睡。情感和精神的停滯令心情低落。這個練習可以抖落一些灰塵，而如果你深呼吸，將學到讓事情流過，不被感情綑綁，你會更輕盈、更自由。

這種做法源自強大的氣功傳統，能疏通堵塞的能量，排空凝滯的血氣，緩解壓力，使全身氣脈有活力。你可以自己決定想做多久。我建議慢慢開始增加運動量，在略帶不適感中活動，在情感上很有治療效果。如果關節疼痛，不用緊張，先詢問醫生。

做這個練習時，可能看起來有點怪異，所以可能選擇一個比較隱密的地方。

- 兩腳張開站立，與肩同寬，雙手平舉在身體前面。
- 把手心轉過來面對你的胸部，彷彿前面抱著一棵樹或一顆海灘球。
- 微彎膝蓋，將舌頭往上捲，頂住上顎。
- 用鼻子輕輕吸氣與吐氣，直到小腹。
- 肩膀、手腕和整個身體都保持放鬆。
- 這就是所謂的「樹姿」(Tree Pose)或「太極姿勢」(類似站樁)。
- 讓自己以這個姿勢放鬆，並吸幾口氣到小腹。
- 在立定的範圍內，讓身體開始微微轉動，讓手輕鬆維持在某個位置，立足位置則不變。
- 開始移動身體，左右移動或前後移動，許多人是以輕微晃動或抖動開始。
- 不管怎麼開始，關鍵是要放得開，讓游走身體的能量開始表現自己。我們花了太多時間壓抑生命中的能量，這是你放開它，與之流動共舞的機會。

- 盡量保持緩慢的呼吸，一段時間後，如果呼吸隨著晃動或移動改變，也沒關係，只要記得，若覺得不舒服或超過負荷，就要拉回來，放慢呼吸。
- 一開始不要做太久，三到五分鐘即可。也許起初沒什麼感覺，但當你愈來愈自在，隨時可以進階。
- 當你覺得完成了，開始放慢呼吸，逐漸減緩移動或晃動，做完幾個收功的呼吸，回到靜止的立姿。
- 再做五次呼吸，用鼻子吸氣，嘴巴吐氣，然後輕鬆放下手臂，回到正常作息。

這個練習很累人，或許陳年往事會在腦海中來來去去。你的工作是繼續呼吸，讓它流過。不要試圖壓抑，讓它流動；釋放所有你強加給自己的限制。緩緩地融入，這樣不致於走火入魔，而是用這種方法真正開始清除蜘蛛網般難纏的過往。利用它走出你感知的局限，展現你的力量。

一段時間後，會發現這種練習打開了各種卡住的能量，對身體的痠痛以及可能患有的精神鬱結，都很有幫助。有時可能會遇到情感上令你不舒服的地方，這時請諮詢你的治療師，利用這種練習作為壓力釋放閥。深掘，但不要貪多，不要超過能力所及，留得青山在，再為明天奮戰。我在以下的網址放了一段影片：theurbanmonk.com/resources/ch1。

紓壓藥草和茶

古老而精密的草藥傳統來自東方。植物擁有生命力，它們有意識。植物精神醫學是地球上醫藥的原始形式。過去與現在的巫術和巫醫，都和採擷來的植物息息相關，並以之作為人類找回生命軌道的伙伴。

以下是一些以茶的形式呈現的有效草藥，用來緩解壓力。建議在家裡準備這些茶，有需要就喝。一個藥草茶儲備充足的櫥櫃，真的可以改變你的生活。

聖羅勒（圖爾西，Tulsi）：這味清新淡雅的藥草已被證明可以調節皮質醇釋放，幫助遏制腎上腺波動的不良影響。許多品牌都有這款茶包，是旅途中控制壓力的簡易方法。每天喝一到兩杯真的會有幫助。

卡瓦（Kava）：這款傳統的波里尼西亞草藥已在儀典中使用了幾千年，並以其鎮定效果著稱。卡瓦最好在傍晚時喝，因為在大白天會讓你非常疲累，老闆可能不會很開心。晚餐後一杯卡瓦，是結束忙碌的一天，紓緩與沉澱下來的好方法。

胡椒薄荷（Peppermint）：胡椒薄荷茶清新淡雅，來一杯可以幫助你靜心、緩解能量的流動，有助於帶動肝氣（能量），使體內氣血暢通。一般而言，薄荷家族對帶動氣血順暢流動有益，讓你感到輕鬆，有點振奮，但不像咖啡會上癮，那往往使人更加焦慮。在家裡燃燒薄荷精油也很能讓人平靜下來。

綠茶：雖然綠茶不含咖啡因，但它另一個主要成分L-茶氨酸，已被證明能有效鎮靜心神。綠茶被禪僧飲用數千年，同時能激活心智，又能安定心智，多麼偉大的組合！研究人員研究綠茶，他們把L-茶氨酸當鎮靜成份分離出來，做成保健食品。一杯綠茶可以幫你提神，同時維持你的禪，是很棒的咖啡替代品。

逍遙散：這款經典草藥配方由多種中國草藥組合而成，有茶或膠囊的形式，對緩和壓力、促進身體機能運作有神奇效果。傳統草藥是非常精密複雜的，而且大多數病患都是根據自身的特質與氣脈狀態拿到客製化的配方，但這種逍遙散是特別針對普遍性壓力問題的普遍配方，對大多數陷在都市困境的人有助益。最佳做法是去找一位中醫，客製化草藥，但是當壓力來襲時，這個藥方適用於大部分的人。

注意：請確保你拿到的中國藥材，是來自值得信賴的有機商家。

早晨的心理圖像

大多數人通常是以按下鬧鐘的貪睡功能，然後跌跌撞撞地開始例行公事，來展開新的一天。沖個熱水澡、一杯咖啡、晨間新聞、餵飽孩子，無論例行公事是什麼，通常很快便亂成一團。當開始培養自己成為城市修道者的技能時，你會想「當起忍者」，拿回你對早晨的所有權，這意味著前晚就得先想好計畫。睡前，先想想第二天需要完成哪些事，在腦海中想過一遍，把這一天具體形象化，看著它優雅地流過，在圖像中慢慢移動。在你的心靈畫布上描繪出來，並告訴你的潛意識，注意了，你要嵌入這幅圖象，讓頭腦在睡覺時可以從頭到尾看一次。當你醒來，下床前，再掠過一次這幅圖像，然後起床開始執行。接下來的幾章中，你會學到幾種氣功，幫助你啟動新的一天。你要想有意識和專注地走進新的一天，並為這一天設好基調，沒有比氣功更好的方法。

你起床、想好這一天的圖像、做氣功，然後展開晨間工作，同時朝目標邁進，確定你注意到這整天每一件重要事項。當你更擅長集中注意力，芝麻小事就不會再攔截你的意識，你將在軌道上有很好的表現。一日之計在於晨，所以一定要重視它。

〈現代破解法〉

學會保護自己

人類曾經為生存而戰，人類也曾經拔腿逃命。黑夜冷冽，冬天嚴酷，食物稀少，有時挨餓的時間超過預期。從本質上來說，我們因為挑戰生存迴路，而變得更為強韌。**這使我們更加堅強**。

今天，居住在城市裡，我們真的很容易發胖和懶散。我們控制溫度，甚至在肚子餓之前，就開始進食。這裡有警察保護我們，獅子被關在動物園裡。現代社會有著各種新鮮玩意，但也使人慵懶而且軟弱。城市修道者要從這種無聲的滿足生活中出走，回到一種有行動、有冒險、挑戰不斷，而且迷人的人生。

你並不需要帶著一把武士刀，跳傘空降到一艘索馬利亞海盜船，然後開始廝殺，但你確實需要開始踏出你的舒適圈。人生並不是一場觀眾圍觀的運動，而這也是電視之為毒藥的原因。

成為一個精采的電視節目想要報導的人。

你的夢想和願望是什麼？一直想做的是什麼？要完成這件事需要什麼條件？勇敢踏出第一步，開始擬定計畫。若沒有健康的身體和心智，你便無法完成這件事，而這通常是大多數人的陷阱。我們缺乏持續的**能量**，而這也正是生存訓練得以施展之處、攀岩對人有益的原因、功夫扭轉頹勢之處。當你開始遵循這本書裡的原則，你會開始變得更健康、擁有更多能量。然後，你可以把能量導去做更棒的事，以喚醒你的戰士與求生者基因。一旦這種情況產生，你已經改變了情勢，開始感受到生命回到你的血脈。能量會隨著熱情增加，開始打破了自己的外殼，開始找回生命力。

找一個好的武術學校，開始行動。不論男女或老少，城市修道者知道如何保護自己。即使你已九十歲高齡，太極拳很棒，將促進血氣運行。非生長即死亡，這是生命的必然，是由自然和生存基因來決定的。獲得這股力量，是這個拼圖裡最關鍵的部分。它讓你感到安全、有活力、有成就感，並準備承擔更大的挑戰。在「參考資源」部分，納入了一些我受過的太極傳統訓練，讓你試著練習。

咖啡因排毒

千百位病人帶著焦慮來找我，但一個簡單的技巧就可以解決一切，一個真的很容易的方法，即是：斷絕咖啡因。它需要幾天時間來撥雲見日，但在另一頭等著我們的是清明、專注以及較低的壓力水平。咖啡因往往是預支能量來支撐我們，就像調高音樂音量，來壓過一個尖叫的孩子，而非用最佳的播放方式。相對地，我們運用城市修道者的方法移轉能量，撫平神經系統，以獲得清靜與平和。

許多病人都在戒除咖啡因一個月後，成功地降低了整體的壓力水平。開始時，你可以改喝各種咖啡替代品，或者乾脆換成綠果昔[3]，以及跑步。這只是換一種儀式，升級到更好的方式。

我們可以用冷水澡、快步走、健身房運動來啟動身體，而我在這本書中分享的一些氣功則是更好的方法，快來嘗試你的第一次氣功練習，我猜你可能再也無法回頭。

積極心理掃描

建立一個新的精神「操作系統」，是佛教禪修重要的關鍵，但我把這套方法帶進這本書，原因在於你不需要任何舌燦蓮花的語言來做這項工作，你只要建立一個環境，用一個非常簡單的問題，學習「掃描」你的意識：

「我現在在做什麼？」

不管答案是什麼，只要停止做那件事，然後放鬆。這個練習的目的，是訓練你的頭腦擺脫永遠在「做」的習慣，進入一種單純「存在」的較健康狀態。透過練習，你會發現，幾乎每次你觀照自己時，你都正在做一件愚蠢的事。例如，答案可能是：「我正在煩惱，如果我的妻子沒有

3 綠果昔（Green Smoothie）：由新鮮綠葉蔬菜及水果加入適量水，用攪拌機打勻，富含營養與食物纖維的綠色飲品。

準時從健身房回來，我上班遲到了，結果會怎樣？」

這是一種始終在腦海後方運轉的常見類型。通常會出現「如果—那麼」的場景……然後是狀況或焦慮……擔心……我的回應……我餓了……我的腿搔癢……孩子呢？……藍色氣球……我把鑰匙放在哪裡？……她到底是誰？……我有沒有記得把報告用電子郵件寄出去？……哦，是陰天了……聽起來很熟悉？我們都是這樣。

學習定期掃描你的頭腦，檢查看看你在做什麼？不要因為自己雜念太多而生自己的氣，大家都一樣，即使是達賴喇嘛。大師與平凡人之間的差異是，大師學會觀察這些雜念而不回應它。注意它，讓它飄過……不介入。當你發現自己跟著雜念的激流翻滾而下，只需要承認這種情況正在發生，並停止你的大腦正在做的事。這種「翻滾」的情況，會以天馬行空的想法、焦慮、煩躁、無聊等等形式出現，或者其他任何把我們從當下拉出的東西。

放鬆。

學會放鬆，是控制的關鍵。活在這個境界就是天堂，這是城市修道者的住所——在鬧中求靜。逃到夏威夷並不能解決任何事情，你無法走向平靜，因為它在你的心裡。

運動

經實驗證實，運動對於降低壓力水平，效果令人驚豔。它讓血液搏動，讓腦內啡流動。我們是從一個必須整天走來走去的環境進化而來，快轉幾千年後，如今我們整天只從床鋪走到車子，然後走到辦公桌，然後走去沙發，然後上床。靜止的水會生毒，這是周圍這麼多人都生病的很大原因。

從簡單的散步開始。早上做一些伸展操，在院子裡做一些勞動。去從事某種武術活動，每天做一點氣功。如果你喜歡，去健身房；或者找個方法在家搖一搖壺鈴，學跳舞也行，你一定要動，一個健康的健身習慣，是任何一個希望過著幸福健康生活的人的基本。這一切都不是新觀念，但我會延伸一點概念：一位城市修道者會努力追求健身的高峰。你能爬懸崖嗎？你可以跳峽谷嗎？你可以提著裝了水的水桶上山嗎？我們的祖先整天做這些事。這是人生的一部分。這是你與生俱來的權利。

心率變異分析

這個簡單的計算可以幫助我們監測壓力反應，以及身體從壓力事件中恢復的能力。較大的變異意味著較大的彈性。監測你的心臟心率變異對健康有正面效果，而且這也在全世界被用來作為處理壓力的現代破解法。更多訊息請參閱「參考資源」部分。

〈羅伯的行動計畫〉

羅伯的生活一團亂，但完全是可以解決的。他的每一步，都在流失生命力，首要任務是止血。我們關上電視，把他的早餐麥片換成一些雞蛋和蛋白質粉；我們請他規畫退休財務計畫，這樣有助於看清楚他和他的家人揮霍了多少錢；他和妻子慢慢縮減「向鄰居看齊」的習慣，效果很不錯；他們仍從事家庭露營、釣魚，去公園玩，但不再購買每一款新上市的電玩遊戲。令人驚訝的是，孩子們並沒有抱怨新玩具變少，因為他們終於能看見他們的爸爸。

我們把羅伯的咖啡替換成綠茶，而且教他如何靜坐。他的手機每次二十五分鐘到了，會提醒他起身、舒展，並抖掉他的氣。他會去外面走動，或者站在窗口沉思幾分鐘。接著，他會喝一大杯水，然後，在跳回去工作之前，會很快做一點氣功。他會問：「我現在在做什麼？」然後把今天的目標想過一次。他正在處理什麼事？什麼需要去完成，哪一件事優先？然後，他會跳回去（他新的升降桌），然後精實地工作二十五分鐘。工作二十五分鐘，休息五分鐘，這樣的作息很適合他。

起初他很擔心事情做不完，但他沒有考慮到效率和頭腦清晰度的問題。事實上，如今他的工作提早完成，做得更好，而且可以早一點回家陪伴家人。現在大部分時間電視都關著，每天小孩開始寫功課之前，他們有時間去遛狗，一起度過有品質的家庭時間，羅伯得以與他的妻子重新找到連結。

他指示他的公司開始為當地做一些公益工作，透過這種方式，他確實帶起了辦公室的士氣。整體而言，他花了幾個月的時間重整，但如今羅伯的實驗結果看起來很好，他現在滿面紅光了。他仍然得常常記得要深呼吸，因為他的工作本質上是繁雜的，但他現在已經脫胎換骨，變了一個人，每個人都看得出來。

第二章

啜飲無限：掌控時間的藝術

艾許莉是一位兩個孩子的母親。最小的小孩上幼兒園後，她再次返回全職工作，並努力順應環境中。她養育兩個小孩，從來沒有真正從睡眠不足中完全恢復，這種情況已經持續四年了。她一直沒有時間做任何事。

艾許莉學的是納稅規畫，她也很高興能重返職業生涯，但日子愈來愈沉重。為了能在孩子起床前上跑步機運動二十五分鐘，她每天清晨五點半就醒來。之後，便是一團混亂：她得幫小孩換衣服、餵早餐、趕上車，而且要趕往兩個不同的學校，然後加入塞車大戰，趕著八點半上班。她經常遲到，而且，她想不起來上一次自己好好坐下來吃個優雅的早餐是什麼時候。

由於工作繁忙，她最近咖啡愈喝愈凶，她覺得快要崩潰。此外，因為她私自覺得，她對那些把自己辛苦賺得的錢交給她、信任她的意見的客戶有責任，內疚感更油然而生。最近，她忽略了一份文件裡的細節，導致客戶損失不少錢，她為此還受了主管嚴厲斥責。

艾許莉的先生現在會去學校接孩子放學，因為她無法準時下班。好不容易可以鬆口氣，但等她熬過車陣回到家，已經是做晚餐、幫孩子洗澡、叫他們上床的時間。

筋疲力盡後，艾許莉和先生倒在電視機前面，在上樓睡覺前，匆匆看了幾個電視節目。她努力想在床上看書，但通常看不到五頁，就撐不下去。她的床頭櫃上堆疊了十一本書，堆書的速度比看書的速度快，造成她更大的壓力和內疚。而她和先生都因為太疲累，經常性趣缺缺。

艾許莉很多夢，夜晚睡不安穩。她試圖在週末補眠，但總會有場比賽、某個活動，或者親友來訪，所以總是不斷在應酬，處在活動狀態。

艾許莉能量耗盡了，總是（藉著咖啡和興奮劑）從明天借力氣來搞定今天。她「缺時間」，因沒有精神空間解壓和放鬆而痛苦。更糟的是，她知道應該要做更多瑜伽、要在工作上通過高級認證、要打電話給她的女性朋友，凡此種種累積的罪惡感，艾許莉對眼前的一切感到茫然，完全看不到苦海的盡頭。

〈問題〉

我們都在太短的時間裡投入過多的事。我們得了時間壓縮症候群，意指我們在給定的時間表中，做了比合理工作量更多的事情。時間壓縮症候群會導致壓力和緊張的意識，它會在時間壓力下彎折，它會扭緊我們的靈魂。我們已經熟悉壓縮技巧，太多的事項排入時間表，以致於現在連出門散心的時間都沒有了。

在我們的社會裡，休息和放鬆是不被接受的，它們被視為懶惰和軟弱，生產力則是一切。由於沒有時間恢復，我們試圖在每天塞進更多的東西，將其分配到不可能的時間表，然後不斷處在拖延和來不及全部完成的壓力下。我們愛上了這種不討喜的事；我們幻想，未來某個時間，我們就會趕上，終於可以放緩腳步，但我們從來沒有讓它發生。

> 如果你的「現在」是混亂的，看起來你的「未來」永遠也會是一樣混亂。

有一句老話說，你怎麼做某件事，基本上就是你怎麼做每一件事。如果你不能放鬆和享受當下，你的麻煩就大了。大部分人在時間上推延，所以往往不可能趕上。這導致一種未完成的不安感，也會導致一種似乎無法擺脫的焦慮。

個人心旅

我第一次「發現」太極時，非常興奮。它變成我新的自我認同的一部分：我成了一個靈性的人，這是在大學一個很酷的品牌重塑。我經常想起有一次，我遲到很久，在車陣中穿梭，急著去上太極課。我對「停」的號誌視而不見，抄捷徑，去趕上一堂學習如何放慢的課。我太執著於趕時間，沒注意到另一位大學生正要穿過馬路，我緊急煞車煞到底才沒有撞到他。這個悲劇在千鈞一髮之際轉向了，我向他道歉。駛離時，我強烈覺得我應該停下來。我後來坐在附近一座公園樹底下，回想剛才發生的事，我領悟到，太極不是一堂課，它是一種人生之道。我完全弄錯了，還差點在過程中撞死一個人。那天，我學到了很多關於太極的事，而且和太極的動作無關。靜止是被遺漏的元素，而我清清楚楚地學到了那一部分。

時間就是金錢，而時間正在流逝。

媽媽們對遊戲時間很焦慮。孩子們被指定太多功課。爸爸們一邊抱著嬰兒，一邊刮鬍子。家裡的狗遛不遠。然後，我們不解牠們為什麼老愛咬我們的家具……

因為某種原因，企業的成功指標和商業界的創新讓所有人相信，我們需要把類似的流線型效率，內建到我們生活運作的各個方面。這種趨勢已成為社會主流，而且付出了巨大代價，人們不斷出現神經衰弱症狀，解憂丸生意興隆。製藥公司每年賺進上百億利潤，買下所有無線電台，以便持續向我們傾倒無腦廣告。傳遞什麼訊息？「你沒有時間停下來，所以吃這個鬼東西快跟上，笨蛋。」

時間隨著科技的腳步加快，使我們全都覺得自己跟不上時代。每天總是有一些我們從沒聽過的新東西、新科技、新餐廳、新時尚趨勢、新業務競爭對手，全部加起來，在太短的時間內有太多東西。我們已經相信一種世界觀，彷彿我們一定得看起來很忙，否則便顯得自己不重要。我們得採取行動，打扮成某種樣子，才能跟上時代。

跟上時代的需要，是一件很現實的事情。我們有「錯失恐懼」(FOMO, Fear of Missing Out)，這在部落格圈是眾所皆知的，我們都能體會到，有些人已經採取了對抗它的立場，鼓吹「錯失喜悅」(JOMO, Joy of Missing Out)運動。單純的存在，已經不再是主流對話的一部分。隨著電視上真人實境秀的出現，只是跟上自己的現實還不夠，還需要跟上無關你我的其他人生活，這是一齣朋友間會談論到，永無止境的戲劇與事件潮流。

近來，我知道很多人不管到哪裡，都依照導航系統的指示，即使是曾經去過的地方也一樣。導航系統讓他們抵達目的地，卻讓他們錯過了開車經過的環境，剝奪了人類經驗的重要部分。什麼樣的經驗？時間與空間的連結。我們在時間／空間所屬的位置，可以被視為我們的通用坐標(Universal Coordinates)，如今GPS把這種意識拿走了。在時間與空間中迷失，絕對保證了人們將在人生中跌跌撞撞，而且完全沒有線索得知他們是如何走到這裡的。途中可能有一個令人驚豔的茉莉花園，但他們從來沒有聞到。導航系統不會指出大橡樹的位置，也不會指出我們可以停下來欣賞的迷人落日。我們從機場趕去飯店，然後在電視上看「實境」。

時間可以被視為我們最大的禮物，或是我們最大的挑戰。

對大部分忙碌的都市人而言，時間不夠被認為是一個令人沮喪的問題，我們渴望擁有更多時間，卻把我們擁有的時間花在長遠來看，既無法恢復也毫無助益的事情上。我們抱怨沒有時間，卻隨後把它揮霍在那些無法支持夢想或活力的無聊事情上。身為人類，我們一生平均會有二十五億次的心跳，看起來似乎很多，但我們每天的心跳約十萬次。我們的問題是去檢驗，究竟把時間花在哪裡？是否將我們推向更幸福、更覺知、更健康，或是更有冒險性的人生？大多數人的問題是，那些珍貴的心跳都跳往錯誤的方向。數以百萬計的人成天坐在辦公椅上，做他們缺乏熱情的事情。他們發胖、吃不健康的食物，尋找讓頭腦麻木的分心事物來打發時間。

殺時間就是殺生命。

我們無法令時間倒退，我們花費時間的方式，反映在人生的每一個方面。我們要不是走向更覺知，就是陷入沉悶的睡眠。看看你的四周。像艾許莉這樣的人成為殭屍，因為他們已經放棄了最寶貴的資產，時間。以時間交易金錢，這是經濟運作的模式，但這種模式有很深的缺陷。公司根據工作與成果支付報酬，而不是根據死板的時間。這種誤解已經傷害到經濟，而且肯定矇蔽了數百萬名只是跟著時鐘打卡的人們的心靈。城市修道者從這個沉悶的現實中清醒，搶回自己的時間。她從不浪費時間，而且刻意**投資**它，在人生中往前進，並且成長為一個人。

〈城市修道者的智慧〉

對東方與西方的古代修行者們來說，時間一直被認為是人生的一大謎團。我們所認為的「傳統時間」是線性與連續的建構體，與修行者們的「無時間」[4]的概念常不同。

我們根據手錶看傳統上的時間。它與地球圍繞太陽、地球的自轉、月亮的圓缺、我們在太陽系的位置相關，是連動的。它使我們有一個共同的語言與慣習，知道何時與如何見面。這個社會性時間讓機場和學校得以運作。這個方法很有用，也是「當」我們站在宇宙之間時，必須知道的奇妙工具。這是一個慣例，在社會中超級有用，讓我們能一起運作。與朋友約定「下午四點四十五分」顯然比「大約日落時分」更容易。

然而，慣常時間的觀念，無法說明我們所經歷的時間的**品質**。時間會膨脹，它會變快或變慢，取決於我們停格的存在或意識狀態。當我們瘋狂地投入日常中迫在眉睫的事，時間似乎是用飛的，而且永遠不夠。然而，在兩星期的夏威夷假期中，我們允許時間伸展，發現自己煩躁不安，不時低頭看手錶，驚訝現在才早上十一點，怎麼會這樣？

我盡量安排至少兩星期的假期。第一個星期，我讓自己只做想做的事，通常是長時間的無所事事。剛開始會有點不好受，要努力從平日的瘋狂中放慢腳步。接下來的一星期，如果我想，我會去做一些事。為什麼？因為，「做事」是現代的疾病，而「存在」是一種長期失傳的藝術。度假時，我允許自己格外懶散，累的時候就睡，餓的時候就吃，只做自己感覺對的事情。

相較之下，大多數人去度假，預約了緊湊活動，感覺起來就像一個尋常星期二，只是搬到了天堂。觀光、浮潛、活動、開車環島、博物館、看秀場表演，聽起來都很棒，只要你不累，或者覺得時間壓縮。允許自己對更多事說「不」，創造一些心理和時間空間來放鬆，是一帖良藥。休假回來反而更累，這是不正常的。這很像在參加一場重要比賽的前一天晚上去跑馬拉松，還納悶為什麼你的表現不佳。

古人懂得休息與回復週期。首先，他們的生活更接近自然與季節的節奏，他們對時間有完全不同的理解。對城市修道者而言，時間膨脹是生命與呼吸傳統的一部分，仍然在世界各地的

4 無時間：指佛教涅盤觀念中，無時間、無生死的境界。

寺院蓬勃發展。

時間也是相對的，它是無限的。

宇宙對時間沒有認知。在我們自我意識認同的狹窄區帶之外，時間無拘無束。我們會回想起不開心的童年往事，它可以突然淹沒血液中的每個分子，激起情緒、加速心跳。我們會夢想未來某件事，並被帶到九霄雲外的夢幻境界，愉快地停留在那裡，天馬行空，直到電話鈴響，把我們帶回現實世界的辦公桌旁。

我們總是在時間旅行。

我們的意識可以自由進出時間軸上的任何事件，而且往往將我們帶出當下。它把我們拉進某個「另一個時間」，我們在那裡花費很多能量。它可以把我們從「現在」拉走，並定著於某個「當時的」創傷性事件，或者某個「即將發生的」預期事件。事實上，我們似乎相當樂於把大量的實際時間花在「另一個時間」。

從時間解放的關鍵，是要了解這個偉大的赫爾墨斯原則：「過去所有與未來所有的一切力量，都體現在此時此刻。」

當下，是我們對所有官能完全掌控的時刻。當下，我們能夠專注於手邊的實際任務，並巧妙執行。當下，我們的身體放鬆，頭腦處在健康的腦電波模式。當我們學習回到當下，將具備更大的精神敏銳度、更放鬆的神經系統，以及健康基因更好的生成表現，我們能做出更好的決定。

在學會了如何造訪意識的某些部分，我們就可以挖掘到「無時」的地方，而且「啜飲無限」。這是運動員的心流狀態，以及靜坐的人的禪心。它有效地讓我們回到駕駛座，賦予個人的力量，選擇怎麼分配時間。這也使我們更有效率，讓我們能氣定神閒做得更多而且做得更好。專業運動員表現出很容易的樣子，最厲害的武術家表現出優雅的樣子，挑戰性最高的芭蕾動作看起來那麼優雅，然而，這些表面輕鬆是來自於大量的練習和付出、專注。你必須人在心在，否則將在高水準的競技中失常，生命也並無二致，覺知意謂全然地活著，敏銳地存在並感知；這意味你點燃你的意識。

掌控我們如何利用時間

我們可以藉著呼吸、大腦，以及控制生理節律來放慢時間的品質。為自己花時間，是我們可以為個人發展與精神健康所做的最重要的事。我們是否有能力明智選擇，並且將寶貴的時間花費在目標上，是能否掌握時間的一項指標。

大多數人雄心勃勃同時承擔幾十項工作，還納悶為什麼大部分工作做得零零落落。每一件任務都需要精神時間與精力，大多數人耗盡了生命力和意志力，試圖完成太多的想法、雜事、社會承諾和計畫，這是因為我們從未真正「暫停時間」，好好計算我們站在哪個位置。暫停時間？是的，一位城市修道者學會踏出時間之外，存在於一個強大的永恆的空間。

在現代世界，我們沒有一個中心，所以我們團團轉。

當我們學會腹式深呼吸與靜心，便開始再次感受到整體。從這種狀態開始，能從容審視人生和對時間的投入，並弄清哪裡滲漏了太多的精力。少了冷靜的角度，我們瘋狂的猴子大腦會讓我們相信更多即是更好，再一杯咖啡就能解決這個問題，使瘋狂更加瘋狂。尋找中心思想可以幫助我們控制時間感知，得到平靜。

接通寂靜，意謂跟著宇宙移動

對古代經文的一個關鍵誤讀，使得很多人想要暫停時間，並避免所有的變動。這是不可能做到的。從你剛讀完的上一個句子開始，整個宇宙已經前進了。每分每秒，萬事萬物都在動、都在成長。城市修道者明白這一點，遂與宇宙放鬆和諧流動。透過暫停時間，我們停止與現實變動的抵抗，而是和它一起移動。它看起來像是靜止的，但它可以比喻成坐在一條隨波逐流的木筏上，你隨著它一起流動，你不會和潮流對抗。

掌握之道在於否定

這意味著學習說「不」。讓我們這樣說吧：如果有人邀我今晚見面喝一杯，我可能會衝動馬上說好。畢竟我們不常見面，那時也餓了，而且我很緊張焦慮，過了漫長的一週，所以我值得放鬆一下，這次聚會會很有趣。聽起來很合理，不是嗎？

但是，對他們說「是」，其實就是對期待著與父親共度晚餐的孩子說「不」，是對一樣很忙碌、而且相處時間不夠的妻子說「不」，對已經安排好的、而且應該是首要工作的健身計畫說「不」，對總是缺乏的睡眠說「不」，對必要的職涯進階閱讀計畫說「不」，還有，當然也是對可憐的肝臟說「不」。

所有一切已經在時間內安排好的重要事情，現在因為這個衝動決定，全都得在日曆上壓縮。它引爆了一連串的事件，將進一步干擾時間安排，並壓縮心靈時間。這是典型的時間壓縮症候群，我們感染了這個疾病。

要處理這個問題，有什麼比較好的方法？該停下來想一想，做幾個深呼吸，吸氣到你的下腹部，看看整個時間表，看看這個安排會對你的世界產生什麼漣漪。你的花園裡能多負擔一株植物，或者，它會從其他對你而言更重要的植物那裡吸走水份？

城市修道者保持如如不動。

如今，現代科學已經追上了古代大師長久以來的說法。靜坐能幫助我們減少衝動。功能性磁振造影（ＭＲＩ）研究顯示，靜坐的人皮質神經元密度會增加。這很驚人，因為，正如我們在上一章了解到的，前額葉皮層在我們大腦中負責控制衝動，以及高層次道德推理。這些正是幫助我們做出更好的決策、掌握生命的部位。唯有當我們可以停止回應，並理解時間的運動時，這種現象才會發生。

我對這種現象的痴迷，促使我在一間診所成立了大腦實驗室，聘請了一位天才醫生，他正在做一些與宗教經驗和心流狀態相關的腦電波定量分析。我把靜坐的人帶來，研究他們會釋放什麼「大腦印記」(brain signature)，然後記錄下來。經過一段時間，我們知道了當人們在時間的高速公路上疾駛時，怎麼教他們「快速嵌進離合器」，離開「高速擋」。

在實驗室中，我們研究了靜坐者進入的美好概念——宇宙性的「無時間」。這與我們局限在方格日曆文化上的時間是相對的。我們需要了解這兩者，因為他們坐在一個關鍵覺知對立的兩極。如果我們能在這些不同的能力下體驗時間，那麼，它似乎是認識我們真正是誰的關鍵。

抓住我們在時間裡是誰，這是非常重要的。宇宙是移動的，我們跟著它移動。如果我們執著於時間上的一個特定點，整個宇宙仍在前進，那麼我們正抱住的是早已不在生命之河裡的東西。宇宙間的一切能量都隨之移動，而這股能量屬於一個特定的點，那就是**現在**。

改變是宇宙中唯一不變的。

克服時間壓縮的關鍵，是要活在當下，擁抱改變。當城市修道者注意到情況不太對勁，他回到當下。為什麼？因為這是我們能量所在，這是我們能夠接收到流過我們的巨大能量的地方，也是身心安定與智慧的所在。在現時此刻，我們有清晰的頭腦和洞察力，在生命中擁有一個動力，做出更好的決策。我們控制時間與看法。我們允許事情進入我們的生活，並禁止休息。我們在生活中建立適當的邊界，計畫選擇記在行事曆上的事。事情會出錯嗎？發生緊急情況嗎？當然。我們控制手中能掌握的，因此在大事降臨時，有足夠的動力來轉圜。

大師與時間一起移動，並不斷調整，有如一位優秀的衝浪人不斷微調動作，以確保緊跟著一道在他四周不停流動與碎裂的波浪。

執著導致失敗。害怕變化導致癱瘓。

這是一個巨大的矛盾：保持不動，意味著隨時間移動，跟著宇宙移動。不動，實際上是與宇宙的移動狀態合一。我年輕的時候，經常去偏遠地區背包旅行，健行到偏遠山區，在溪流潺潺流過的草地住上幾天。我的目標總是找到水邊坐下來，並且保持靜默。要說明「改變是不斷的」，沒有比一條小溪或河流更清楚。它不斷提醒我們，宇宙流動著、時間流動著。當雜念聲終於被溪流溫柔的水聲沖走，我知道我已經「啜飲到」，而且回到了一個清靜健康的地方。這時，我返回城市，並帶著大自然的恩賜一起回家。寂靜是我們最大的資產，能帶著它的人，將能過著清靜和有目標的人生。在第七章，我會更詳細地教你這種練習。

在自然界中，萬物跟著陽光與季節移動。在社會裡，這似乎不再重要。在這充滿人工結構和壓縮時間的世界，唯一能保持頭腦清楚的方法，是掌握我們個人的時間。接通無限能讓我們與周圍所有的生命連結在一起，感受到自己是宇宙質地的一部分。它連接我們，並在我們工作時提出警告，它能防止牆壁坍塌，我們與在四周流動的生命一起大步向前邁進，而且在每次他人的頻率或「時間戳」侵入我們的空間時，我們不會失去自己的優勢地位。我喜歡把這些干擾稱為「時間污染」，這是指某個不同的頻率的人影響你的空間，擾動你的心境。一位城市修道者會定著在她自己的時間，即有意地調整手邊的活動，而且對任何對她無益的入侵頻率免疫。

我們可以選擇留在無限時空的中心，成為周遭人的慰藉和靈感的泉源。從這裡，我們深入了解永恆的自我，並從時間的束縛中被釋放。

當時間的奴隸，是嘗試認識自己的終極失敗。

〈東方修行法〉

四計數的呼吸靜坐

這是城市修道者最重要的靜坐練習，能平靜心靈和琢磨我們的專注點，目的是為意識提供一個「錨」：某件真實的東西來幫助我們集中注意，例如呼吸。基本設計是重複數呼吸的練習，並在吸入與吐出之間暫停。當你發現自己注意力渙散了，而且分心了（你一定會），只需回到這個練習並繼續。經過一段時間，就能靜心、降低回應、增強大腦的額葉，這將幫助你在安排行事曆之前，更能三思。這是一個重要的靜坐練習，是為剛入門的人設計的。話雖如此，資深大師也是每天進行這個練習，所以不要被它的簡單蒙蔽了。接通宇宙的時間，可以透過接通自己的呼吸來達成。一旦你學會控制和理解你的呼吸，就可以有效地練習時間膨脹。

- 以舒適的姿勢坐著，脊椎打直。
- 舌尖輕觸上顎。
- 嘴巴輕閉，用鼻子開始輕輕吸氣與吐氣。
- 吸氣到肚臍下方約三吋的地方，這個地方叫做下丹田（在這本書中所有的氣功，以及許多靜坐練習，我們都要將氣吸到這個地方。它本質上是在肚臍下方三根手指的地方，在身體的中心。這是一個中空的空間，我們能在這裡呼吸、陶養能量與靜心）。
- 隨著每一次呼吸，讓這個區域充氣（吸氣時）和放氣（呼氣時）。
- 在下一次吸氣時，慢慢將氣吸進小腹，數到四，緩慢而均勻地數。
- 吸飽時，屏住呼吸，數到二。
- 慢慢呼氣，數到四；結束時把氣完全放空，你邊數邊計時，就可以完成。

- 屏住呼吸，數到二。
- 回到吸氣的動作，數到四……
- 繼續按照這個基本模式呼吸，持續時間自在。
- 確保你吸進與呼出動作，與計數保持相同的節奏。特別注意吸氣的高點與吐氣的低點這時的空間。

建議每天做這個練習至少十分鐘。用你的手機設定定時器，把它設在飛航模式，然後滋養你被時間壓迫的大腦。藉由與呼吸同步，踏出社會慣習的時間。關鍵是均衡的呼吸，所以一定要確保吸氣和吐氣是相同的時間長度，這將為你的大腦創造奇蹟。

跟著時間膨脹練習做氣功

這個練習的目的是幫助打破我們對時間的定著，轉移我們的意識。這需要一些練習，但值得努力。基本的設計是一個與我們連結的簡單呼吸運動。從那裡，我們開始調整手部的移動速度，一邊保持平順且緩慢的呼吸。這樣做幾分鐘能夠確實導致模式中斷，幫助心靈掙脫時間壓縮的痛苦，幫助我們跳脫，進入生活、呼吸與當下，當下即充滿潛力與能量。

- 雙腳分開站著，與肩同寬，手臂放在兩側。
- 用鼻子呼吸，舌尖輕觸上顎。
- 慢慢地吸氣到你的下腹部（到所謂的下丹田，同前面的練習）。
- 一旦你與你的呼吸連接，放慢呼吸，把手掌移動到大腿前面，準備下一個吐氣動作。
- 從這裡開始，慢慢抬起你的手臂，與肩同寬，並抬高到肩膀的高度，準備下一個吸氣的動作。
- 然後，慢慢讓你的手臂滑下，回落到兩手掌碰觸大腿，準備下一個吐氣的動作。
- 緩慢而輕柔地重複這個練習大約十次。
- 眼睛不經意地看著兩手之間的空間。
- 現在，以同樣的速度呼吸，將手臂的動作加快一倍，與呼吸的連結斷開。
- 連續做十至二十次，注意你的感覺。
- 現在開始移動手臂，速度是原來的四倍，但仍保持呼吸緩慢（與手臂動作的連結斷開）。
- 再連續做十至二十次，觀察你的感覺。
- 回到原來的節奏，讓手臂動作和呼吸連結（慢節奏的動作，緊跟著呼吸）。
- 回到基本的站立姿勢，慢慢地呼吸到下丹田十至二十次。

蠟燭靜坐

這個練習的目的，是幫助意識與原始的火「元素」連結。在道教寺院已經進行了數千年，蠟燭靜坐有助於滋養精神，集中心靈的注意力。注意蠟燭的火焰有助於「暫停時間」，並斷絕我們對枝微末節的執著。

- 安排一個安靜、沒有氣流擾動的房間，在這裡單獨待上幾分鐘。
- 確定房間可以完全黑暗，愈暗愈好，拔除電器或至少把它們蓋起來。
- 找到一支蠟燭，把它放在你面前約一公尺，大約是你坐下來後，下巴的高度。
- 把燈關掉。
- 以舒適的姿勢坐著，脊椎打直。
- 用鼻子呼吸，把氣吸到下丹田。
- 舌尖輕觸上顎。
- 輕輕地盯著火焰的藍色部分。
- 保持呼吸到你的下腹部，但將注意力轉移到火焰上。
- 目光輕柔，讓你的眼睛完全看著火焰。

- 盡量不眨眼，但也不要傷害自己。
- 當放鬆於這個動作時，呼吸數次；五至十分鐘應該足夠了。
- 準備結束時，吐氣時從嘴巴吐氣，兩手掌心搗住兩邊太陽穴。
- 做十次呼吸，吸進下丹田，然後慢慢睜開眼睛，回到所在的空間。
- 之後，試著安靜靜坐數分鐘，如果做四計數呼吸是最理想的。

這是一個很有力量的練習，有助於我們轉移意識，把我們帶回到當下。

〈現代破解法〉

禁看媒體

在所有以小搏大，想操縱我們的欲望和渴望的生意，沒有比電視作為大本營更好的選擇。新聞媒體不斷用故事鞭笞我們，報導這個世界有多麼地嚇人、不安全。這會觸動到我們的根本，戳到我們對生存的恐懼。這就是為什麼城市修道者學會保護自己和親人。有警察和軍隊在周圍是很棒的，但把我們所有的公民自由移交出去，換取「安全」，社會上一些黑暗元素反而藉機利用。

新聞可以迅速毒害你的頭腦。

大部分電視節目其實都在比爛，戲劇、陰謀、背叛、暴力、凶殺和貪婪，這些是會賣錢的。反社會人格被塑造成英雄，在夠久的「停機時間」看這些節目後，微妙的文化基因開始嵌入我們的心理，掉進它的陷阱。什麼陷阱？一種不準確、黑暗的世界觀，促使我們感到不安全、不被愛、孤獨、缺乏吸引力。這是給盲目消費者的完美配方，而且，它能推動全球經濟機制，數以百萬計的人們開始購買不需要的廢物，只為了感覺良好或融入社會。

一位城市修道者會斷然拒絕這一點。慎選媒體，然後規畫。網路很適合做這件事。看看什麼能增加你的內涵，學習更多。娛樂沒什麼錯，而且現在播出許多很棒的節目，但問題是，如果只是盲目坐在那裡看一個網路節目，以及其間所有的廣告，麻煩就大了。挑選好東西，要知道「你吃什麼，你就是什麼」這句話也適用於你所消費的媒體。

垃圾進＝垃圾出（關於數據庫架構的高科技智慧）

這裡有一個很好的練習，花**一個月**避免所有的電視和社群媒體。看看這會對你的時間造成什麼影響。平均來說，一個美國人每天觀看超過五個小時的電視直播，每天花超過三小時使用社群媒體，這就超過八小時了！因此，假設工作八小時，睡眠另外八小時（如我們應該有的睡眠時間），那麼，根據這些二〇一四年的統計數據，人們花了差不多全部剩餘的休閒時間看電視或在社群媒體消磨時間。為什麼大多數人從來沒有意識到他們的夢想和願望，這很奇怪嗎？也許你可以爭辯說，人們也許是一邊瀏覽社群媒體**一邊**看電視……好吧，你抓到重點了……歡迎來到注意力缺失症。

「停機時間」是一場鬧劇，你並沒有真正休息，而且窺視別人的生活大多在浪費時間，重新接管時間，時間攸關你的生命力，把時間拿回來，能帶給你能量與清明的心，將力量引導到重要的事情上。首先，你可能會沮喪或無聊，不知該做什麼，這是一切壞習慣的遺毒，把你拉往不健康的行為，但你會找出辦法，健行、上健身房、與孩子共度時光、看書、讀夜校充電找新工作、和朋友連絡，以及任何美妙的事，都是等在那裡的選項。當你重新接管時間，你會發現許多青春已揮霍，但與其哭喊覆水難收，請享受被你解放的時光，並繼續前進。

城市修道者把時間拿回來，時間是最珍貴的寶貝，揮霍在電視和社群媒體上是瘋狂行為。

安排休息：如何正確使用你的日曆

當我與人們說話，詢問他們人生中最重要的事，大部分人主要的答案是家庭、健康和旅遊。這時，我請他們讓我看他們手機上的行事曆安排。很少有任何時間，是被分配給上述任何一個最重要的事。大部分人只是嘴上說關心某些事情，但由於這些事沒有寫上行事曆，結果很少、甚至沒有時間是花在這上面的。

我們用我們的時間投票，不把優先事項納入行事曆，其實正是對宇宙說，我們真的不太關心它們。我會把每天早上與妻子、孩子和狗的散步時間登記下來。除非我出差，我的行事曆會告訴我，那是我承諾的事，我很少讓任何東西（除非瘋狂迫切或者有時差）將我從這個寶貴的時間中拉走。我也在特地的日子框出「休養時間」，以便讓我充電。這意味著閒人勿進：別管我，讓我休息。

你在這裡的任務也是一樣：勾出你的首要任務，在行事曆上框出來。如果你是說真的，就要行動支持。你會驚奇地發現這個效果有多好，以及這將如何挑戰你的壞習慣。

電郵時間區塊

每收到一封電子郵件便切換一次頻道，這對專注工作是最可怕的，會讓我們的效率低得可憐。它把我們從手頭上的工作拉開，使我們更分心、有壓力，而且通常更沒效率。一位城市修道者會藉由選擇與外界通聯的時間，來控制這方面的事。這意思是，僅在一天中的指定時間檢查郵件。在創造力高的日子，我到上午十一點才檢查電子郵件。這給了我三個小時不被打斷的完整時間，在外面世界帶著規畫外的臨時要求來敲門前，先讓我把工作完成。大多數成功執行的人，會設定兩個或三個指定時間區塊(三十至六十分鐘應該足夠)來瀏覽和處理電子郵件訊息。

目前大多數電子郵件軟體有很棒的工具，如加標籤、加星號、分類，幫助電子郵件分流。一般原則是，如果是能在五分鐘內處理電子郵件，就立刻處理完畢。如果需較長時間，就加星號、轉發，或安排稍後的時間處理。透過這種方式，我們不會延遲溝通時間，也能保留適當的時間用電子郵件處理重要問題。

一套良好的垃圾郵件過濾器，以及學習退訂你不需要的服務也很重要。其中一種方式是使用次要的電子郵件信箱，專收線上隨機發送的郵件，讓這一類的郵件全丟進那個信箱。如果你想，也可以隨時去檢查那個收件匣，但這些促銷或不重要的電子郵件，將不會讓你從當天的工作中分心。

一段時間後，會愈來愈純熟，工作效率會提高。這並不一定意味你應該做更多的工作，如果是出於你的選擇，那便無可厚非，但增加的效率也可以是賺得時間去跑步、提前一小時回家陪孩子，或者上夜間課，為你的事業生涯加分。也或許是多個小憩時間……

再說一次，時間是極有價值的，一位城市修道者不會揮霍時間。有意識地做事，並且不要被電子郵件的連番襲擊，分散掉你對當天目標的注意力。

腦波靜坐軌跡

多年來，我已經看了許多幫助紓解壓力與時間壓縮的多種技術，有些真的很驚人。我曾經擁有一個大腦實驗室，並觀看靜坐與瑜伽練習者數千小時的腦波圖，看它們的變化狀態。我發現某些腦波軌跡，對於幫助人們從時間壓縮中跳脫出來特別有用，所以我很推薦。為什麼？因為實驗室已經研究這些狀態一段時間了，一些有趣的數據也支持這個論點。大腦以多種不同的腦波狀態運作著，在任何特定時間，某種腦波比其他腦波更占優勢。當有壓力與時間壓縮時，我們通常都處於β波（十二至十九赫茲）或高β波（十九至二十六赫茲）。若讓腦部下降至α波（七．五至十二．五赫茲），然後再降至θ波（六至十赫茲）可以療癒與放鬆。我們發現，經驗豐富的靜坐者能夠輕而易舉地落至α波，有些人在變化狀態時，也可以低至θ波，甚至δ波（一至三赫茲），而這些新技術可以作為讓大腦快樂的工具，以加快進入這些狀態的時間，而減少幾年的「緩衝時間」。

在「參考資源」章節，有一些關於腦波軌跡資訊。

〈艾許莉的行動計畫〉

檢視艾許莉的生活，思考在哪裡可以用最小的力氣獲取最高的成果，我們發現第一站是她的電視時間。這是多麼浪費生命力！我們請她拔掉所有「推播」媒體，如電視和傳統廣播，這樣她就可以精選進入她的生活圈的信息和內容。結果，她每天擁有更多時間與家人散步、整理花園、在晚上做一些瑜伽。她也開始在晚上閱讀工作方面的書，並很快減輕工作落後的焦慮。

接著，艾許莉和我處理她早上的例行工作。在跑步機上跑步不適合像她這種人，她的腎上腺紀錄呈現挑戰的狀況，跑步只會讓它更糟。之前她用來跑步的時間，現在改做一些爆發式間歇訓練和全身的活動。我們還在這裡加進特別留給身體恢復的時間。結果：艾許莉有了更多的能量、更好的情緒，以及更緻密、窈窕的身材。我們還在早上增加了十分鐘氣功，這使她更專心，頭腦更清明。她過去總是試著在生活裡「喘一口氣」，這種練習幫助她在展開一天之前，從源頭飲水。

艾許莉學會把她的優先事項登入她的手機行事曆，並在工作日內框出定時的休息時間。起初，她嚇壞了，所以她沒有規畫很長的休息，擔心上司責備。五分鐘深呼吸至小腹的練習，證明對她有很大的改善。當她開始意識到這些休息之後狀況變得多麼好、思緒也更清晰，神奇的事發生了，她變得更有效率，進度開始超前，幾個月之內，就在下午五點前完成工作，得以提早回家。這意味著與家人和給自己更多的時間。她的工作品質也更好了，幾個月後，她獲得了擢升。

艾許莉另一個主要的工作是學習晚上如何關機休息。她太習慣整天團團轉，以致於這些動能在數小時之後，仍使她處在瘋狂狀態。如今，她和先生開始一星期可以享受幾個燭光夜晚，晚上時，她把平板電腦放一邊，取而代之的是傳統的書籍。幾個月內，她的能量水平更好了，而且更持久。較少疲憊，更快完成工作。燭光下的浪漫時光也點燃了久違的性慾，它回來了。

只是生活方式的一些調整，以及取向的轉變，便真正造就了改變。當艾許莉拿回時間的控制權，她拿回了她的人生。

第三章

能量：為什麼我總是這麼疲倦？

起初潔西卡沒有發現問題，她過著和正常人一樣的生活，然而慢慢地發現她的能量耗盡了。起先還好，她會和朋友見面喝下午茶，談談生活。晚上，她會和固定的飯友一起用晚餐，喝一杯，情況通常都在控制之中。她快三十歲了，住在紐約。你們也都這麼過日子。

後來，早晨開始變辛苦了。她通常在健身房舉重前，先騎健身車，但熱情漸漸熄滅了，每件事變得愈來愈費力。有一段時間，她服用某人推薦的「減肥丸」，頗具有效，但卻讓她容易激動不安。最後，她又喝起已經戒掉的酒，體重又回到身上，雖不是很多，但足以讓她覺得總是很「肥」。

她上一次旅行是去歐洲，和一位女性朋友在十四天內去了十二個城市。博物館、夜總會、渡輪、走到鐵腿、逛更多的博物館。她獲得了文化洗禮、欣賞很多名畫，還帶著咳嗽回家。

潔西卡的工作並不平順。她的學位是新聞，嘗試過很多種工作，從公關到調查報導，但她還沒找到自己的熱情。由於收入不穩定，在大都市生活幾乎無法打平，盡量省吃檢用，尚可維持社交生活，這對她而言很重要。她似乎總是點沙拉來吃，所以不懂為何吃得這麼健康還總是覺得疲累？畢竟，她把每件事都做對，但為什麼如此精疲力盡？

〈問題〉

潔西卡並不孤單。在現今醫生的診間，頭號症頭就是疲勞。每個人都累了，而且它成了一種流行病。我們的身體告訴我們有地方不對勁，但我們太忙了，聽不見。

能量就像現金。在東方，我們稱之為「氣」。它是一種流動的「貨幣」。它需要以一種充沛的循環，在我們身體中移動。如果我們保持平衡，我們的能量應該是健康而且流動的。本章稍後的部分，我們特別談這個部分，但讓我們先在這裡開始描繪一幅畫。

你在一間商店看到了某件想要的東西，摸摸口袋找錢，發現早上已經把最後的幾塊錢花掉了。以往，你只能兩手空空離開，可能在途中體會到現金管理的重要。今天，我們完全不需要面對那種情況，我們有信用！你從錢包裡抽出一張卡，在讀卡機上刷一下。嗶！東西進了袋子，你笑著回家，一直笑到收到帳單，發覺自己還是得掏出錢來。聽起來很熟悉嗎？這就是我們對能量所做的事。

潔西卡也許可以去一個山間閉關，讀一本書、多補一些眠、做一些瑜伽，並坐在一個舒服的火堆旁一個星期，完全充飽電池，但相反地，她花了所有金錢和能量踏遍歐洲。實際上，歐洲行的費用大部分是刷卡支付的，如今她對帳單也超級焦慮。

現在，她累了，而且更加不安。她的力氣用光了，而且覺得很疲憊。

因為她沒有休息，所以不會恢復。這是一個基本原則：升上去的，必降下來。陰與陽總是必須為能量的流動找到平衡。潔西卡確實找到平衡了，但不是以一種友善的方式。她一直撐著，直到身體出了毛病，躺平一個星期，沒有晚餐聚會、不能說話、服用流感藥物，然後看重播的《六人行》。

咖啡因就像一張元氣信用卡

在資本主義社會中，債務用於投資成長與創造財富。如果你借錢轉手賣一間房子，之後可以把一些不錯的利潤存進銀行，這是很有用的。當你的業務出現一些波瀾起伏，你的信用額度有助解決現金流問題，這全是好事。

這裡的問題，是關於不良的能量經濟學。你能花費的能量，不可能比你能產生的更多。這在過去是簡單的數學，大多數人都理解它，但現在生活總是快速而且繁忙，從來沒有足夠的時間（參見前面關於時間壓縮症候群的章節），要停下來休息和喘口氣，聽起來簡直是瘋了。我們認為**我必須繼續，喝些咖啡，然後吃點東西……**

由於在我們的認知裡，時間是如此短暫，停下來進食非常不方便，而且有負擔。這是當代一個影響我們大多數人的大問題，而且，它正在破壞人們的生活：過去，生命和儀式通常是圍繞餐點組成，但現在我們沒有時間坐下來好好吃一頓飯。這個行為已經變得毫無意義，所以我們吃什麼，也無關緊要；我們只吞下那些蛋白質棒，然後繼續工作。問題是：那鬼東西不是食物。

食物不一樣了

食物是我們獲取能量的地方，而現在我們讓它縮水了。我們把許多要吃的東西戳穿、刺激，轉基因和人工增強，以致於我們的身體幾乎辨認不出這些東西是食物。這個動作混淆了免疫系統，使它無法分辨這些東西究竟是「敵」是「友」，便沿著我們的腸子攻擊食物顆粒。這會耗掉大量的能量，使我們感到疲憊、發炎，以及頭腦不清楚。第六章與第七章有這方面更細節的說明，但現在，只要知道這個故事的重點是要吃真正的食物，是生長自地球的有機食物，沒有被篡改過。這是對健康、營養和我們的整體幸福最好的賭注。

毒素窒息了我們

每天有七百四十億磅(約三千三百三十公噸)的化學物質被加進我們的環境，其中大部分對我們的粒線體是有害的。這些極易受損的粒線體，是我們細胞中的微小細胞器，能幫助我們產生能量。當它們損傷或損壞，我們的能量輸出會被抑制，便開始抱怨無奈和疲勞。

我們活在一種流行的毒性中，它們從四面八方襲擊。由於身體失去彈性，粒線體受到傷害，我們便減少了對免疫系統、解毒途徑和排泄的能量。實質上，這是一種每下愈況的毒性與疲憊漩渦。當光線開始閃爍，大腦會變得模糊，情緒變得不佳而易怒，這時我們便想吞一顆藥丸或來一杯咖啡。這不是解決之道。毒性存在於家用產品、加工食品、污染的空氣和水，以及我們每天不得不使用的化妝品。我的第二部影片《起源》(*Origins*)[5]，深入探究了這個主題，顯示我們都涉入其中的化學實驗對健康的負面影響。對這些可怕的東西視若無睹不是解決之道。城市修道者釐清他的食物供應來源，並意識「你吃什麼，你就是什麼」這個概念不僅適用在食物這方面。

還有一個有毒黴菌的問題，是我們社會中一個沉默的能量搖控器。黴菌會誘發免疫系統帶來一系列的症狀，從腦霧（brain fog）到自身免疫反應。你不會一直看到它，但可能持續累積傷害。如果你感覺可能對黴菌敏感，請參閱「參考資源」部分，找到可以幫助你的工具。

身體是設計用來動的

元氣不足的主要關鍵，是現代生活習慣坐著不動。在第五章，將進一步討論這個問題，探索細微差別。我們需要了解，身體本質上是帶電的，而且運動會產生電荷。移動雙腿能驅動血液和離子，為神經系統供電，幫助它與大腦適當溝通。我們的腦內啡開始運作，感官以立體模式運作，可以攀爬岩壁和跳躍峽谷，生氣勃勃、強而有力，這就是我們人類的狀態。

快轉到今天，我們發現自己坐在桌子後面或車子裡面，滿腦子希望下班後能有一些走跑步機的時間。我們坐著，而不是站著；開車，而不是走路。這關閉了身體所認識而且據以流動的自然循環能量流。然後我們開始不動、睡著。我們的基因不再為最佳性能編碼，體重也增加了，開始衰老和崩壞。一個健壯、健康的系統，是一個隨著能量迸發而移動和爆發的系統。

5《起源》：2014年出品。http://topdocumentaryfilms.com/origins/

能量需要釋放到某個地方

我們談論能量，有如它填注在一個銀行戶頭，而這就是脂肪增加的原因。記住：能量需要動。它不能留在同一個地方，儲存它會成為脂肪的形式，這是我們身體不一定需要的東西。所以，我們該如何協調？

永遠給能量一個出口。

一位城市修道者會一直保持與世界上需要能量的東西通電。從我們支持的事業到腦力工作，不斷需要越來越多的能量，來滿足個人成長的需求。隨著個人印記的成長，我們讓更多的能量流過。這意味著我們世界上通往力量的渠道。做事的工作、到花園裡搬動的泥土，我們都在驅動力量；閱讀、發表講座，那都是能量。服務的對象、練習自我照顧，這是一種能量需求。愈學會走出自己的方式、有效率，就有更多力量可以從我們身上流過。

現代生活方式的問題是，在電視上觀看生活，並不需要任何能量。吃不是你種的或者你狩獵的食物，不會進行任何直接的交換。開車穿過鎮上，消耗的是石油，不是肚子上的肥肉。生活變得抽象，我們與能量釋放的基本需求隔絕，遠離了真正力量的來源。讓我們回到我們的身體吧。

〈城市修道者的智慧〉

萬事萬物都帶著生命力，一切都充滿了心靈與意識，生命與情感全在我們四周，自然世界滿溢著生命。我們生活在一個偉大的生命之網，而能量的矩陣就像悠游其中的美好泉水，我們吸取這個力量而成長，吐出能量回饋給它。這是一個生命相互連結、能量彼此轉換的美麗而強大的系統，並且由一個共同意識結合，一個連通宇宙的心智或心靈，**而我們都是其中一份子**。

當我們吃進充滿生命力的食物，會獲得能量，攝取食物的質量，決定了我們的「氣」的質量和容量。接近大自然的東西，擁有高度的振動，攜帶了更多的營養和生命力。加工食品大多缺乏這些，食物中沒有生命，意味著我們的身體沒有生命。那麼，大家都這麼累有什麼好奇怪？甚至，我們從食物中攝取的，比卡路里還多。當然，有營養、礦物質和輔因子，但「氣」呢？除了卡路里的分解，我們還從食物中攝取所有形式的微妙能量。所有生命的連接，總是能量與意識的轉移。我們從身邊的人、閱讀的書、觀看的節目，以及所處的環境，吸取養分而成長。我們都是宇宙智能的一部分，它能幫助我們感覺連結，生機勃發，一切都欣欣向榮，而且充滿了意識。

攝取生命

我們與所有其他生命共享宇宙的永恆能量，而進食這個行為是神聖的。我們正在從一種生命形式，轉移能量到另一種生命形式。完成這件事，必須帶著崇敬與尊敬的心情。城市修道者有意識地進食，並感謝每一頓飯、每一口食物。這是一種包容和敬重的態度，高於所有我們談論的有關飲食的策略與戰術，其他的一切都是次要的。從這裡開始，我們只攝取有生命力，或者最近仍有生命力的食物。有機蔬菜是關鍵。如果你吃肉，確保牠是吃草、放牧在友善的環境下生長的，從肉類攝取到的毒性負擔是非常巨大的，它激化我們的免疫系統和排毒路徑，通常會使我們更累、嗜睡。

進一步地說，如果你吃肉，那麼你必須去狩獵，然後宰殺你要吃的動物，不管是什麼，你必須要親眼見到殺害一個生命的過程，並且虔敬地做這件事。數小時在山脊上上下下健行，向大自然挑戰，會讓我們的血液沸騰，這是一件大事，一旦烙印在意識中，你絕不會再盲目地狼吞虎嚥啃掉一個雞肉三明治。

避免包裝盒食品，甚至需要標籤標示成分的食物也不行。蔬菜來自地表，愈近愈好。如果可能，開始闢建一個花園，種植一些或全部你自己的食物。**觸摸生命**，知道生命從何而來，並養成對生命的深刻尊敬，這是西方缺少的。我們盲目消費看起來像食物的產品，當中缺乏「氣」，還納悶為什麼我們會累、會生病、會增胖、會鬱悶。如果你想要感覺活著，便得回到生命的循環，只吃充滿自然能量的真正食物。這樣，你會得到營養、精神更好、對那些可怕的渴望失去興趣，而且，開始感覺更有活力。

挑水，砍柴

在寺院裡，有句古語說：「開悟之前，挑水，砍柴；開悟之後，挑水，砍柴。」

工作是偉大的。印度教徒稱之為「羯磨瑜伽」，這對我們有益。別因為你從事辦公室工作，好像就不應該四處走動。本書稍後會介紹升降桌、辦公室健身訓練、每天步行，和許多其他的策略。動一動是精神更好、更多能量的一個關鍵部分。把「工作」帶進訓練是城市修道者一個重要的倫理觀。走出戶外，把身體弄髒，對我們有好處。不知何故，社會觀感認為戶外活動不夠優雅，因為那屬於勞動階層，而富有的人該在健身房的跑步機上看電視。

胡說八道。

蓋一個棚子、堆一些乾柴、擊破一些岩石、種一棵樹、清理閣樓。在過往，我們四處走動，讓我們一直保持著充電能量，我們餓了，因為我們整天都在動，而不是因為時鐘顯示現在是下午六點鐘。

累的時候休息

人體具有晝夜韻律，有能量的起伏，了解如何在這起伏中如沖浪般滑行，對於城市修道者是至關重要的。只需閉上眼睛五到十分鐘，就可以幫助我們在一天當中關機充電，通常便得以繼續運作、補充延續能量所真正需要的，但問題是，我們不允許這麼做。在西方人的觀念裡，允許自己放鬆是非常困難的。畢竟我們的文化來自於盎格魯撒克遜和日耳曼的根源，強調努力工作與堅持。這種精神為我們建立了巨大的經濟體和航母艦隊，但也把我們送上各種毛病與服藥之路。

個人心旅

在我的第一個孩子出生後，我不知道自己面臨什麼狀況。在此之前，我總是睡得很好，從來沒有真正失眠過。由於新生嬰兒的哭泣不斷把我們吵醒，親身經歷的中斷睡眠模式開始影響我。隨著一支影片的發行，我的工作比以往任何時候更忙碌，而我每天東奔西走，帶著身體油箱愈來愈少的燃油。我累了，性欲變低，消化不好，整個人缺乏熱情。事實上，我覺得自己正在走向「熱情破產」。我抽了一些血，發現腎上腺素消耗殆盡，所以我進行了一個計畫，吃了一些補充腎上腺的保健食品以及一些草藥，而且，我改變了飲食，只在晚上攝取碳水化合物，這讓我在白天時，燃燒脂肪和蛋白質，而碳水化合物在晚上幫助引發胰島素峰值，幫助降低我的皮質醇。加上一些靜坐，以及輪流與我的妻子看顧小嬰兒，我們才能很快扭轉情勢。我明白大多數人從來沒有真正地從繁忙的工作中恢復，又繼續把這種疲勞帶入生活中的每件事。這本書將幫助你清除這些能量債。

你得到了放鬆的許可。

我剛給了你一個許可，有一天，你可以把這個許可給自己，但在那之前，你可以用我的通行證。城市修道者學會聰明工作，而不是更努力工作。讓自己看似忙碌以取悅周遭人，這種行為是愚蠢的，但我們都不時這麼做。花時間充飽電池，將能在能量、工作表現與健康方面，看到深度的差異。這還會讓你少喝咖啡因，也許也會減少碳水化合物的攝取。當我們得到適量的休息，我們大腦裡的瘦素（飽腹感激素）水準是平衡的，就不會陷入貪食這種有害的衝動。

感覺力

雖然我們從食物中獲取卡路里，仍會從周遭的生命獲取各種各樣的微量能量。所有活著的一切都散發出能量，我們的身體本能感覺到這一點。學習感覺房間、山谷、森林或草地的能量，這是我們祖先固有的技能。我相信你依稀記得曾在大自然某處的經驗，讚嘆那裡多麼令人神清氣爽。那是大自然的好東西。一個城市修道者不會忘記，而且要回到迷失的靈魂的領地。**那裡**就是我們重新獲得活力並接通周圍植物與動物能量的地方。

在我們用牆、地毯、小玩意和家具把自己圍起來之前，我們曾經擁有更多親近周遭大自然的機會，能夠透過每個毛細孔「喝進」這些能量。我們被大自然包圍，而且沐浴其中。如今，我們失去了這個聯繫，感覺像缺了點什麼，確實。

城市修道者盡可能長期停留在大自然裡，圍繞在單純的生物之中，而且因此而更好。與樹木、空氣和水中的生命力連結，恢復活力，並且成為生態系的一部分。當你不再意識到你的能量是污染周圍純淨自然的髒東西，你便知道自己到達這個境界了。當我們清理生活方式、學會將能量節流在可持續與健康的方式，我們就能停止散發混亂，並開始與周圍的生命結構重新連結。當這個事實成真，這種感覺是不可抗拒而且純潔的。這種感覺是你與生俱來的權利。

認識黑暗面

事情也有黑暗的一面。社會中有寄生元素，他們使我們脫離自然的活力，並從中獲益。他們吸食生命，需要我們繼續昏睡與疏離，以便不知不覺地喪失活力。

古代諾斯底主義者稱這種陰暗的非物理自然力為「執政者」（Archons）[6]，他們是無實質的存在，被認為是扮演「反擬態」，一種模仿良善到足以亂真，以致愚弄人們來信任他。他們是能量吸血鬼，滲透進社會的所有元素，無所不在，感染了很多人。這是一種意識形式，具有掠奪性、普遍性和反常態。許多人被它感染了。

「魔鬼曾經耍過的最大的伎倆，是說服人們他並不存在。」——凱撒．索澤（Keyser Söze），

6 諾斯底主義（Gnostics）：又稱為「靈知派」、「靈智派」。相信透過個人超凡的經驗，可以脫離無知及現世。稱作「執政者」的天使中間者會阻礙靈魂前進，因此人們必須探索如何安然經過中間者。

我們在宗教裡看到它，在製藥公司與醫藥產業看到它，在政客身上看到它，在以「綠色洗滌」為口號的公司看到它。它們以此來佯裝它們很乾淨又環保，以致我們視其為世間常道，雖然我們內心知道當中是有問題的。一位道士花了相當長的時間進行驅魔，我也看到了一些瘋狂的東西，所以，讓我們把它弄清楚。世界上有做壞事的人，而他們想繼續控制大局，我們全看得一清二楚。而大部分人沒有看到的，是感染性的精神病毒，它會在人群之間感染與滲透。讓我們用一些現實世界的例子來說明「反擬態」這一點。

宗教：「我們代表神與一切的善。」

- ✦「上帝同意我們屠殺你們部落，因為你們是異教徒，而我們是選民。」
- ✦「我是神職人員，所以我可以碰觸你那裡，孩子。」
- ✦「我們愛眾人，而且不下評斷，但黑人請坐在這輛公車的後面。」
- ✦「上帝在我們這一邊，我們將贏得聖戰。」（請自行帶入任何國家或宗教團體）。

政治：「我們代表人民，而且為多數人的利益而努力。」

✦「我是人民的鬥士；我絕不會簽署那種法案……但我簽了……很抱歉。」

✦「我們重視言論自由和公民自由，但我們剛投票反對這些事情，因為我們的守護神不同意。」

✦「我已經宣誓服務我的國家，但我向特殊利益者拿錢，因為這是這個體系運作的方式。我們都是被收買的，所以這只是政治的方式。」

醫學：「我們在這裡治療人類的疾病，不會傷害人。」

✦「我們明白，飲食和運動會解決大多數慢性疾病，但這沒辦法賺錢，所以，讓我們改變對話方式，推銷我們的藥丸和療程，不管有任何副作用。」

✦「當然，那種藥草有效，但我們不能為自然申請專利，所以，讓我們不要相信那個研究，繼續推廣那些會讓我們的收銀機叮噹響的鬼東西。」

7《刺激驚爆點》：1995年美國出品的一部新黑色電影。凱撒．索澤是劇中一位被供出的神祕土耳其主謀。

✦「我不能跟上所有的新數據，但是我會傲慢和鄙視你的問題，因為那挑戰我的權威，而且，如果你對這個遊戲不買單，我將無法賺大錢。笨蛋！我是醫生！」

企業：「我們為您帶來您想要的，我們是世界好公民。」

✦「我們完全是環保友善的，因為在我們的早餐脆片的盒子上有一個穀倉的圖片，雖然我們沒有做任何其他的事，讓我們的產品成分更健康。」

✦「讓我們買下這個友善生態的品牌，並保持其形象，使我們看起來正派，而一方面以便宜的轉基因成分來替換。那些白癡不會知道當中的差別。」

✦「可以在農夫市集上銷售一般農法種植的蘋果，還聲稱有機，太棒了，客戶將付更多錢買一樣的狗屎。實在太划算了！」

媒體：「我們公平、公正，我們喜歡與你分享藝術、文化和娛樂。」

✦「降低報酬或者加入我的教會，我會讓你在電影裡演一個角色。你知道這些程序的，這是這行的行規。」

✦「我們如實報導新聞，在報導裡，從來沒有主觀意見或利益涉入其中，雖然我們隸屬某個利益團體。」

✦「我不在乎他們唱得怎麼樣；他們願不願意在我們青少年觀眾面前抽菸？我們想要一個『壞男孩』的形象，而且可以輕鬆找到另一個孩子。音樂工作者可謂多如牛毛。」

這個列表可以一直繼續，但你知道這些故事的意思了，人們假裝一個不是他們的人，這些人玩弄體制，令人作嘔。守門員無處不在，我們都被牽著鼻子走，以為為了搶得先機，你得和魔鬼做一場交易。金錢是邪惡的，而我們必須長袖善舞，因為每個人都這樣……

胡說八道。

一個城市修道者斷然拒絕這個前提，知道它來自寄生元素，而且已經不斷強化這個文化基因數千年了。如今，我們已經有技術完全轉換到太陽能，但我們還為石油發動戰爭。武器供應商為中東不間斷的戰爭推波助瀾，汽水製造商在產品中添加「天然」的香味，使我們以為他們的產品是健康的。我們不需要為了賺錢而把自己搞髒。我們可以用誠信和誠實來製造產品與提供服務。佛教「正道生活」的準則，是朝氣與正直，世界上的好人必須要遵守並捍衛它。也就是說，你做的任何事，不應該傷害地球或其他人。

我們要保衛正確而美麗的事物。

那麼，這與缺乏能量有什麼關係呢？很大的關係。我們一直被養成殭屍。我們被培育成不會自己思考和盲從。我們需要被告知該做什麼：投票選綠色或藍色，吃漢堡、薯條要配可樂，接受現實的樣子；坦白講，就是閉嘴、繼續納稅和購買鞋子。多麼累！也許我們疲倦，是因為我們太柔順，缺乏意識。也許我們已經長期昏昏欲睡，以致於缺少了生活真正的「火花」。

沒有健康的「神」，就沒有「氣」的流動。

「神」可大略解釋為「靈性」。寄生蟲分散我們的注意力，使我們與靈性脫節，而靈性是無限能量的終極來源。它們讓我們覺得，如果沒有那輛車、那個皮包、那個學位或理想的伴侶，我們就什麼都不是。它們驅使我們渴望不可能的生活，當中充滿了錯誤的承諾，所以我們很容易與金錢為伍，餵養這些寄生的野獸。他們使我們相信匱乏和人類生活的不停鬥爭，以為壞人都在外橫行，世界是不安全的這類故事。

好消息是，靈性是無限的、永恆的。一旦我們重新與它連結，不禁要訕笑那些分散我們注意的事物，並找回我們的力量——來自內心、向外輻射的**個人力量**，比我們理解的還更大的個人力量，一個通往所有生命共同能量泉源的通道。它驅使幼芽突破混凝土人行道，也驅使企鵝持續站在冰天雪地裡數個月，蔽護牠的幼子。

一個城市修道者覺醒自身潛力，成為社群中的燈塔，為正義發聲，做正確的事；會充分思考決定，挑戰不適合的文化基因。當一股社會勢力試圖將煩人的世界觀強加過來，並不會隨波逐流，當然也不會想和殭屍們一起適應環境，城市修道者會喚醒他們。她的靈性是自由的，這解放了她的能量。她活力充沛，充滿了氣。

能量即是氣，它需要流動。

能量來自我們的食物，並建構我們的精氣。它是由我們的靈性助燃。揮霍我們的精氣也是一種崩壞體系的方法。學習蓄養我們的精氣，移動我們的氣，是回復能量的關鍵練習。我們需要學習在疲累的時候休息、餓的時候攝取好的食物、移動與使用我們的身體，以及（這裡是缺少的成分）**蓄養我們的氣**，讓我們可以容光煥發、生氣蓬勃。這是你成為城市修道者的下一步。現在是學習使用「原力」的時候了。

〈東方修行法〉

氣功

有一種練習可以讓你更有精神、擁有更多能量、頭腦更清晰、手腳更靈活，建構更好的免疫力、增加活力，你會跟著做嗎？好，看這裡！

「氣功」的字面意思是「能量的工作」，是城市修道者修行的基礎。考慮到我們活在如此驚人的時代，與其在書中試著讓你了解它，遠不如向你「示範」這種修行法。你只要連上網址：theurbanmonk.com/resources/ch3，就可以免費觀賞「城市修道者氣功練習」第一級與第二級。基本上，影片拍得很容易學，但如果你是一個步驟一個步驟看書的人，我也在那裡放進了文字指示。

早上從第一級開始，如果可能，在晚上做第二級。兩者一起，你將能在早晨陶養「陽」，在晚上陶養「陰」，在生活中找到平衡，你會有更多的能量，但注意，對於腎上腺受損的人，會需要多一點時間讓能量恢復。這是你的修行，所以要善待它，有意識地做。把時間規畫出來，看看這會讓你改善多少。當你獲得更多活力，你會看到這是一個多麼棒的投資。

草藥補品

數千年來，一套健全的草藥傳統幫助人們恢復生命力也增進元氣。下面列表的草藥具有調理素，能有助調節身體並給予身體需要的元素，它們補強不足之處並具有鎮靜效果。這類草藥非常有趣，也應證了我們在植物中發現的自然智能的天才。它們全都可以提煉為茶的形式，許多公司把它們做成粉末銷售，只需要輕鬆倒進熱水中攪拌。傳統的方法則是把草藥一起放在陶鍋中燉好幾個小時，然後把液體倒出來作成藥用茶。

參：被認為是「百草之王」，人參有強大的補氣功能。它有助於恢復活力與強健精氣。人參有不同的類型，你可以根據你的體質選用。紅參的本質偏陽，能刺激興奮傳導路徑，而美國參往往較陰與滋補。許多草藥師傅會為個人搭配不同的組合，客製化配方。附帶一提，最具醫療效果的活性成分是人參根的人參皂苷。某種植物成長的挑戰愈多、生存環境愈苛刻，人參皂苷含量愈高，藥效愈好。這將是身為一位城市修道者反覆要下的功夫。

南非醉茄（又名印度人參）：印度吠陀療法最強大的草本之一，南非醉茄自古以來就被廣泛運用於多種病症，最廣為人知的是它的恢復效果。它也是一種調理素，有助於緩解壓力、提高免疫力、恢復活力，並穩定血糖。

靈芝：這種蘑菇是強大的免疫力增強劑，用於草藥已有數千年歷史。研究顯示能刺激腦神經元、破壞癌細胞，預防肥胖者的脂肪發展，能保護粒線體DNA，並有助關鍵長壽基因的表現。

黃耆：經常與人參併用，是常見的中國草藥，有助於提高免疫力、補充元氣、增加體力、幫助消化。最近被當作有效的利尿劑，運用於心臟病。

紅景天：這種草本植物生長在歐洲與亞洲北極地區的高海拔，已長年為俄羅斯與斯堪的納維亞地區用的滋補品，有助於防止疲勞、壓力和缺氧對身體的危害。我在尼泊爾時服用，幫助我提高能量，預防高山症。

客製化配方：很多滋補草藥是根據個人體質而定。如果你明確知道需要什麼幫助、身體哪裡的能量不平衡、你能自行處理的是什麼，便可以開立一個客製化的草藥混合處方，滿足你的需求。調理素很容易處理，因為它們很多樣，大多數人都可以服用，但請明白你服用的藥草，請教專家。想知道家庭草藥祕訣，請參閱「參考資源」部分。

喝你的食物

一位僧人的飲食主要是蔬菜、大米和瘦肉（如果有的話）。現代食物不像幾百年前人類吃的食物，當時的飲食很簡單。現代飲食的兩個主要問題是品質差以及過量。我們吃到肚子撐了，也不休息一下等候消化。

吃到半飽，然後等待五到十分鐘。

通常，五到十分鐘便足以引發飽足感，可以結束用餐了，這可以甩掉好幾公斤贅肉，給予身體分泌適當消化酶的時間，讓胃酸工作，而且一邊蠕動，也不會為消化系統帶來過多的負擔。徹底咀嚼也是消化一頓飯的絕佳方式，能釋放更多的營養，並讓你更接近食物。要做到這一點的簡單方法，就是計算咀嚼每一口或一小片的次數。最好一開始能數到十。我知道有人每一口可以咀嚼二十次甚至三十六次。

在許多傳統裡，湯、燉菜或粥（米飯粥）是僧人的主食，有很多很棒的成分，而且是用慢火長時間熬煮，提煉出重要的營養物質，讓食物更好分解。在理查・阮漢（Richard Wrangham）這本《用火：烹飪如何使我們成為人類》（*Catching Fire: How Cooking Made Human*）的書裡，描述人類破天荒用火烹煮，拆解重要的營養素，並從食物中獲得更多的熱量，讓人類更能適應環境，變得更敏捷，並且演化出更大的腦。

因此，城市修道者膳食中的營養素和熱量更容易獲取、更輕淡、充滿活力，而且簡單。這些飲食滋養我們，避免高消化負擔，那會使身體的整個系統變慢，出現腦霧的情況。

我們通常什麼時候喝湯？通常是生病的時候。老祖母的雞湯有助身體健康，因為一些食物已經幫你「預消化」了，讓你比較好吸收。換言之，烹煮時的熱分解了食物，減輕了身體的負擔。

如果你的部隊在前線與感染病毒奮戰，你會希望他們集中在那裡。有戰役時，你不想把能量拉離免疫系統，這就是為什麼湯是一劑良藥。那麼，為什麼不經常這樣吃呢？為什麼不用湯來減輕疲憊又痛苦的身體負擔，讓我們可以解放一些能量，開始覺得更舒服？

每星期像病人一樣飲食一次。

每星期喝一次湯是一種禁食的形式：稱為「消化禁食」。它給你的胃、胰腺和腸子一些休息，讓它們可以喘一口氣，運作得更好。每星期一次將固體食物換成液體食物，確實能夠讓身體休息，給它需要的恢復時間，並修復腸壁。我喜歡在湯裡加入大骨、滋補草藥和藥用植物，這是一種很好的食療方法，目前仍是亞洲盛行的傳統。在本書後面的「參考資源」部分，有兩個很好的食譜，你可以試試。開始讓湯走入你的生活，看它如何幫助你轉換能量。把食物當作藥物與訊息，是解開能量流的關鍵。

活力修行

我們不斷尋找放鬆的方法。我們總是過於忙碌，即使晚上回到家，還有一百萬件事要做，忙得團團轉後上了床，開始失眠。這樣的生活無法建立「氣」。一個城市修道者將它吸納，並學習在晚上**聚氣**。更好的是，他學會整天都這麼做，所以從來不會把氣花光殆盡。以下是一些很好的練習，幫助你把魔力找回來，開始感覺生命脈動流過你的靜脈。

鹽浴與精油：這是一種很好的晚間紓壓方式。用瀉鹽和幾滴精油泡個熱水澡，真正平靜神經系統，得以放輕鬆。我喜歡薰衣草、乳香和薄荷精油。添加瀉鹽的好處是，鎂會滲透你的皮膚、平靜你的大腦，對你的粒線體有幫助。你可能還記得，粒線體能促進產生能量，它們超級容易受環境毒素破壞，它需要所有可能的協助，一劑鎂的補強確實很有助益。這是多麼美好的道家修行！增強你的氣，同時幫助你放鬆。

禁語：每個月進行一次禁語，對恢復活力能量是很有效的。我們絮絮聒聒一整天，流失許多的氣，所以能截斷流失可說是非常有益的。Genesis一詞的解譯之一是「我在說話中創造」。想想這一點，問自己要如何對你擁有的這一生負責。這可能不是一個有趣的練習，但卻很重要。我們生活在一種認為沉默是需要被填補起來的文化中。沉默是能量的所在。學會傾聽它，並從無限中啜飲。

從無限中啜飲，是城市修道者之道。

我固定每個月選一天不說話。通常是星期天，我告訴我的世界，在這一天裡我不做回應。有些人覺得這樣很怪異，但城市修道者不在乎。做對自己有益的事，讓他們發現你因此獲得的好處。這能幫助你製造一些隔離，讓你有空間思考、冥想，以及真正享受安靜。禁語的這一天，從一天早上醒來開始，直到第二天醒來結束。在更內省的期間，我會一次進行五到十天的閉關；或者，如果我得留在城裡處理事務，便進行每星期一次禁語，這是很有力量的工具。或許會讓你不舒服，但會有一股來自彼方的巨大力量幫助你成長。

〈現代破解法〉

解毒

為了獲得更多能量，最好的方式之一便是清淨你的系統。有毒化學品、重金屬和食物過敏，都是拖累身體的罪魁禍首。與任何協議一樣，第一守則是止血：停止吃加工垃圾、停止使用有害的化學品。當一個知情的消費者，並確保盡到守門人的任務。如果生活一直在「重新染毒」，排毒就沒有意義了。歡迎來到好萊塢。大多數的「排毒」流行並無效果，只能讓各地的蒙古大夫賺飽荷包。

排毒已經成為一種狂熱，是節食的代名詞。如果脫離完整的情境，排毒是沒什麼意義的。問題是：「你在排什麼毒？」你是針對A型和B型肝炎嗎？清除重金屬嗎？哪個是問題所在？是否按正確的順序排毒，而且也幫助恢復腸道？排毒是很複雜的，若你做錯了，會傷害到自己，有可能進一步破壞能量，挖洞給自己跳。更糟的是，你可能從脂肪或骨骼中釋放出毒素，累積到大腦裡。

有些人可能需要與合格的保健醫生合作，有些人可能可以自己進行。知道因果，並運用你的大腦，才能成功。黃金準則是，要有你可以對比檢驗的實驗室數據。你會想檢查重金屬、肝功能、腎功能、血糖、甘酸三油酯和膽固醇。如此一來，它就不是隨便射飛鏢，而是一個清理系統、重建能量製造路徑、修復腸道、再次綻放生命火花的完整計畫之一。這並不是說你必須這樣做。超過百萬人從自我管理的排毒受益。基本上，他們採用草藥和保健食品幫忙支持肝功能、重建腸壁，維繫更好的腸道運動。同樣地，你的醫生可以協助確認哪一種療程對你最好，但要小心推陳出新的商業產品。請在「參考資源」部分查看排毒指南。

重新設定腎上腺

對於我們的身體，大部分人會因為向「銀行」借了能量卻忘記償還而產生罪惡感。社會的機制讓我們很難做其他的選擇，我們必須努力學會一種新的生活方式，幫助我們回春。我們要如何恢復能量，以平衡我們消耗掉的能量？幫助重新設定你的腎上腺是其中的關鍵，開始慢慢償還這筆高利息的債務，可能需要六個月或更久，**但仍然必須去做**，否則未來將陷入困境。**現在就踏出第一步。**

- ✦睡多一點，壓力少一點。我一直在這一章提到這句，也會在整本書加上更多的至理名言。不用多說，這是很重要的一句話。
- ✦減少咖啡因攝入量，特別是中午過後。
- ✦定期練習氣功與靜坐。我一再強調，這是多麼有效。
- ✦緩和你的練習。如果你的腎上腺已經累壞，運動太多可能對你有害。太極拳和氣功會有幫助。一旦你覺得好多了，可以回去參加喜歡的運動課程，但有些人在重新激烈運動前，可能需要減慢速度。我們將在第五章更詳細地介紹這部分。
- ✦喝湯、細嚼食物，從你的飲食中除去有毒食物，並做聰明的排毒。

✦夜晚就著燭光靜心。

✦服用調理素和滋補劑來提高你的元氣，恢復腎上腺功能。

談到腎上腺，清楚知道你目前的健康情況真的很重要，而且有一種效果好又相對便宜的簡易唾液測試（diagnosticsechs.com），可以得知結果。你得在一天之內檢驗四次，這樣才可以看到皮質醇各階段的變化。我強烈推薦你找一位受過功能醫學訓練的醫生來檢測。一旦擬定計畫，大多就能以生活方式與保健食品來控制。只要堅持遵循計畫，就能看到很好的結果，但可能需要花一點時間。請參閱「參考資源」裡的連結，找到曾受過這種訓練的合格醫師。

減一些重量

粒線體中的肌肉組織很密集，心臟組織也是如此。保持身材與結實的體魄，能幫助我們的粒線體的密度和尺寸更大，有助於產生更多的能量。增加的肌肉組織能提高代謝率，也有助抵抗胰島素，能為身體提供更多的緩衝，避免吃下更多的碳水化合物，並把燃料送到可利用的地方。如前所述，能量需要一個出口，而肌肉是一個很好的歸處。當然，我們花費大量的能量在大腦想事情，但一個功能健全、肌肉發達的平衡身體，可以為能量流動創造一個健康的通道，而且以同樣方法回饋給我們。在第五章，我們將討論功能適應性，以及一些適當的練習方式。只靠舉啞鈴來鍛鍊「海灘肌肉」，長遠來說，不會對你有好處，而且還會造成身體不平衡，導致傷害。在做任何事情時，城市修道者必定以正確的方法來進行，得以活得健康有活力而長壽。

〈潔西卡的行動計畫〉

潔西卡很固執，不容易改變。她真的很想保留一些她的個人方式，所以從一些小動作開始。早餐一顆水煮蛋加上兩克魚油是第一個讓步。幾個星期內，她發現她有了更多能量，中午前需要的咖啡減少了。真棒！

以那裡為起點，我們開始處理晚上的葡萄酒。她的血糖不穩定，所以當她與女性友人出去聚餐時，她開始喝加了萊姆切片的碳酸水。她的新飲料沒有卡路里，所以能說服她以此取代酒，因為酒會增肥。不消多時，她就感覺早上的精力變多了，而且需要的咖啡更少。她現在早點睡了，而我們終能砍掉她的社交習慣，讓她的女性朋友每星期有兩個晚上約在她們大樓的按摩浴缸見面，而不是約在外面餐廳。這既省錢又放鬆，得到一些寶貴的優質時間，而不會被繁忙的噪音干擾或遇到好色之徒。

接下來，著手處理沙拉。她過去吃了各式各樣噴灑了農藥的傳統鬼東西，沒有真正的營養價值。現在她開始每星期兩次，去當地的農夫市集採買有機產品，有機食物的成本高一點，但很容易從餐廳的預算彌補過來，吃館子的錢遠比她想像的多更多，難怪她會破產。她開始食用更多的湯和熱食，這些比較容易消化，對她也有幫助。我們也讓她把每個月八十美元的有線電視切掉，這樣一來，她有足夠的錢為沙拉買到最好的食材，最重要的是，**準備一星期的午餐**。如今，可以吃到美味的有機食物，滋補並餵養細胞。吃一頓午餐通常需要四十分鐘，如今省下外出覓食的時間，她開始在中午休息時去健身房，然後回到辦公室吃午餐。

她和朋友們了解到某個女孩是團體裡的「生事者」，發覺社群生活中的大部分摩擦起於這個人。她們開始有些場合不邀請她，這有助於良性行為。突然間，房間裡有了氧氣，她們都覺得神清氣爽。

最後，我們讓她回去做瑜伽。她開始是上一種調養課，不是太核心的練習，最後階段才回到正常課程。隨著她學到的氣功吐納，潔西卡學到在每一次停留時要保留與聚集能量。瑜伽和呼吸成為她生活的一部分。她吃優質的食物、攝取更健康的脂肪和蛋白質，不再像冤大頭一樣亂花錢。她恢復了神采，驚人的是，現在甚至不太需要我們為她找的無毒化妝品。

潔西卡回來了，容光煥發。她在一個很好的地方，找到一條讓她快樂的生涯道路，並在那裡遇到了一個男人，接著很快的，迎接了一個孩子的降臨。

第四章

睡眠出了什麼問題？

詹姆斯不記得他上一次覺得精神奕奕是什麼時候。即使他試著早睡，也是輾轉難眠。似乎只要他一關燈，雜念便開始叢生。他試過靜坐，但徒勞無功。他喝過卡瓦胡椒茶、聖約翰草、洋甘菊、草藥等睡眠助劑，以及任何他認為可能有用的東西。結果一點用都沒有。

他的醫生丟給他一些藥丸，但這些藥丸真的讓他第二天整天昏睡。更糟的是，他覺得他只是用吃藥丸欺騙自己。

詹姆斯認為，一定有另一種方法來解決他的睡眠問題，但他無從得知那會是什麼。他試過每一種辦法，從舒眠ＣＤ，到在床上看漫畫，但他仍然無法讓心安定下來。疲勞開始累積，而且漸漸顯現出來。他生病的頻率增加，而且恢復得更慢。去年，他斷斷續續病了將近兩個月。他眼睛下方的黑眼圈已經留在那裡好幾年了，即使擦了昂貴的眼霜也於事無補。他知道這不是皮膚問題。

他坐在床上，盯著他的iPad直到深夜。起初，他會積極地尋找睡眠解決方案，但由於沒有一種方法奏效，他現在乾脆只玩電玩遊戲，或者掛在社群網站上。

詹姆斯陷入僵局。這個睡眠障礙開始真正影響他的工作表現了。自從離婚以來，他一直苦於財務無法回歸正軌。如今，他不停地煩惱金錢問題，擔心當然無助於賺更多的錢。他轉而求助於喝「自然的」能量飲料，之前非常有效，但它的效力開始減弱。他稱之為「罐裝強效純古柯鹼」，他知道那不會真的對他有好處，但他該怎麼辦？人生這齣戲必須繼續，詹姆斯進退兩難，莫非得不惜一切代價往前？等他死了，就可以休息，對吧？

〈問題〉

詹姆斯成了挑燈一族。根據美國國家健康研究所的研究，將近三〇%的美國人患有失眠，其中約一〇%指出，因為失眠連累到白天的活動。其他人則是在自欺欺人。

失眠令人沮喪。睡眠是身體為自己解毒的地方。睡眠是我們處理思緒與清除化學元素的地方；這些都是一整天累積的大腦毒素。睡眠也是我們建立新組織和恢復神經系統平衡的地方。除此之外，睡眠也是我們調節免疫系統的地方。

所有這些是什麼意思？失眠會使你老得更快、甩不掉毒素、一直處於緊張狀態（會引起焦慮或憂鬱）、更常生病，並且提高罹患慢性疾病的可能性，如關節炎、癌症、心臟衰竭、肺病、胃食管逆流、甲狀腺功能亢進、中風、帕金森症和和阿茲海默症。

這不妙，當我們不睡覺，我們也不妙。

我們變成易怒的母狗，容易咬人、做不智的決定，吃錯食物（睡眠不佳會干擾飽腹感激素，促使我們大吃大喝），而且還會想殺人。

我們的氣色差到有如去了鬼門關、能量水平低到不行。基本上，我們感覺像坨屎，看起來像坨屎，但卻無法正常拉屎。我們的日子跌跌撞撞，尋找機會停下來喘氣，但我們都知道，在現代世界裡很少有時間休息。

所以，為什麼睡眠在現代世界有這麼大的問題？

簡單的答案是：我們與大自然不同步。

我們的大腦有一個微小的感光腺體，稱為松果體。這是一個透過分泌褪黑素，控制我們生理重要開關的主腺體。現在，在你轉身離開，並撂下一句：「我已經試過那個鬼東西。」之前，讓我們先倒回來一下。我們不熟悉如何控制褪黑素來治療失眠；單單一到三毫克（常見劑量）就可以提高血液中的褪黑素二十倍。這樣不僅殺傷力過強，而且通常是無效的。事實上，褪黑素已被證明用來重設晝夜節律以調節飛行時差，比治療失眠的效果好。

所以，回到腺體……

當光線照射到眼睛時，會觸動眼睛裡的一個神經通路，通往大腦中一個稱為下視丘的區域。在這裡，有一個特殊的中心稱為上視神經交叉核（suprachiasmatic nucleus，簡稱SCN），會向大腦其他控制激素、體溫等功能的部分啟動信號，使我們感覺疲勞或清醒。這裡是松果體介入的地方，當它被SCN「開啟」，並開始積極地產生褪黑素，釋放進入血液。當這種情況在晚上發生時，我們開始自然地歇息，最終進入睡眠。它是身體和生理自然關機過程的一部分。

今日世界的問題是，到處都有光；它不斷地轟炸我們，觸發我們的大腦認為現在是白天。這會反過來加快大腦的運作，引發激素被釋放出來，讓我繼續保持溫暖、警覺，而且急著繼續擔心帳單問題。

這樣想一想：一萬年前，我們會整天出去狩獵、採集，然後聚在火堆旁一起吃東西、講故事，然後休息睡覺。當太陽西下，意味著我們也該日入而息。我們毫無機會戰勝夜間捕食者，所以我們別無選擇，只能自找掩護。黑暗為我們結束了一天，鋪上夜晚的色調，寒冷的、社交的和放鬆的。夜晚通常很冷，所以我們擠在一起取暖。說一些故事……做一些愛……然後睡著。

今天，這似乎是一個穴居人的幻想。我們在電視上看笨蛋表演，還稱它為「實境」。我們在床上玩平板電腦，保持燈火通明，直到深夜。慢下來沒有津貼鼓勵，而且，慢下來還會被看作是軟弱的象徵。

慢就是笨。世界是快速的，我們必須跟上。

我們也從另一個高度看到這一點。如果你觀看睡眠相關的腦波頻率模式，它約在一到三赫茲。這是每秒一到三個週期。即使是在超級警覺和緊張、焦慮狀態的較快腦波模式，也僅界於二十二到三十八赫茲之間。你家裡的燈泡平均是六十赫茲，快了二十到六十倍。這是我們夜晚時長處的頻率，一個恆定的光源觸發器，爭相加速我們的生理循環。現在，如果你認為這個頻率很快，那麼，一個典型的家庭無線電話通常是二．四千兆赫茲。要把它降下來，本身就是一個巨大的挑戰，而想用平板電腦、電話鈴響、電視當背景，和牆壁裡的嗡嗡響來這件事，簡直是瘋了。我們不知道那些超高頻率會對大腦產生什麼影響，但我們卻很高興把這個問題丟在一旁，連講電話好幾個小時。

是的，新聞跑馬燈說：我們周圍的所有電子產品可能會對我們造成嚴重傷害。

當電荷產生時，會在其周圍產生一個電磁場（ＥＭＦ）。這是一個電（固定電荷）和磁（移動電流）自然的反映，加在一起我們稱為電磁。過去幾十年裡，我們開始看到一股圍繞著ＥＭＦ與健康相關議題的增加，而且，當我們繼續增強３Ｃ產品的功能，它正成為一個需要嚴肅看待的問題。

我們不知道這些能量波動對生理機制會有什麼影響。雖然初步的測試還沒找到確鑿的證據，證明這些能量對身體有害，但事實依舊是，我們的細胞會對電磁微妙的轉變有反應。我們可能要在多年後，才會知道這些電磁場引起的各種各樣的負面影響。成千上萬的人聲稱他們受到干擾，目前明智的做法，似乎只能讓科學繼續演變，但盡量避免不必要的電磁暴露。

強效古柯鹼有殺傷力

在我過去十多年幫助的多數失眠患者，都有可怕的咖啡因攝取習慣。他們會在一天中的稍晚仰賴咖啡或提神飲料，以便繼續工作、保持清醒，但卻忽略了，這些東西到夜晚仍會在他們身體的系統中運作。

咖啡因需要一定的時間在身體系統運作。幾年前的一項研究顯示，咖啡因的半衰期在健康成人是五．七小時。意思是，如果你在中午攝取了二百毫克的咖啡因（約一杯至兩杯咖啡的量），到了下午五點四十五分，你的身體裡將還有一百毫克的咖啡因。所以，你要預備另外五個小時來消化剩餘的咖啡因，這會讓你一直精神奕奕到晚上十一點。

大多數人需要在中午（或至少下午兩點）以後停掉咖啡因。這樣可以給身體充足的時間讓這個毒品（是的，咖啡因是一種毒品）排出體外，讓你可以慢下來。我建議失眠者戒除咖啡因。獲得高品質睡眠所需要的緩慢減速過程，是生物本性，而且是微妙的。使用不同的化學物質旁敲側擊來達到目的，很挑戰。漫長一天之後，來一杯葡萄酒似乎有用，但酒精也是一種興奮劑，將打亂你的睡眠週期。

咖啡確實有一些很好的健康益處，但我們這裡討論的是失眠與睡眠問題。如果你有這方面的困擾，要考慮戒除咖啡因。我會在「參考資源」裡，提供一些技巧。這個故事的重點是，睡眠是微妙的，使用化學物質來讓我們興奮或休息，身體都要付出代價。城市修道者超越這種成癮，不需要任何東西達到平衡，因為她活在平衡之中。

血糖和腎上腺

在這多種因素的平衡中，另一個主要部分是血糖值。當血糖失去平衡，我們通常利用腎上腺來幫忙，而這會大大地影響我們的睡眠。基本上，我們又回到現金和信用卡的例子。

血糖就像是口袋裡的現金。白天，我們的血糖足夠，精神抖擻。當大腦處在低糖（真的，糖就是能量），會使我們焦慮，感到腦霧。它需要立即的修復。通常，大腦利用尋找食物來解決這個問題。然而，當血糖耗盡，我們可以接通到稱為皮質醇的激素，它是由腎上腺生產出來的，以彌補這一段空缺。這就像一條能量信用管線，皮質醇誘導細胞釋放儲備糖原，使糖被釋放到血液中，讓我們正常運作。當我們不聽從身體的需要，當我們忽略透過攝取優質食物補充能量的呼喚，而跳過一餐，我們就是強迫身體「借」皮質醇的信用。最後，腎上腺銀行厭倦了每天借果汁給我們，便停止發行紙幣。這時，麻煩就大了。

晚上，因為我們不是醒著，無法去找食物，身體通常仰賴皮質醇的信用額度來釋放一些能量到大腦，讓它保持滿足。但是，當腎上腺開始閃燈和退化時，它們無法在每次我們需要它時，供應皮質醇；所以它們轉而休息，改釋放腎上腺素。現在，我們面對的，不是處於低皮質醇時，含糊不舒服的「我睡不著」這種感覺；而是，我們可能睡著了，然後，砰！我們突然醒來，心跳加速，滿身大汗，弄濕了床單。這是因為腎上腺素正在尖叫：「醒來，去找些食物來吃，混蛋。」

這是我們已經走偏太遠的跡象。身體喜歡睡覺。如果我們睡不著，那麼，查看血糖和腎上腺健康就很關鍵。利用咖啡因撐過一天也會搞亂我們的血糖含量，使我們在天黑前就一團亂。吃綜合的碳水化合物，搭配健康的脂肪與足夠的蛋白質，只是一時的解決方法。長遠的方法是放慢速度、攝取腎上腺補充劑，並學習如何冷靜。

這些話不是我說的：睡眠對許多人來說是一個謎，因為我們堅持把它視為一個過程。你不能「做」睡覺的動作。它是一種「存在」的狀態，這使西方心靈超級不舒服。我們修復東西……我們修補……我們勤奮，而且足智多謀……而我們依然輾轉難眠。

〈城市修道者的智慧〉

想想劣質的睡眠模式，就像典型的男性／女性的災難性事。男人想要進去，粗手粗腳幾分鐘草草了事，便走人了，然後去吃東西；相形之下，女人需要浪漫、有感覺，和慢慢深入的經驗。我們的世界充滿了陽與陽剛。我們在時間內勉強而為。我們撕裂地球，挖掘她的資源。我們疲累時，還勉強身體繼續前進，我們整天競賽後，還想強迫盡速入睡。我們開車太猛，還奇怪為什麼踩剎車時不太靈。

睡眠是陰。它是一個允許（allowing）與存在（being）的被動過程，完全不同於我們的世界和白天瘋狂衝─衝─衝的「陽剛性」。這是與「做」（doing）相反的。我們掉進睡眠之中。我們放手。我們鬆開，並離開司機的座位，而天啊，這對很多人是很困難的。畢竟，我們整個文化是向成就、做更多的事看齊，而且要保持紀錄。

對忙碌的人來說，睡眠可說似乎是如此地浪費時間。

在中醫裡，睡眠是當我們的「魂」，或者說是靈魂，四處旅行，並與周圍的生命連結的時候。這是我們將意識停泊，允許潛意識與超自然心靈溝通的時候。這是我們放下智慧、療癒身體，進行靈魂工作的時候。睡眠時間和我們清醒的時間一樣重要。在睡眠中，我們在靈魂與心靈飛機上做了很多繁重的工作，這就是為什麼我們失去睡眠時，會感到如此空洞。

身體需要平衡，血液需要乾淨，讓深入、有意義的靈魂工作得以進行。當身體有毒素、狂躁、時間壓縮、緊繃，我們便無法進入深層無意識的心理。自我意識的層面只能掙扎著持續推進。

當我們需要放鬆時，自我意識卻覺得它快死了。

這才是真正需要調整的地方，這是我們可以把睡眠作為人生絕佳的心靈加速器的時候。當自我意識的心智不想放手，顯示我們試圖掌握人生，不允許更高的自我、神性、道（不管你想叫它什麼）來主導。自我試圖要主宰。所有偉大的心靈訓戒都教導我們讓開，讓聖靈引導我們。其實，很大的心靈錯覺是，我們的個人意志是存在的。所有偉大的神祕傳統都導往相同的結論：換句話說，宇宙的善意是一切的主導，分離的錯覺是讓我們痛苦的原因。

恐懼噪音

大多數人很怕聽到噪音。這是為什麼人們恐懼靜坐。「哇靠，原來這裡超吵的！」在我們生活的文化裡，厭惡痛苦似乎變成了常態。我們不喜歡感覺不舒服，我們整個文化取向是離苦得樂。我們不舒服時，醫生丟給我們藥丸。一頂睡帽有助於緩解壓力。無意義的性有助轉移我們對孤獨夜晚的注意。

這也是為什麼大多數人害怕黑暗。沉潛的煩人陰影，在又黑又靜的夜晚中出現。大腦開始競速，我們無法處理莫名浮現的雜念。

我們折騰。我們翻來覆去。我們動來動去轉移焦點。

也許只是暫時的財務壓力。也許是你的枕邊人。你應該準備離婚嗎？也許是關於所有人生中錯過的機會，或者也許是孩子遇到的麻煩。也許是一個更深、更黑暗的，你從來沒有遭遇過的祕密。怎麼辦？你要怎麼解決它？這麼多的煩惱……不要搞錯，我們都會遇到這些鳥事。當其他每件事開始平靜下來，它就在表面之下，但變得更大聲。

當沉默開始掌權，我們內在的雜音就放大了。

把所有這些年你一直在處理的事放在心上，理不出頭緒，然後躺下來想辦法睡著。這就是問題所在。那就是我們睡不著的重大原因。當我們試著休眠時，思緒和情緒開始一一浮現，並刺激我們。我們可以整天東奔西走，然而在安靜的夜晚，它們全攤開在我們眼前。

城市修道者接受他的弱點。他處理每個角落，清理陳年舊債。這是武士之道，而事實是，在城裡也沒有其他的樂子。

我們必須與我們的生命和解，自己得到清淨。

從某方面來看，失眠是一件好事，因為它突顯了所有拖磨我們整天的鳥事。不能因為太陽升起時，不停的活動、噪音、電視與其他日常作息淹沒了這些潛在的焦慮，就表示它們不存在。對睡眠的需要，幫助我們看見它們。睡眠是我們意識到個人心靈運作的時刻，看看我們需要做什麼來療癒。

面對你的惡魔，你會睡得更好。我見過從最黑暗的地方回來，但最終能在生命中閃耀的人。我見過經歷椎心之痛的人，突破他們的創傷，接納、原諒、療癒，然後繼續前進。如果你面對的惡魔相當強硬，我當然支持你和一位優秀的治療師合作；這樣很好。彼岸的力量與解脫無邊無盡，這項工作的價值無可言喻。

小型的死亡

在我們的生命中有重要的生滅週期，古人稱睡眠為小型的死亡是有道理的。我們讓自己每天墜落與死亡。我們準備在第二天重生，它充滿了我們的夢想、計畫和願望。關機模式有助我們學會擺脫日常的機制，以便我們身體（與靈魂）天生的智慧可以接管。我們愈諳此道，癒合得愈好。我們能學會放手，睡得更深，休息更多。

我們也可以在白天練習這種迷你循環。一次有效的午睡可以撐很長一段路。五分鐘的靜坐休息能接通相同的能量。我們的目標，是學會拔掉電源插頭，落入一個深沉的、放鬆的境地，持續一段預定的時間。也許你可以在上班時間空出十分鐘；設好你的鬧鐘，試試看吧。在晚上，你應該要有一個完整的身體關機儀式，準備進入睡眠。認真看待睡眠，是將其作為優先事項的第一步。我們成長的過程中，圍繞著許多儀式。我們的大腦明白什麼是儀式。為你的睡眠關機過程訂定一個儀式，並讓它成為夜晚的一個習慣。這將能幫助導引你的心靈前往睡眠，它會提示你的生理跟著走。

然而，這不應該與其他發生在睡眠呼吸終止的「小死亡」搞混。睡眠呼吸終止是當你的呼吸道被舌頭或喉嚨阻塞，令你在夜間吸氣困難的狀況。當氧氣水平下降，大腦發生了變化，便提醒我們醒來，避免我們死亡。還有一種神經系統版本的睡眠呼吸終止比較罕見，但睡眠呼吸終止是嚴重的事。如果你或和你共枕的伴侶打鼾像一個壞掉的鏈鋸，而且一直抱怨很累，趕快去看醫生。有人因為這種毛病致死。

睡覺以獲得啟發

古代聖人將第三隻眼放在額頭的中心，也就是松果體的位置，而且他們知道大腦中這個微小部分的重要性。事實上，這是大部分神奇事件發生的所在。城市修道者對松果體的化學原理特別感興趣。血清素是幫助我們保持快樂的神經遞質，也支援前額葉皮層，它是大腦中進行高層次道德推理、複雜的思想，以及否定衝動的部分。在功能性MRI研究中已經顯示，靜坐者的這一部分大腦會成長。一份富含色氨酸（我們通過各種食物攝取到的氨基酸）的健康飲食，有助於維持我們的血清素在高水平。在松果體中，血清素會轉化為褪黑素。褪黑素，如我們之前討論過的，會幫助我們睡眠。它也是一種有效的免疫調節劑，能幫助身體激起天然防禦，擊退疾病。這部分很重要，因為睡眠是我們關閉與清除癌細胞、移出毒素、沖洗大腦、修復健康組織的時間。褪黑素能幫助我們睡眠和療癒。

還有一些有趣的事情也發生在松果體。我們的褪黑素會轉化為二甲基色胺（DMT），它被描述為「精神分子」。在遭遇過瀕死經驗的人身上，DMT會被大量釋放，它也是「死藤」的一種活性成份。「死藤」是亞馬遜地區的巫師使用的一種精神藥草，用來與偉大的靈魂溝通。瑞克・史崔西曼（Rick Strassman）醫學博士曾做過這個主題相關的開創性研究，我鼓勵你去查看看。我們這裡的主題是，一個真正重要的個人成長軸線似乎就在松果體，如果我們不睡覺，細微的神經化學將會一團混亂。睡不好的人似乎有個關鍵路障擋住他們通往個人生長與幸福的路，而這可能是原因之一。

在這本書的後面，我們將學習陶養這個區域，喚醒我們的「靈魂之眼」。現在，你只要記住，若你想衝破自由，過圓滿的精神生活，你得好好睡覺。讓我們進入破解辦法。

〈東方修行法〉

月亮儀式

為今天熄燈、準備睡個好覺，是這個遊戲的名稱，而發展一種儀式來完成這件事很重要。我們圍繞著儀式演化。我們的大腦了解這些，並利用它們來改變狀態。它們可以幫忙「關閉」我們已經運轉整天的心理應用程式「視窗」，並在夜晚清乾淨「桌面」。通往轉換的大門是神聖的。

因為我們遠離了這個觀點，我們迷失了，全都慌了手腳。

月亮儀式（最初是由偉大的斯瓦密．克里亞南達[8] Swami Kriyananda所教導）是一種「關閉視窗」、準備睡眠的強大方法。準備一本筆記本在你的床邊，每晚用它來宣洩多餘的想法。目標是把所有的「待辦事項」和「不要忘記事項」從你的頭腦轉移到紙上，在筆記本中把它們安排到第二天的行程。這個練習真正有價值的部分，是建立一個你可以在隔天，也就是下一次睡覺前執行的計畫。這可以在許多方面讓你對自己誠實。首先，它讓你說多少、做多少，真正讓你對自己的話負責。這對人們顯然是很困難的，也是新年新希望通常變成笑話的原因。月亮儀式迫使我們思考，自己打算每天做多少事？我們是否強迫自己達成不合理的期望？我們是否承諾每天要蓋一座埃菲爾鐵塔，然後懲罰自己沒有完成？這是你過日子的方式嗎？

事實也可能是相反的。也許你真的盯住目標要完成。不論是在飲水機旁邊流連太久；花太多時間看電子郵件，而不是工作；講電話，或只是晃神，讓你無法集中精神，也許沒效率只是你的老習慣，需要一些幫助。你並不孤單。

在這本書的結尾，我要教你很有力量的練「功」法，幫助你增加專注力、穩固意志力，並幫助你更擅於分配時間與目標。事實上，我們在每個章節都處理這件事，只是將所有挫敗之處畫

8 斯瓦密．克里亞南達：1926-2013，生於羅馬尼亞，畢生推廣瑜伽，著作等身，並翻譯成多國文字。

分開來。

現在，開始練習月亮儀式。開始記筆記，寫下一天結束前，還有什麼要事沒處理完，你就會知道晚上塞滿你腦袋的是什麼。致力完成你設定的每一天的目標，如果發現結果不如預期，就削減想做的事，直到你找到一個可行的活動量。向自己證明，你可以製定一個計畫並堅持到底。為自己累積一些成功的經驗。這將能建立一種成功的新文化與啟發性的計畫，幫助你掌握人生。圓滿每一天，並確定你沒有走偏，是朝向這個方向邁出的一大步。

暫停一下

依循晝夜節律分階段休息，是運轉一天行程的美好方式。一般而言，你想要把最大的能量在早上發揮，愈近傍晚時，想把事情分段做完。到了晚上，你想要靜下來放鬆。這是基本的生活循環，而且，它適用於大多數人。

然而，在任何一天，都存在著小休息的黃金時機。中醫體系追踪了器官在整天裡最旺的時間。這讓我們有機會在它全力運作時，療癒這個器官，基本上是提供了更快恢復的優勢。下面的圖表顯示每個器官處於其運行最旺的時辰。

許多古代系統圍繞著對這些節奏的深刻理解。讓我們來看看，根據這個圖表，我們可以採

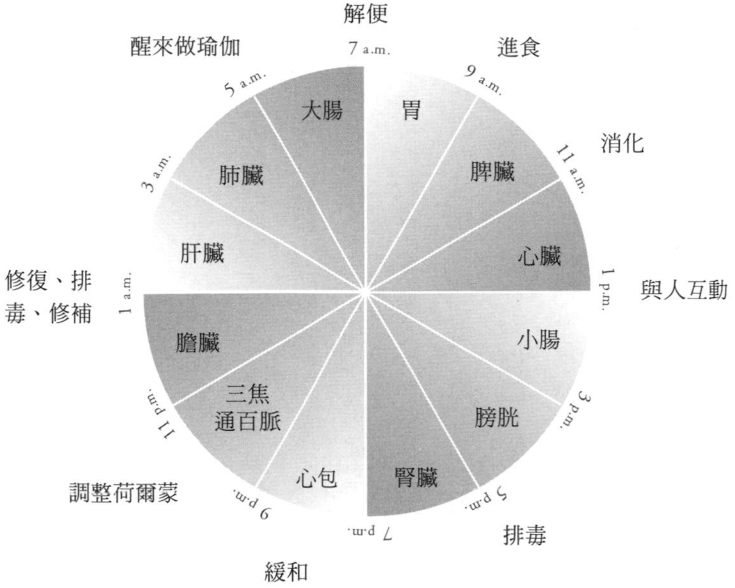

取的幾種生活方式策略。

大腸活動最旺的時間是早上五點到七點，所以這時是解便理想的時間。之後，胃和脾臟（其中包括胰臟）進入活動旺期，所以這是吃東西、攝取熱量的重要時刻。腎臟最旺的時間是晚上五點到七點，所以這時是修復腎上腺的好時機，肝臟排毒最順的時間是半夜一點到三點，所以這時睡著真的很重要，讓身體可以做它的工作。

此圖表中的訊息也具診斷性。當一位病人告訴我，他每天凌晨兩點醒來，我會測他的血糖和腎上腺素，但通常懷疑和毒性相關。

然而，不要用表面看這些古代中國醫生所說的話。你的身體告訴你什麼？你最好的睡覺時間是什麼時候？你什麼時候精神最好？你何時開始沒精神？著手畫一張深入了解你個人節奏的圖表，讓你能圍繞這些節奏，規畫你的生活和活動。然後我們可以看看在哪裡可以提高你的健康和活力，但讓我們先看看我們有什麼。

用老方法

穴居人擁有許多美好的事物。當然，熱水澡很棒，但簡單和自然連結的生活也很酷。你可以利用幾種技巧，回到我們最基本的、祖先的節奏。首先，晚上時淨空你的電子產品。意思是，晚上七點或八點後，關掉電視或電腦。我知道這很難，但如果你睡得不好，生活就肯定更艱難。科技扼殺我們微妙的生物學，讓每件事都有點過頭。想想被車頭大燈照到的鹿。牠的神經系統沒有為那麼明亮的燈所設計的參考框架，所以牠只能被嚇到茫然若失。我們的大腦夜晚在人造燈光周圍的感覺是一樣的。試試一個月，看看會發生什麼事。我想你會對結果很感到驚喜。它太簡單，所以它似乎是無效的，因為我們很複雜，我們假設我們需要複雜的辦法，才能解決被扭曲的生活。不。好好地放鬆，你就有機會在幾個星期內睡得更好。

當你努力減少使用電子產品，考慮把每晚的放鬆過程，用其他一些比較古老和自然的方法來取代。晚上使用燭光是一種令人驚異的做法。人們幾乎馬上就會發現當中的差異。你整個人靜了下來。你說話的語氣變了。你的身體放鬆了。它使我們不那麼瘋狂。

我喜歡讓失眠的患者在燭光下躺在地板上伸展、逗留一陣子，讓身體完全放鬆，直到進入全身休息的狀態。剛開始會感覺怪異，但那只是你杞人憂天。讓胡思亂想沉靜下來，開始和你自己或親人享受一些安靜的時光。

另一個謎樣穴居人生活（也不對，我們大部分的祖先不住在洞穴裡，因為附近的洞穴根本不夠）的關鍵部分，是洞穴的真正概念。岩石幫我們屏蔽隔絕電磁場。雖然我們的祖先在這方面不用擔心這麼多，我們當然得擔心。學會拔掉所有你臥室裡不需要的電子產品，效果會很好。讓臥室成為一個無科技區，看看覺得如何。為了放鬆和睡眠，我們需要感到安全和保障。鎖上市區房子的門窗，能在許多方面感受到安全感。讓我們面對現實：有些人居住在會有人破門而入的地區，可能不是那麼安全。鎖上門，讓你的頭腦舒服地進入睡眠的「安全」模式。如果你曾有被宵小破門的經驗，確認你的房子鎖好了，然後做一些工作來消彌對那件倒楣事的警覺與恐懼反應。適可而止。我在「參考資源」部分加入了一些關於屏蔽牆的資訊。

個人心旅

我曾聽見一位現代道家師父的故事，說他在安息日走進樹林，受到啟發要修行。他的約定是，只做他在當下感到自然的事。他一輩子一直是個忙碌的西方人，他發現自己總是覺得累壞了，所以他一直想好好睡個覺。為了堅持自己的承諾，他照做了，三個星期後，他在睡了一個好覺後醒來，感覺補眠補足了。我受到很大的啟發，我決定自己的寒假（當時我還在學校念書）也要這麼做。我睡了很多，覺得內疚。但我堅持下去，就像他一樣，有一天醒來，感覺我的電池已經充飽了。

現在，我讓每年冬天要冬眠成為一個主題。我必須讓自己睡更多，疲倦時睡覺。工作、家庭和電子郵件的工作連續不斷的，所以我圍繞這個主題建立公司文化、家庭文化，以及電子郵件自動回覆。結果，我得到了全年更多的能量、創造力與熱情。

星光

另一個有力的遊戲，是在星空下停留一段時間。這曾經也是一件常見的事，但現在我們總是待在室內。抬頭看星星，就像是看見我們內心深處的自我。身體細胞的電子之間的空間（依比例），就像是天空中星星之間的空間。讚嘆我們所居住的宇宙之浩瀚，是理解我們是誰的其中一方法。躺在那裡提出大哉問，會讓我們清醒與踏實。在所有宇宙萬物之間，我們到底是誰？我們是怎麼來的？大爆炸來自哪裡？這是我們的祖先們百思不解的問題，也是我們如何發展出藝術、文化、宗教和哲學的源頭。我們思考，我們沉吟。我們檢驗現實並研究它，而不是只在電視上看一些愚蠢的版本，還稱之為娛樂。如果天氣允許，把觀星當成一個夜間儀式，試著每年在星空下睡幾次。

靜心靜坐

學會放慢一天的速度，緩緩入夜，可能需要一段時間，因為我們是習慣的動物，不會立刻改變模式。有個舒緩過渡期的強大方法，是學會靜坐冥想。利用我們的呼吸減緩新陳代謝，是一種安全、自然的有效方式。這是一種古老的做法，在我們之前，對數百萬人都有用。

我製作了一個附加的靜坐追蹤記錄，供你在晚上使用，請參見「參考資源」部分。這將能幫助你透過放慢呼吸、清理思緒，來靜心、沉澱，好好睡一覺。

做愛的藝術

做受這件被遺忘的夜間消遣，也可以是一種舒眠的驚人方式。怎麼做？把它當成一回事。

做愛，而且不要趕時間。這顯然意味著早點睡覺，來享受彼此的陪伴。撫摸，而且要輕柔。做愛，連結。一旦完成，它確實能幫助你靜心，緩緩進入一個寧靜的夜眠。畢竟，它會促進血清素分泌，這會使我們快樂，也會轉化成褪黑素。

不要把它當作一件家事，或是一種快速的發洩，相較於看沒營養的電視，將做愛的藝術視作一種與愛人消磨夜晚更好的方式。你們會有更好的連結、提高健康激素，一旦獲得滿足，能夠進入更深的睡眠。如果你不知道如何滿足你的枕邊人，那麼，做點工作。**問問看**。如果你願意服務一下，通常不是那麼困難。無私的行為這時會很成功，而且，最後也許能將生活中與彼此關係中，一種停滯的能量神奇地釋放出來。

助眠的草藥和礦物質

如果你的身體系統中有血糖或咖啡因的問題，這些補救措施就不會這麼有效。你需要把打亂你內在節奏的成癮物質戒掉；不要以為灌下幾杯茶或一些保健食品，就能立即修復你對身體週期造成的傷害。你不應該將藥草視為神奇藥物；它們是助眠的綜合策略之一，在這方面，可以對生活習慣調整有非常大的輔助。

洋甘菊。這東西會讓你完全放鬆。一杯好的洋甘菊茶會讓人輕鬆下來。

卡瓦。這種草本已在波里尼西亞使用了幾千年，用於儀式與平和的異境狀態。喝卡瓦茶可以幫助你關閉一些「視窗」。

鎂。洗個瀉鹽浴效果非常強大。它有雙重作用，一方面促進粒線體（增強我們的細胞），同時鎮定神經系統與肌肉。這非常讓人放鬆，而且可以用來作為夜晚引導心靈進入和緩模式的策略之一。當生活中的子彈亂飛，忙到不可開交時，鹽浴搭配燭光以及深呼吸，是我選擇的藥方。

5-htp（5-羥色氨酸）。一種前列腺素，這對許多人有用。但如果你使用SSRI藥物[9]，請諮詢你的醫生。

酸棗仁丸。這種中國傳統配方有助靜心和補血。它確實幫助了我好幾千名患者得到更好的睡眠。它通常是藥丸的形式，於睡前一小時搭配一杯水服用。作為整體生活方式轉變的一部分，它可以幫助你整晚好眠與充分休息。在theurbanmonk.com/resources/ch4，我準備了與此相關的有用資源。

---

9 SSRI藥物：Selective Serotonin Reuptake Inhibitors，即選擇性5-羥色胺再攝取抑制劑，也稱選擇性血清素再攝取抑制劑，是常用的抗憂鬱藥。

〈現代破解法〉

睡眠衛教的基本知識應該列入小學課程。以下是我的患者帶來診所的訊息，而且這些通常能解決大部分的問題。如下：

- ✦晚上不看電視（已經做愛了）。
- ✦中午之後不攝取咖啡因（或最晚下午兩點）。
- ✦在臥室裡不做帳單或有壓力的工作。
- ✦臥室是供睡眠和做愛的地方，把所有其他東西移開。
- ✦讓你的臥室涼爽和幽暗。
- ✦保持水分，但不要過度，以免必須整夜上洗手間。
- ✦如果你的血糖水平不穩定，在睡前一小時補充一些蛋白質和健康脂肪。我喜歡四到六盎司（一一〇～一七〇公克）的雞胸肉搭配一些橄欖或椰子油。我也喜歡火雞胸肉搭配一些鷹嘴豆泥。

讓身體溫暖，頭部涼爽

我們習慣睡覺和醒來的方式，也與我們的環境很相關。古代人沒聽過暖氣或冷氣這種東西。我們的祖先會點燃一堆火，一起擠在它的周圍，通常在清晨醒來時，屁股凍得不得了。回想你上次露營的經驗。

根據大多數研究，睡眠的理想室溫為華氏六十八度（攝氏二十度）。這能幫助我們沉澱。保持頭部有一點冷（在毯子外面），也有助腦波進入δ波。

這是我們幾千年來熟悉睡眠的方式，所以，與其現在重複做徒勞無功的事，也許我們應該帶著我們的夢想和願望，睡個好覺，然後繼續。為什麼要和自然抵抗？

血糖管理

如我們已經討論過的，保持血糖水平穩定是一個關鍵的拼圖。睡前大約一小時，在身體裡補充一些緩慢燃燒的燃料（脂肪和蛋白質），有助提供慢速與穩定的能量到你的大腦，並預防它在身體半夜血糖下降時嚇壞。這顯然是你努力恢復腎上腺健康與平衡飲食時，一種暫時修復的方法，但它是一個關鍵的戰略，能幫助你遠離混亂的狀況，在復原期間得到一些睡眠。

咖啡因排毒

我再說一次，拿走你一直抓住的馬克杯。如果你有睡眠問題，就是該處理你攝取的咖啡因的時候了，是你該停止仰賴借用的能量的時候。平衡你的血糖能幫助你更有活力，而且，這麼做的時候，會降低你需要的咖啡因。努力減少對咖啡因的依賴，將幫助腎上腺恢復健康，並優化新陳代謝。

你會發現，這不是有時感覺的能量不足，而比較是能量的混沌流動。我們經常錯將腦霧誤以為是疲勞，而原因通常不是缺乏三磷酸腺苷（ATP），或是能量輸出不夠，而是在腸道或免疫系統中，能量的輕率消耗。把所有這些東西清乾淨，能減少我們需要的咖啡因。減少咖啡因能避免失眠。較充足的睡眠能幫助療癒與改善心情。並給予我們第二天的能量。

看這個方程式的右邊。如果你有失眠問題，戒掉咖啡因。擺脫債務並不容易。有些人突然戒掉咖啡因，結果出現頭痛和戒斷症狀。這就是它大喊「我是危險藥物」的時候。你可以這樣做（急戒咖啡因），但我建議你以更好的血糖管理與壓力管理方式慢慢進行。在下半天切換到無咖啡，然後開始淡出。你會有一星期很不舒服，之後可以自己獨立。無咖啡因的茶和咖啡，跟草本茶一樣，都是有幫助的。我喜歡一種中藥草，稱為絞股藍（又名五葉參、七葉膽），它能自然地提高能量，但沒有咖啡因。把它熬煮成茶，並在整天中啜飲，增加體力。你會很高興你這麼做。

腦波追蹤

近年來，我已經與一些公司做了很多超越大腦科學極限的實驗。關於大腦科學，有很多是偽科學，但也有很精采的成果。有些技術是設計來幫助δ波活動的訓練。基本上，如果使用正確，它們能幫助大腦送上慢速軌道，而且真正有助改變我們的睡眠模式。許多經驗豐富的靜坐者聲稱，他們利用這些科技，體驗了令人印象深刻的結果，而且在某些情況下，它們可能有助於加速人們想要學習靜坐的學習曲線。把它想像成共振諧調。一旦你有體驗過某種腦波狀態，你可以依據你的意識，自然地把它找回來。

當然，你不可能這麼笨，以為你可以砸了咖啡，但繼續看電視、在床上做帳單，然後欺騙自己可以用那種方式睡著，但是，作為解決失眠總體戰略的一部分，它真的很酷。我在第二章的參考資源部分，列出了一些我喜歡的方法。

時間管理

學習如何依據你的需要與整體目標，將一天分成幾個活動時間區塊，是成功的關鍵。如果你的事情一路排到晚上，將會壓縮你的睡眠。如果你想：「沒錯，但我的生活就是這樣。」那麼，讓我們討論如何讓你白天的工作更有效率，完成更多事，而不必把工作安排到休閒或家庭時間。這是城市修道者之道。

新經濟的標誌，將是道德的企業耦合工作生活的平衡。不要讓你的老闆有機會和你爭吵。在工作時間好好表現並做出好績效，然後好好回家。我們剛剔除的工作模式，是一九五〇年代的陰影，當時他們試圖建立一個家長式的社會世界觀，但真是夠了。千萬不要再買單。

帕累托法則（Pareto's Principle）指出，我們八〇%的正面產出，是來自的二〇%的時間和精力，換言之，我們八〇%的時間都是無意義的。找出你最佳的狀態，在那裡全力付出。花更多力氣提高你的超能力，做好分配，省掉其餘的。有效率就會有結果。花費的時間和做出有品質的工作是不一樣的。

不要再用生命交換時間了。

做出令人讚嘆的事（無論你做什麼），並且要做得出色。好好做，在工作中做主。好好做，讓自己從瘋狂中解放。

以下是時間與事件管理的架構，真的能幫助你從不同的角度看待生活：

工作日：每半小時花五分鐘上洗手間，休息一下。伸展，做一些蹲坐，閉上眼睛，並走動一下，保持頭腦清新，身體靈動。每天早上和晚上，當事情處理完畢，屋子裡安靜下來時，至少留半個小給個人發展時間。在床上享受閱讀樂趣，從電視收回你的時間。

週末：盡量避免任何不符合你的需求的計畫。當然，會有我們必須去的地方，或者伴侶需要我們參與的事，但是城市修道者養成把自由時間留給自己的習慣。確保週末時，你從永恆的噴泉啜飲，得到更多的活力。

累了就睡覺，如果天氣允許，就到外面走走。理想的生活是，在一星期中間努力工作，把週末留給玩樂時間。現今的戶外裝備相當先進，你甚至可以在雨天裡穿著一件溫暖、防水又輕便的夾克，在戶外做各式各樣的活動而不會全身濕透。當你保留時間玩樂，人生會變得比較美好。同樣地，週末時至少保留一天中的一小時給個人的修行，至少靜坐三十分鐘不受打擾。

不要在星期天晚上熬夜。這是自殺。

花點時間想想，你在哪方面很有效率，哪方面需要縮短時間。工作到夜晚會對我們的生活製造出根本上的不平衡，這是無法永續的作法。如果這是你失眠的原因，清醒一下，檢查你那個可憐的工作，是否仍值得繼續做。

改造你的環境

所以，我們已經不再住在洞穴裡了，這有好處，也有缺點。我們的牆壁因為電線嗡嗡叫著，我們的無線網路可能煎烤著我們的大腦，但至少我們不需要在半夜裡去撿柴火（好吧，至少我們大多數人不用）。

如果你有一個相對現代的恆溫器，你可以設定夜間溫度攝在華氏六十八度（約攝氏二十度）。這意思是，如果你覺得冷，可以蓋一條比較重的毯子；如果你覺得熱，就只蓋被單（或者把恆溫器調更低溫）。控制溫度告訴你的身體，它需要慢下來，保存熱量。這能幫助你放慢下來。

遮光罩效果驚人。拉斯維加斯全都有這個。把光全暗掉，你可以睡得更好。若在房間裡有時鐘的閃光或其他電子產品顯示，把它們移除。學習享受黑暗，讓你可憐的松果體茁壯成長。一旦清理了房間，確保窗飾足以隔絕外面的光線（尤其是如果你的窗外剛好有路燈）。越暗越好。如果你覺得對房子裡的電磁場敏感，「參考資源」部分有一些相關的訊息。

聲音在許多地方也是個問題，幸運的是，現在有廉價和簡單的方法為房間隔音。活動式的毯子效果不錯，但很不雅觀。蛋形波浪隔音海綿效果驚人，你可以用黑色的，很有藝術感。然而，隔音海綿隔絕內部彈跳噪音效果較好。如果你有音量大的鄰居，或者樓下汽車聲音很大，雙層窗戶可以改善你的生活。吸音天花板也很不錯。

這個故事的重點是什麼?想辦法讓你的臥室涼爽、黑暗、安靜,而且,看在老天爺的份上,把愚蠢的電視搬出去。

〈詹姆斯的行動計畫〉

詹姆斯的生活一團亂,但他的解決方法非常簡單。他規畫一天行程時,把最難的事留到最後,簡直像個傻瓜。反思之後,他發覺這是大學生活的後遺症:整晚熬夜寫完一份報告。他從來沒有改掉這個習慣。當某件事很重要時,詹姆斯會把它留到最後,到晚上才處理它。這樣已經很多年了了,他離婚後,更容易讓自己忙到深夜。誰會孤單?我忙得很……

他從來沒有真正把工作做完,通常會在大腦太渾沌的時候放棄。這時,他會在睡覺前看大約一小時的電視來紓壓。他的晚餐通常是坐在沙發前吃一碗麥片粥。

我們立刻改變這一點。我們減糖,在晚餐時給他一些消化慢的碳水化合物,例如甘藍菜、南瓜和西葫蘆(南瓜的一種),搭配一些蛋白質。我們在中午之後戒掉咖啡因,讓他整天定時用餐。他的腎上腺一時無法適應,所以我們規畫了一個程序來保護他自己。

他花了一個月左右的時間,習慣在早上處理重要的事情。剛開始他覺得很不自然,但是當他開始習慣，就突然想通了，他終於知道他之前的節奏有多麼的瘋狂。我讓他晚上看書和做伸展運動。一旦我們解決了他的低工作效率，他在晚上有了開放的閒暇時間。起初有點奇怪，不自在，太安靜與孤獨。我們說服他出去約會，他遇見了一個好女人，她在前一段婚姻有了幾個孩子。睡覺時間是她們家重要的事，這對我們的朋友詹姆斯是完美的安排。事實上，我請他用幾個月模仿孩子們的睡眠時間。這改變了他的生活。

我們為什麼要求孩子準時上床睡覺、遵守各種好的建議，但自己卻做不到呢？詹姆斯開始活了起來。他的睡眠品質和熟睡時間開始增加，他的能量回來了。把一切調回來得花好幾個月，但這是多麼值得的追求！一旦他改掉了臨時抱佛腳的心態，恢復到一些美好的老式清淨生活，他就不再想走回頭路了。

詹姆斯愛他的睡眠狀況，而且現在非常感恩。他沒有拖泥帶水。**讓出空間給睡眠**，改變了所有的事。

第五章
停滯的生活型態

史黛西自有記憶以來，一直與她的體重奮戰。她試了數百種飲食法、做了運動計畫、禁食、排毒、餓肚子。但她總是瘦了又復胖，甚至比之前更胖，無法停止重複這樣的循環。史黛西的生活一成不變，她在中型規模公司的人力資源部門工作。每天早上，她的例行公事包括沖熱水澡、吹乾頭髮、化妝，然後穿上上班族打扮。她乾淨整燙的衣服每星期送到乾洗店清洗，她擁有很多雙不舒服的鞋子，數目多到她懶得算了。

她的通勤車程超過一個小時，所以她在車子裡吃一些燕麥粥，配上一杯咖啡。有幾天快遲到了，她便在開車時化妝。通勤開車路途長且壓力大。她試著聽NPR（美國全國公共廣播電台），但時下的新聞實在令人沮喪。有聲書成了很好的替代品，古典音樂有助心情平靜，但她到達公司前，仍然覺得沉重而且僵硬。

她的辦公桌很舒適，但她坐太久了。處理電子郵件和整天的會議，讓她呆坐在不同的椅子上。她和同事經常訂外送午餐，讓他們可以繼續開會，談論剛才參加的其他會議。她的整個生活是會議構成的鎖鍊，幾乎整天看不到太陽。

回家的路程通常更花時間，她利用這段時間打電話給朋友和家人，聯繫一下。這有助於發洩心中的火氣，感覺她還過著像樣的生活。到家時，用微波爐熱一頓飯，看幾個她愛看的節目，然後上床睡覺。這是她每星期五天的生活，找不出哪裡可以偷一點時間上健身房。週末時，如果天氣不錯，她試著走出戶外，和女性朋友一起散步走一段長路，或者與一個她正交往的傢伙約會，但她總是有一堆衣服要洗，得跑一趟洗衣店、雜貨店，繳帳單，以及其他一些累積到週末的雜事。

總的來說，史黛西幾乎整個星期都在忙，只在週末有一點點的活動。當她好不容易得到一些做運動的時間，也是一天捕魚，五天曬網，因為，清晨四點起床對她來說是不可能持續的，而下班後她太餓也太累，無法做任何事。史黛西陷入了僵局。

〈問題〉

幾千年來，人類的生活一直和活動相關。我們會在太陽底下狩獵、採集食物好幾個小時。我們不畏寒冷，在悶熱中休息，這是唯一選擇。我們為生命而奮戰，有時還得沒命逃跑才活得下來。生活很忙碌而活躍。野外的荊棘很鋒利，若斷了一根骨頭，可能就會要了你的命。生命的賭注很高，我們不見得總是位於食物鏈的頂端。

我們的活動是多面向的，很多時間是自己挺直地坐在地上，沒有家具的支撐。我們的核心肌肉必須用力，身體健美而精瘦，而且在必要時準備爆發衝刺，沒有慢跑這件事，因為我們整天工作，不需要慢跑。我們跑的時候，通常是因為一個很好的理由，為了獲得某樣食物代表你的家人有得吃，可以繼續活著；如果成為他者的食物，就表示……

我們的目光銳利、嗅覺敏銳。畢竟我們的生存端賴於感官。鳥叫能幫助我們知道捕食者是否正在附近，而我們的「空間」警覺意識與我們的生存本能緊緊相連。死亡可能在每個角落出現，需要隨時備戰。如果你沒有嗅到捕食者的氣味，可能你就會成為別種動物的一頓午餐。捕食者的視覺和嗅覺可能比我們的更好，我們不得不加倍小心謹慎。

農業出現後，我們仍然整天走動、拖拉東西、砍木頭、取水、背著嬰兒，到大部分的地方都靠走路。生活裡有很多勞動，而且充滿了衝突。畢竟，沒有下雨意味著沒有食物。生活是很艱難的。

所有這些情況，今天都改變了：我們被困在辦公室裡，有人工光線、循環空氣、有毒的地毯和清潔產品、不自然的坐姿、電磁場、惡毒的人，以及不自然的休息和恢復週期。我們過著和史黛西一樣的生活，從坐在車子裡，到坐在辦公桌旁，然後又坐回家。我們躺在床上，輾轉難眠，然後起床，回到坐了一整天的生活。

美國人平均每天花一小時以內通勤，坐在辦公室八小時（或每星期四十小時）之後回家看電視，通常每星期坐在沙發上觀看十九．六個小時的電視。難怪我們體重增加，而且生活停滯。

今天的我們，是之前的我們的影子，活動量如此之少，以致於我們有四十八%提早死亡的風險和疾病。史黛西不只體重有問題，她的缺乏活動會對她的心臟、荷爾蒙、心情和下背造成負面的影響。她正嘎吱嘎吱壓著她的髖屈肌、擠壓她的椎間盤、讓她背部肌肉萎縮，並用她穿的高跟鞋毀了她的膝蓋。

外科醫生一般建議每天至少做一小時的有氧運動，但不到五%的美國人每天能有三十分鐘的肢體活動。史黛西每星期也許能得到幾小時的運動時間，而且這是在事情順利的情況下。總之，她有麻煩了，而且打心底知道，她失去了光芒。她期待週末，然而當週末無法滿足她時，便不免失望。她閱讀其他人有趣而且充滿活力的生活與冒險，因為她目前的生活毫無樂趣可言。

大自然系統中，病理學的指導原則是：「止水生養毒。」史黛西已經深受其害。

〈城市修道者的智慧〉

「功夫」中文字面上的意思是「苦工」。生命是一場苦工，掌握這一點，能使你在人生中遊刃有餘。如前所述，諸如取水、砍木這些工作，是每天在寺院的例行生活。這是古代東方的偉大祕密，但在現代英文中不太被翻譯出來。我們都逃離這個世界，以為崇高的「心靈」國度意味脫離痛苦、壓力和現實的自由。

實際上是恰恰相反的。我們**掌握**對現實的理解，使世俗變成神聖。我們不帶包袱地感受生命起伏，並培養**韌性**。這點接通到我們的生存基因，使我們長出精瘦肌肉、保持大腦活躍與機警，並提高了免疫力，也有助協調我們的壓力反應，使真正的緊急情況才構成危機，而「人云亦云」的胡言亂語，幾乎不會引起我們的注意。

在家務、農作、覓食，狩獵和武術之間，僧侶的日常生活有很多的工作和很多的活動。這使他們的頭腦保持活躍、感覺敏銳。這有助沖刷他們的排毒路徑，並且讓他們長時間在陽光下活動。新鮮空氣、冷雨、炎熱天氣和陡峭的山，保持了他們的身體強壯和清晰。他們亦藉此陶冶韌性與決心。生活是艱難的，僧侶也是如此。當你走進你的身體，掌握每日的儀式，其餘的社交戲碼就變得沒什麼意義了。

這裡沒有辦公椅，如果你要坐，就坐在地板上或者石頭上。坐墊是一種奢侈，最多就只有這個了。我們因為椅子和汽車而發展出來的不自然坐姿，對我們的身體是比較新的經驗。手肘擱在桌上，或者手握方向盤，把我們撐起來，而脫離了關鍵核心肌肉。它讓我們變懶，使我們變弱。

坐在地板上能幫助我們強化姿勢力。

看看嬰兒如何發展。他們滾來滾去、匍匐趴爬、撐起身體、扶著東西站起來、站立、不斷跌倒，然後最終能走路。我們大部分的全腦協調來自姿勢和位置的訊息，以及我們對這些動作的靈巧度和平衡。以三度空間保持活動，能運轉這部分的大腦，而這種身體與大腦的平衡，能幫助我們茁壯、強健。已經有一些大型的研究顯示，跳過爬行階段，以及太早學會站立的孩子，或者更糟的是，坐在螃蟹車裡得到支撐而站起來的嬰兒，比較容易產生學習和發展障礙。為了充分發展成像我們這樣偶像級的人物，我們必須要參與接觸大腦所有的原始部分，這意味著要花時間像蜥蜴一樣在地板上爬行，而且要能不用手的協助，從坐姿站起來。

古代僧人知道這一點，他們的力量來自於地面。功夫的基本步稱為馬步，整個是用你的腳站穩地面，以及用腳「抓住」地表。我們利用與地球的連接，吸取能量和驅力。這是來自與地球的深層**連結**，而且是源自於**坐在地上**。這是許多西方武術學生在訓練時卡關的地方。他們與地面沒有連結，他們失根了。

那史黛西呢？她差更遠了。想想一條雨季結束後停滯的小溪。水停止流動，溪水兩邊開始形成小水池。在那些池子裡，長了苔蘚、蟲子、黏膩噁心的東西和污水。這就是我們身體裡的情況，這就是史黛西生命中的狀況。

整天維持活動和健身是關鍵。我們可以調整環境來保持活動，如可調整高度的升降桌、地板工作站、伸展、休息期間的運動，以及參與大腦與身體連結的原始運動。我們很快就會進入這個破解法，但是，了解應該如何擺脫停滯的生活方式的關鍵，是明白下面這件事：我們整天窩在一個角落好幾個小時，但花在專心健身的時間非常少。這指的是，應該學習如何破解我們的環境，在忙碌、煩雜的生活中保持活動和移動。僧侶做這些活動，而我們失去了。把它找回來，是城市修道者之道。

地球是圓的，但現在地球是平的？

把地球鋪平後，我們已經把空間維度從我們的世界拿走了，腳下地表的高低起伏會提供我們訊息，驅動大腦正常工作。但在幾個世代之內，我們沿著大街到每個家庭，成功地「鋪平了」地球，以便讓交通更便利。想想上次你開過的顛簸土路，令人很洩氣，它讓你慢下來，改變駕駛方式。我們的現代化創造了快速和高效交通廊道的需求，而且這已經成為所有城市街道和人行道的標準。忘了鵝卵石吧，只要走平坦的混凝土路，並繼續前進，不再有顛簸。或者還可能有人因為絆了一跤，而提告這個城市……

來自腳下地表的高低起伏，這個寶貴的訊息流，不斷地發送訊息到我們的大腦處理。地形中微妙的細小差異，會傳送數以百萬計的姿勢信號到我們的大腦，大腦有能力計算和適應這個進化中的世界，因為我們生活在三維世界，大腦需要這種不斷的姿勢信息，從外圍流進，所以能維持我們的頭部挺直與平衡。這個傳送給大腦的數據，以及透過運動感官區處理這些訊息，能保持大腦的活躍。畢竟，這是人類千百年來運作的模式，也是我們習慣的方式。我們的大腦建立在這個多維處理的基礎上，並從這裡走向更高階的認知。現在，把整個維度從方程式中移除去，我們把大腦整死了。我們全面毀了它的根基。因為，如今我們腳下的地球表面幾乎永遠是平的，所有關於姿勢的複雜數據流是有限的，所以我們大腦那個部分的活動水平降低了。伴隨著焦慮、抑鬱、學習與行為障礙、癡呆等等症狀的增加，許多科學家正在尋找相關性。活動能為大腦點燃健康之火，以處理信息；少了它，自然會導致問題。

接地氣

地球是我們擁有的最大的電子供應體，似乎能夠提供無限量的電子，流過我們的身體，並幫助我們打擊氧化壓力（oxidative stress）。當我們的身體受到組織損傷或發炎，組織擁有正電荷，並扮演身體裡的自由基。這會進一步損害其他組織，並可引起更多發炎症狀與疾病的連鎖反應。柯林特・歐伯（Clint Ober）、史蒂芬・辛納屈（Stephen Sinatra）醫學博士以及馬丁・祖克

（Martin Zucker）在他們的書《接地氣》（*Earthing*）中強調了這種現象。根據他們的說法，我們的祖先習慣從地球吸引電子，而這股負電荷流有助中和發炎組織的正電荷，因此有助療癒。這個過程的發生，是透過我們的雙腳與大地接觸，以及當我們坐下來時，透過我們的脊椎。現在，我們很少坐在地上，而且我們穿著橡膠鞋底的鞋子走路，正好成為電子的完美絕緣體，切斷了重要的電子流動，使我們逐漸失控。我們的祖先是赤腳或是穿著皮革鞋底走動，那仍有導電的功能。今天，看看你的周圍，這個連結已經消失了。

個人心旅

我最喜歡的休閒活動之一是抱石[10]，通常是爬上一個河床或小溪。路線很少是相同的，端視一年當中的時間和水流量。這讓我四肢並用、測試平衡、跳躍一段跨距並輕輕著地，而且還必須用我的力量拉住身體的重量。這不只是一種很棒的戶外運動形式，也有令人難以置信的靜心、愉悅效果。當我從事抱石活動的時候，幾乎

10 抱石：抱石是攀岩運動的一種，不同的是，抱石不用繩索等器材確保，攀爬高度不高，以確保攀登者墜落無危險。

感覺我成為整體，連接不同的分裂自我，回到一個凝聚的、精力旺盛的人。

我曾經為孩子們籌辦一個夏令營，帶領數百人穿過小溪。這有助於建立他們的信心、考驗他們的勇氣、教導他們面對恐懼、激活他們的大腦與身體電路。我以前視此為理所當然，因為我在當中活著、呼吸著。當我進入醫學領域，我變得慣於看到患者平庸的表現，我有一段時間跟著醫學一起沉睡，然後我才狠狠罵了一聲髒話，把人們帶到可以充滿活力的地方，幫助他們感受生命流過血脈。這才是真正的醫學。

所以，當我們過著超級停滯的生活方式，切斷了與地球的聯繫，用家具把自己撐起來、一整天在假的光線和停滯的空氣裡工作，結果現在我們過得死氣沉沉，這有什麼好奇怪？一位城市修道者藉由活動，釋放她的能量，每天以各種方式運用身體，並藉由伸展、坐在地上、露出雙腳與大地連接。她不會在坐了一整個星期後，在週末換了一個人，突然去打一場激烈的網球比賽，因為她明白她會因此受傷。

關鍵是學會功能性的移動，這會帶來整體的活動與核心肌肉的智慧。一位城市修道者會將活動的基本原則帶進她的日常生活，並重新建立了力量、靈活度、穩定性與流動的基礎。生活需要活動，否則就會停滯；生命會流動，我們也應該如此。

使用它或失去它

功夫以五種動物招式聞名。這是來自仔細觀察不同動物在自然界的行為，並模仿牠們的原始動作。在戰鬥中，這些動作提供了對身體力學與戰術的深刻洞察。就健康的角度，它能打開關節、讓氣血通暢，並讓我們能多方向移動。攻擊可能來自任何方向，這就是我們的身體如何演化成保持謹慎、放鬆，但仍然警覺。在武術中使用快速收縮的肌肉，有助於激活電路，再次喚醒身體的這個部分。

過去幾十年來許多很快被證明為錯誤的運動趨勢，一直受到強化單一向度力量的教練們所推崇。其中一個例子是「臥推」(bench press)。這個動作有助美式足球的球員將對手推開。它也能讓人走在海灘時很吸睛，除此之外，臥推對身體的功能性非常少。事實上，大多數以這種方式健身的人，已經過度鍛鍊前面的肌肉，減弱了身體後方肌肉群(身體背部的複合肌肉，它能幫助我們挺直、保持姿勢、平衡身體)。身體的肌肉是被設計成互補與互相支持。運作正常時，能達到動態平衡，保持身體敏捷與強健。過度強調某些肌肉群而犧牲其他的肌肉群，會造成傷害。在華盛頓特區，由艾瑞克・古德曼(Eric Goodman)指導的「基礎訓練」(Foundation Training)，是一種特別針對身體後方肌肉群的強大工具，能喚醒整個身體。我見識到這種訓練解決了患者多年嚴重的整形外科問題，它的好處一言難盡。後方肌肉群的上部較弱，會導致肩膀受傷，而當核心肌肉的三維不夠強健，下背和膝蓋就要出局了。請參閱「參考資源」部分裡的連結，了解更多有關「基礎訓練」的訊息。

這裡有一個關鍵的概念：核心肌肉不僅是腹肌。核心肌肉從你的胸骨尖端到你的恥骨，一路以三度空間環繞你的身體。當我們開始從這個角度看它，便能開始用不同的方式來訓練。我們知道旋轉占了功能運動的一大部分，也知道整天坐著必然會發生某種傷害。我們站在晃動的表面上、跳躍、做平板支撐動作，首先用我們自己的體重從地板撐起，以此來建立我們的力量。

功夫、舞蹈、瑜伽與基礎訓練裡的多維旋轉動作，是保持功能正常的有力工具。一旦擁有了真正的功能健全基礎，然後再去打籃球、衝浪、滑雪和所有其他你以前做的運動，將能降低因傷退賽的機會。我的一個好朋友，提姆．布朗博士(Dr. Tim Brown)總是告訴他的精英運動員：「你受訓是為了比賽，不是鬧著玩。」這本質上是指，我們在進行運動**之前**，需要先擁有功能健全的體魄。這與大部分忙碌的人們做的事有根本上的不同，這些人整整一個星期坐著，然後綁上他們的運動鞋，參加每星期一次的隨興比賽，拉傷了腿筋，還納悶自己怎麼這麼衰。

功能性運動的另一個層面與激活大腦有關。使用雙手、駕馭平衡、協調眼睛與手部運動、橫向移動、旋轉，以及其他任何你做的活動，確實有助讓大腦清明以及平衡。畢竟，我們演化過程中一直在做這些事，但卻突然停止了。回到像過去一樣使用全身，對大腦是一種好的改變。

生命不是一場觀眾運動

我們到底從什麼時候開始，被判從生活的冒險中禁賽？在哪一個時間點，我們從和男孩們一起丟擲美式足球，降級到坐在沙發上看比賽，配薯條和啤酒？跳繩和爬樹到哪裡去了？這是我們的社會促成的，當你把活躍的生物放在一個不自然的姿勢，並鎖在桌子旁邊一整天，身體的生物力學功能便開始崩解。一個接著一個，我們淪落到受傷，或變得太胖，以致無法在球場中跑跳。一次的傷害讓我們出場幾個星期，所以我們增加了一些重量，而太早回到場上，沒有適當的復健或者功能訓練，把我們送進了下一個傷害。不論我們扭傷了同一個腳踝，或者那個傷處導致另一個關節毛病，我們持續受到打擊，直到最後只能在一旁觀賞運動和看孩子們的足球賽。

負傷退賽是很嘔的事。這就像在人生的公路旅行中爆了胎，不能繼續旅行，我們感覺很挫敗，而且只能沮喪地停在路邊。現在的問題是，有一堆人陷入相同的困境，以致於路邊已經看起來像停車場了，一大群人坐在路兩邊，看著幾輛快車呼嘯而過。我們喝啤酒、說風涼話，不知道我們有機會回到這場遊戲，再次品味生活。讓我們告訴你怎麼做。

〈東方修行法〉

站著過日子

我已經擔任大公司的健康顧問多年，向他們示範企業如何降低龐大的衛生保健費用。這個問題的關鍵之一，是將他們的員工從椅子上解放。升降桌和工作站是未來的方式。你將可以燃燒卡路里、流動更多血液、保持警醒、避免壓迫背部，並整天使用你的姿勢肌（postural muscles）。

事實上，當我第一次自己換成升降桌時，我很驚訝我的核心肌肉竟然痠了好幾天。我沒有想到，單只是直直站著，就需要多少核心肌肉的參與。

過了一段時間，站在你的工作站工作，確實能幫助提高能量、情緒和表現。我已經向個別的病患與大企業推薦這個方法，他們已開始看到投資的回報。坐姿會殺人。根據二〇一〇年美國癌症學會（American Cancer Society）研究，每天坐著超過六小時以上的婦女，比起那些每天活動，坐著不到三小時的婦女，有九十四％的機會提早死亡。這不是胡說八道。對男性而言，是四十八％。坐著會減慢卡路里的燃燒，增加糖尿病的風險。坐著兩小時後，好的膽固醇會下降二〇％。

當我在升降辦公桌前工作，我喜歡採用一種有力的破解法：採功夫姿勢。這些姿勢有助發展腿部肌肉，給我們更多的平衡以及密集的粒線體。如此一來，生命將能產生更多的能量。我一整天切換功夫的姿勢，累了就休息。幾個小時之後，我覺得已經做完該做的鍛煉，而且，我也做完了我的工作。請前往網址：theurbanmonk.com/resources/ch5，去看一些你可以開始融入生活的功夫的姿勢。

氣功休息

氣功是透過呼吸動作，移動身體裡卡住的能量的練習。和緩的呼吸可以幫助你整天平順，而太急的呼吸會讓你在路邊喘氣。吸氣並保持穩定，這是休息時間可以做的最棒的事情。每小時空出五到十分鐘，讓一些充滿活力的氣息進入你的四肢，會讓你的每一天與人生充飽電。畢竟，停滯的能量和血液是現代生活的問題。在中醫裡，我們說血為氣之母，而氣是血的是指揮官。這意味著，當氣動，血液就會跟著。

移動氣很容易。這意味著協調眼睛、頭腦、身體和呼吸。這是成功的神奇配方。它鏈接了意識與活動，並定於深呼吸之中。它點亮大腦的感覺運動區，幫助我們平衡。每天只要做幾分鐘的氣功，確實可以提高能量與情緒。不要等到一天結束，才想要清理自己，回復精神。在一天之中，吸進小小的生命力，能避免疲累。

有幾個強大（而且快速）的練習，可以在工作中練習，增強你的氣、保持活力。我把它們放在「參考資源」部分。

打赤腳

切斷身體的重要氣流是不智之舉，這種情況在我們切斷了與自然世界的接觸時就發生了，有時候我們不得不這麼做，而太常發生時，會使我們又弱又病。解救之道，是花一些時間與地球及其自由流動的無限電子重新連接起來。脫掉你的鞋子，觸碰地球，在原生地上這樣做是最好的。草、砂礫、沙和海水是連接回「生命湯」強有力的方式，透過從地球所需要（而且迫切需要）的重要能量交換，讓你的身體得到療癒。做愈多，好處愈多。有些人採取極端方式，到哪裡都打赤腳，我不這樣建議，純粹是只是因為在城市環境中走路，會讓我們被包圍在大量不自然且對健康有負面影響的石化產品和不良媒介之中。我們會透過皮膚吸收這些東西，雙腳會把東西帶進屋裡。這就是為什麼在傳統的亞洲文化裡，鞋子會留在門口，讓房子裡保持純潔與乾淨。我會建議，在街上走路時穿鞋子（如果可以，就穿皮鞋底），而在大自然、你家院子和在家裡時，打赤腳。

眼睛、頭腦、身體和呼吸

之前，我提過這些是氣功的祕訣，在這裡我想再花時間說明。深呼吸是大多數瑜伽練習的特點，緩慢、有條理和有目的性的氣功和太極運動，與這種深呼吸有關，而這會激活大腦。最後一部分是眼睛，眼睛在氣功裡通常跟著活動的手游移。當所有這一切聯繫起來，它對身體和心靈具有深度放鬆的效果。當我們這麼做時，我們開始感覺連結，也更協調。

我們文化的標誌是片段化和混淆化。我們已經把每件事分開，就像亞當和夏娃開始墮落，不再是整體時，他們在伊甸園裡開始為東西命名一樣。學習將我們的視覺與動作、呼吸相結合，是返璞歸真的方法。在修練中應用這個神奇妙法，協調眼睛、頭腦、身體和呼吸，是把心靈、身體和精神連結起來的有力方法。有意地做**每件事**，你將看見周圍的世界閃耀著生命與能量。

慢走冥想

當你感覺停滯，有一種做法可以幫助你重新連結、安定心神，即是走路冥想。這基本上從無極的立姿開始，會讓你在路上引人注目。記住，無極的立姿是你的雙腳分開，與肩同寬。當你抬高一隻腳的膝蓋（由膝蓋帶領）時吸氣；然後向前踏出去，從腳跟轉到腳趾時吐氣。之後，用另一隻腳重複這個動作，並在覺得舒服的情況下，盡量繼續走。重點是減慢速度和找到平衡。每一步走三十秒，一旦你夠平衡，試著進一步減慢速度。如此緩慢、有條理的步伐能幫助平靜大腦，真正地激發姿勢肌，點亮大腦。經過一段時間，你會有更好的平衡，感覺更活躍。

這個動作隨時隨地都可以做，而且，是的，它看起來有點奇怪，但你的辦公室同事也很奇怪。不要擔心別人對你的想法，只要去做真正對你有益的事。

〈現代破解法〉

起身，站起來……或者快點趴下

之前已經談過升降桌能如何革新我們的工作環境，站起來會改變你的生命，但坐下來也可以：坐非常下來。我最近熱衷的另一個概念，對想要與辦公椅說再見的人會很有趣，也讓人充滿活力，即設置一個用於工作的地板空間。這是一個不穿鞋的區域，坐在地板上即可工作。千禧世代對這個很在行，但老年人起初就很吃力。為什麼？因為我們一直坐在那些該死的椅子上太久了……

關鍵是用你的肌肉來支撐你的體重，然後在地上找個舒服的姿勢。對我的企業健康客戶，我們使用低到快接近地面的日本餐桌，效果很好。枕頭和靠墊有助減緩撞擊，靜坐墊也是有用的。關鍵是保持活動、改變姿勢，讓你的身體整天都在使用。這個概念是一種哲學的角度，可以應用於工作日的所有方面，不論是站著工作，或者坐在地上增加彈性和核心力量。不論你做什麼，絕對不要癱在那個該死的辦公椅裡。

健身工具

要保持工作天愉悅的方式之一，是在各處放置一些健身工具。我在辦公室周遭設置了小型的練習站，有地墊、幾個壺鈴，也許還有一條跳繩。單槓很棒，健身球也很好。

重量的相反是**輕盈**。整天的鍛煉和保持活動能讓你更加輕盈。我的辦公室規則是，每次經過練習站時就停下來，連續做十下某項練習，整天混搭著做，但要持續，不要讓自己在一天的負荷中崩潰。在辦公室或家裡接觸不同的健身工具，能打破你的環境限制，提醒你要利用這些東西。反之亦然。汽水自動販賣機也會發送一個你不想收到的信號。它最後會是什麼：一個起司披薩還是跑步機辦公桌？你會用毒藥包圍自己，還是用生命解藥？

我的好伙伴，阿貝爾．詹姆斯（Abel James）談到環境設計時，針對如何調整你的世界，以反映你宣稱的目標，這他有很好的建議。當我們改造我們的環境，只讓自己看見想要在生活中採用的東西，事情就變簡單了。在此，簡單的第一步就是雜貨店。如果你買了垃圾食物，你家裡就會有垃圾食物，你就會吃它。從這裡開始，看看家用清潔劑和化學毒物，把它們從視線裡移走。你可以延伸這個想法，在附近放啞鈴和燃香。你可以把門鎖上，拒絕不想見的朋友或家人，或者你可以放樂器在身邊，採門戶開放即興演出政策。問題是：你要的是什麼？創造一個扣合這個夢想的世界，然後你就會得到它。

赤足鞋

維持我們整體平衡的一個主要部分是姿勢，這和任何一棟摩天大樓一樣，基礎是最重要的。這使我們特別注重雙腳，這是所有微妙的平衡與計算發生的地方，並驅動訊息傳達到大腦和神經系統。人類的一隻腳有二十六根骨頭、三十三個關節、一〇七條韌帶和十九條肌肉與肌腱。你兩隻腳的五十二根骨頭，占了身體所有骨骼的二十五％。這在生物學的角度是一件很重要的事，因為這指出了雙腳的總體重要性，以及好好照顧它們有多麼重要。

隨著世界的扁平化，我們改變了遊戲規則。如前面提到，我們從以前能感覺到地球（與傳導電子）的赤腳或軟鹿皮鞋，到穿著厚橡膠鞋底走在平坦的混凝土路面上。這摘除了所有我們雙腳所需要的精巧生物力學複雜性，而且，基本上這也讓我們失去活力。我們的足弓正失去支撐，所以我們去找足醫生，拿到了矯形器，就像是穿上緊身胸衣來偽造強壯的腹肌，但那其實只是一個拐杖而已。由於路上到處有鬼東西（玻璃、汽油和致癌污染物），赤腳走成了一項挑戰，因此，我不建議赤腳走在城市街道上。現今，市面上有各式各樣令人驚喜的赤足鞋。最好穿在較軟的地面，而且不是走長距離；我遇過幾個病人買了一雙新的赤足鞋，跑了十英里（約十六公里），真的搞壞了他們的兩隻腳。像任何其他事一樣，先習慣，再練習。很有可能，你已經穿著正常的鞋子走了幾十年，使你的腳和足弓疲乏了。慢慢地建立足弓的力量，你會發現你的腳可以帶你走更遠。

還有一個次要的優點非常酷。因為腳是整個身體的基礎，強化雙腳等於改變了整個動力鏈的下游（實際上是上面的身體）。我有慢性膝蓋、髖部，肩膀，甚至頸部問題的病人，在我們開始處理他們的腳部問題後，恢復情況驚人。這完全是有道理的，但恢復需要一些時間，所以請耐心等待，並開始努力回到你原始的勇猛狀態。如果你一次次地讓自己受傷，將無法向前，突破停滯狀況。讓你的腳走對，你就走上流動之路。

功能運動訓練

從家裡到車上的這短短距離，有多少隨機的向量力量影響我們的平衡，有多少神經系統要處理的噪音，這是很驚人的。難怪我們都這麼累。小腦存放了腦部所有神經元的五〇%以上，這是我們處理運動功能與平衡的地方。若少了這個區域，我們得花過量的精力，保持頭部挺直，而且還會納悶為什麼老忘記汽車鑰匙放在哪裡？現在是把這些能量拿回來的時候了。有時候，這意味著回到地板上，像一隻蜥蜴一樣，用四肢爬行，或其他任何方式，來觸發神經系統，幫助身體再次正確運作。一旦你破解現況，你的人生會改變，你可以再次自由移動、感覺年輕。我在這個領域看過驚人的案例，我鼓勵你立刻開始研究它。

現在有一種很有力量的運動，是由一些先進的整形外科醫生和非常聰明的物理治療師與健身教練領導，幫助人們健身美體、適合運動。它從平衡、靈活性和姿勢開始。某些肌肉群需要被正確激發，某些肌肉鍵需要被激活。當我們的身體這麼做，受傷的機率便大大降低，並可以再次享受運動的樂趣。這大部分是透過觀察小孩在被學校的書桌荼毒之前的動作，所發展出來的。看一個孩子從坐蹲著到站立起來，有多麼輕鬆。看看他們如何移動，看我們從哪裡來的。

有一種很棒的運動，是兩腳與肩同寬地站在半圓平衡球（Bosu ball，一個半圓的球，有一邊是堅實的平面供站立）上。這個練習是把雙臂往兩邊伸直，然後閉上眼睛。小心！大多數人一開始會失去平衡而跌倒。做這個動作，直到大腦可以整合與平衡，然後嘗試把手放在身體前、高舉，以及身後，試試旋轉身體。做這些動作時，眼睛先打開，再慢慢閉上，試圖找到你的平衡。

使用電話提醒

因為我們忙，並不意味我們就有忘記照顧自己的藉口。城市修道者運用現代科技來改造她的生活，讓它更好。設定每隔二十五分鐘的提醒，站起來伸展一下。也許是做十個站蹲或伏地挺身，無論你需要什麼，讓個人的活力增加。把時間預訂下來，並重視它。如果沒有將之放在你的行事曆，它對你便不夠重要。建立你一天的運動目標，並且**規畫**每天執行。完成十次重複給定的運動，全部只需要三十秒，而你會感覺更好、思路更清晰、看起來更有精神，工作表現也更佳。這是一個不用腦子的事。我喜歡在每次休息時，做五組重複十次的練習。

我為我的企業客戶採用的另一個很棒的改造法，是(在員工的手機或電腦桌面)設定每十或十五分鐘提醒喝一口水。這樣一舉兩得：一方面讓他們保持水分，同時還觸發一種完全有效的古老生物反饋迴路：它會裝滿膀胱，讓我們檢查身體狀況，然後想到：「嘿，我該去撒尿了。」你起身、走到洗手間、做你的事情、走回去、加水、做某個重複十次的動作、做一分鐘的伸展(或更多)，然後回去工作。這能保持你整天不脫水、不斷走動與柔韌。你不會記得這樣做的，所以請用你的手機或桌面來提醒你，直到它成為一個習慣。

遠距辦公

也許未來經濟的特徵，是人們比較常在家工作，通勤機會變少。想想看，如果能在家做工作，就不需要像現在浪費兩小時上下班通勤。你將能節省石油，也許甚至可以與你的配偶共用一輛汽車。你不會因為一直坐著開車，壓壞你的脊椎，而且，這會讓道路寬鬆一點，污染少一點。也許，對於不在製造業工作的人，未來將是一種更健康的工作與生活平衡的世界，而唯一出現在路上的，只剩下送貨卡車，和去公園拜訪老祖母的人。

許多成功的科技公司允許他們的員工在家工作，他們只追蹤責任。如果我們可以當個成人，說到做到，這一切都會很順利。在工作上表現優秀，就不會有人在乎你在哪個地方工作。如果他們仍然在意，向他們證明你可以更好。他們付錢請你完成一份工作，不是為了要看見你坐在辦公室裡，而且還看起來很痛苦。那個一九五〇年代的模式已經死了、沒有價值了，創新的公司正在重新審視，以便讓人們可以過更快樂、更健康的生活。我們以前需要靠近桌面上的電話，現在我們行動自如。工作不應該令人沮喪，讓他們看到你是可以信任的，如果你可以在你想要的地方工作，你會成為更有價值的員工。

一個城市修道者以優質與明確掌握他的生活，並達成目標。拿掉通勤時間，你會得到你想要的運動時間，以及與孩子或狗相處的時間。把自己從停滯中解放，找回更多的精力完成工作，享受週間的生活。自由是屬於你的。宣告你的所有權。

替代運輸

步行上班是一種夢想。騎自行車很棒。如果你的工作地點太遠，是否有火車、共乘，或其他除了開車以外的方式？你可以在火車上閱讀或打盹，但是開車就不行了。顯然，如果你可以使通勤成為一種娛樂和運動，那你就贏了。

如果你不得不開車上班，這裡有一個小撇步，基本上可以拯救你的屁股。大多數人現在開的是自排車，這意味著右腳負責做所有的工作，而左腳閒在那裡。這樣的結果是慢慢地把右髖關節推往前傾，基本上意味著它隨著時間向前轉，因為那條腿得做所有的動作。如果你在過去幾年，每天駕駛一個小時、每星期五天、每年開五十個星期，是的，你曉得這可能會是一個問題。我已經看到成千上百的患者有這個問題。它會導致背、膝蓋問題、古怪的姿勢問題，當然還有髖關節問題。如果你不得不開車，要矯正這種情況的方法，是把你的左腳抵住左邊地板的小腳墊。是的，幾乎每輛車所有踏板的左邊，都有一個放左腳的踏墊。抵住它，讓你的臀部平衡，不再向前和向右旋轉。經過一段時間，你會開始整頓這裡的不平衡，開車時減少一件打擊你的事。

在路上演出

除非我必須觀看網絡研討會或瀏覽電腦上的文件檔案，我個人對電話的新規則是，講電話時散步。我總是會跟與我講電話的對方補充這一點。基本上，我告訴他們：「你看，我每個月花上幾千個小時講電話，如果我是在辦公桌旁打電話，我的背部會受傷，我的體重會增加，所以如果你不介意，我打算一邊走動一邊講電話，我建議你也這麼做。」由於身為Well.org的創始人，這對我來說比較容易，因為我們是一個健康與保健公司，我只要表明我需要走走路。你可能會需要其他說辭才行得通，但無論如何，想個辦法。也許如果你是一間大公司的總裁，你會站在你的辦公桌旁，而不是走到街上，但想想你一天接了幾通無聊的電話？你可以找一張跑步機辦公桌，雖然是在沒有新鮮空氣的情況下燃燒卡路里，但至少你在活動。有幾個和你說話的跨部門同事不會在意你一邊走路？那就從那裡開始吧。

我開會也做同樣的事。過去，每個星期與合作伙伴有幾場會議，我們會叫外送食物和咖啡，為了讓小組……打哈欠。我全改了，全改去健行。我們會運行一些氣，有人負責錄下對話並記錄，那個下午前，我們的辦公桌上就會有會議記錄與摘要。我們健行時會看到幾隻兔子和一些開花植物，呼吸一些新鮮空氣，並在工作時燃燒五百卡路里。這裡要傳達的訊息是：不要讓那八小時的工作時間把你變呆。在整整一天的過程中，找到一種方式來激活你的身體和心靈，並建立彈性。燃燒卡路里、曬曬太陽、呼吸新鮮空氣，這就是城市修道者之道。別讓外面的世界欺負你。

找到一種方式，你就會開始回到生活。接下來，你會有更多的活力來做得更好，促使更酷的事情發生。你會回顧過往的一天，然後自問：「我之前到底在想什麼？」人生可以非常盛大；進入它，然後繼續往正確的方向走。

〈史黛西的行動計畫〉

人們幾乎認不得史黛西了。她與公司談妥每星期在家工作兩天，如此空出了各種開車、淋浴、穿衣的時間。有一點連哄帶騙，但她讓老闆每季追蹤她的工作表現，而她在每個指標上都有進步。一旦他們看到這一點，她就可以隨她高興，自由來去。她做了一些體適能鍛煉，直到教練把她趕走，然後在兩個不需要開車的早晨開始上嘻哈課。這有助解放她的心靈，現在她感覺好多了。其他天的早上，她把一些優質素食蛋白質與一些有機綠色蔬菜丟進攪拌器，把它帶進車裡，節省時間。有聲書為她的職涯補充新知，成為早上開車時新的閱聽選擇。

她完全改變了她的工作站。她換了一張升降桌，取代傳統的辦公桌，並率先在辦公室穿起舒適的鞋子。上層管理階層同意了，因為足夠人數的女性員工簽署了一份妖魔化高跟鞋的請願書。她會定時休息，整天做一些活動的事。她重新安排午間會議時間，絕不會拖到午餐，中午休息時段就成為個人時間了。她會在星期天和星期三下廚準備多份便當，以便每天都有健康午餐。她會在休息室用餐，然後和幾位同事一起散步。他們慢慢地增加速度，後來每天大約可以走三英里(約四．八公里)。

由於她在人力資源部門工作，她得以爭取到與其他部門隔開的一個房間，並把它變成一間休息室。任何人感覺體力不支時，都可以進去休息、小睡或靜坐；起初，管理階層對此相當不悅。三個月後，不可思議的事發生了。員工的士氣與生產力開始提升，缺勤和病假開始減少，這完全奏效。因為她帶頭努力，得以乘勝追擊，爭取更多健康的活動引入工作環境中，例如一間迷你健身房、廚房裡更健康的小吃、健走社團等等。

晚間，史黛西切斷了電視，收養了一隻狗。這意味著每天得散步以及在公園裡跑來跑去。這讓她在狗兒公園裡認識了一個好男人，他是一個攀岩愛好者，喜歡野營。史黛西懼高，但她仍然一起前往，赤腳在大自然裡度過一些有品質的時間。她看書、伸展，或者與狗一起健行。陽光、新鮮空氣和「我」的時間，確實幫助她開始再次感覺自己活著，慢慢連續幾個月，每月減少了三到四磅(約一．三到一．八公斤)，如今她的體重維持在一個不錯的數字。她能夠不在意磅數，因為，這次不是為了減肥，而是攸關找回她的人生。這一切都起於她改造了她的工作天，並促成了一些相當吸引人的改變。

第六章

體重增加與負面的自我形象

安從來就對自己的膚色感到不自在。她在國中時是個小胖子，因此對這件事非常敏感。高中時，她使盡全身解術改變自己，強迫性節食、運動，結果奏效了，她變瘦了，大家注意到她了。她成了啦啦隊長，進入大學後依然是。從外表看來，她處於令人羨慕的地位，女孩都想要像她一樣。男孩則被她吸引，她很受歡迎，但她卻很痛苦。

安總是覺得自己胖，不吸引人，無論別人說什麼，她總覺得在取笑她，對她說謊。春假期間，她需要一系列對自己的精神鼓勵講話，在眾人面前穿著比基尼是她所能想像最恐怖的畫面。大家會看到，大家會知道。她婉拒了幾次與朋友的出遊，因為她根本不能處理這種情況。

她整個大學生活都與此奮戰，成人後展開的生活也一樣。嫁了好先生，生了兩個孩子後，安整整胖了三十磅（約十三公斤）。儘管不斷努力，在第一個孩子出生後，她從來沒能擺脫這些額外的重量。事實上，她非常努力節食，以至於她很快就沒有奶水，不得不換成嬰兒配方奶粉，對此她至今仍感到內疚。從蔬果排毒到減脂瘦身課程，安花了一筆小錢，試圖找到對她有用的「對的方法」。生了第二個孩子後，她基本上是放棄了。有什麼用？她已經快四十歲了，沒有一個辦法奏效。

安妮討厭自己的外表，也注意到自己會找藉口避開派對和其他社交活動，因為這些會引發許多的焦慮和悲傷。這些活動提醒她，她很胖，她很醜。每個人從外面看到她是一個愉快的、有吸引力、善良的人，但安看不到那個女孩。她看到的只有失敗……腰部的贅肉和肥臀。

她丈夫的工作需要她出席，在各種派對盛會中走動，她痛恨這些，為此爭執不休。他不明白她為什麼這麼自私不講理，她則不斷地找藉口，推託那裡有不喜歡的人。她太不好意思告訴他真正的原因：她對自己自慚形穢。她的婚姻觸了礁，社交生活不存在，孩子們感覺到家裡不好的氣氛，安根本救不了自己。她的負面自我形象正在搗毀她的人生。

安的問題不是國中時期開始的。只是剛好在那時，她的身體開始表現出不再能順利新陳代謝的跡象。她成長的過程中，吃了很多含糖穀物、含有荷爾蒙和抗生素的牛奶、糕點、麵食、起司披薩餅，還把糖果當零嘴。她的媽媽在家裡做事時，會把她和弟弟放在電視機前面，給他們一人一盒餅乾和果汁。安在下午去上芭蕾課，回家時就餓了，她會努力不吃，因為她的老師真的在意安妮穿上緊身衣的樣子。原來，由一個有飲食障礙的人影響一個年輕女孩的自我形像，是一件糟糕的事。安和她的父母從來都不知道這位老師的影響，為後來帶來多少戲劇情節。

但問題可以追溯到更早之前。安是剖腹產嬰兒，這意味著她沒有曝露在應該由母親的陰道轉移到她身上的重要好菌組合。剖腹產的標準程序，是為母親和嬰兒注射抗生素，以策安全。但這個動作也製造了一種環境，使得錯誤類型的細菌占據了安的腸子。她是一個頑皮的嬰兒，幾乎不睡覺。她的母親沒有為她哺乳，因為她的醫生說服她，配方奶更好。她使用的配方奶，根據製造商無上智慧表現出來的形式，其實是亂七八糟的東西。前幾種成分是麥芽糖糊精、玉米糖漿和更多的糖，這餵養了安腸道裡的壞細菌，並創造了一個她一輩子得處理便祕、消化不良和挑食的環境。這也使她從出生的第一天就成為嗜糖者。

〈問題〉

隨著肥胖、糖尿病和心臟病愈來愈普遍，我們手邊顯然有一個大問題。事實上，在美國，醫療費用很快就會占去國內生產毛額的二〇%以上。這些費用中的八〇%來自慢性的**生活方式**疾病。這是我們可以預防和翻轉的東西。隨著現代農業方法的引入、停滯的生活方式與猖獗的毒物，身體無法應付所有的變化，因此儲存過多的脂肪。過去數百萬年，食物看起來是同一件事，現在不同了。讓我們剖析這一點，以便可以讓大腦專注問題在哪裡，一旦在這方面清楚了，解決方案就相當簡單。

現代農業

第二次世界大戰後，我們決定把那些原本是為了對抗納粹戰爭而創造的工業機器，轉向為整個社會謀福利。這是一個高尚的想法，但在許多方面已經走過頭了。化學與石油公司開始研究農法，以及如何提高產量。我們開始過度墾殖土壤，使用有毒化學劑殺死害蟲。肥料混進來了，基因工程也是。它已經失控了，我們從土地獲得更多的產出，向世界展示科學的奇蹟可以如何解決人類所有的問題。我們能夠堆滿穀倉，移走飢荒。我們能夠幫助有需要的國家，提供人道主義的援助，這肯定不全是壞事，但我們走過頭，現在正為此付出代價。

由於過度耕作，我們耗盡了植物所需的含有必要礦物質的土壤。大腦要求我們出去找些營養，所以我們會感覺飢餓。通常，我們吃的食物，經由帶進需要的元素，能夠滿足大腦。然而，因為今天的食物缺乏營養素，我們只是繼續吃，而且沒有吃進預期進食所帶來的好處。我們持續加載空虛的卡路里，得不到大腦發出「停止」的信號，因為它仍然餓著，在找它所需要的營養。

我們的祖先會輪種某些作物（如豆類），讓氮氣回到土壤，幫助恢復土壤的元氣。他們會讓植物在土壤中腐爛，而其他在旁邊生長的物種一起創造了多樣性，平衡細菌，通常也防治了害蟲。動物住在同一塊土地上，牠們吃害蟲，排便使作物肥沃，牠們吃雜草，並且與土地共存。

但是當我們把植物和動物分開成成巨大的工業農場，便打破了這種平衡。土壤已經去除了營養物質，食物也是如此。動物現在踩在糞便裡，而植物則淹沒在毒藥中以防止害蟲。

是的，害蟲是一種滋擾，但使用殺蟲劑殺死牠們，已經被證明是一種充滿傲慢和愚蠢的過度方法。使用殺蟲劑殺死土壤中的一切，將導致土壤的真菌，以及其他不支持我們健康農業需求的其他抗藥性細菌過度生長。這些細菌也會滲入我們的食物，毒害我們。看看DDT，這真的很不好，這已經在幾代人身上留下傷害。不能只因為有人在化學實驗室合成一種新的化合物，在試管中顯示它有前景，就表示應該匆匆忙忙把它噴灑在我們的食物上。

我們現在正從這種邁向瘋狂的趨勢中反彈，發現到數不清的人類病因，是過度暴露在所有這些我們一直摻入食物和環境的鬼東西。這與我們祖先的世界相差十萬八千里，當時的東西是純淨的、自然的、天然有機，而且新鮮的。如果你看看我們切斷與大自然的連結，以及現代疾病洪流的突然崛起，其相關性是驚人的。

在癌症研究的早期，一些「流氓」醫生站出來指出，抽菸可能會提高癌症發生率，他們遭受到嘲笑和排擠。當時流傳著一位名醫的名言：癌症的上升有可能只是由尼龍絲襪造成，尼龍絲襪剛淹沒市場，與吸菸和癌症的增加差不多是同一時間。由於太多人吸菸，很難孤立它，並找出因果關係。然而，隨著越來越多的研究出現，某個時間點，研究人員大喊一聲「糟了」，現在每個人都知道吸菸會導致肺癌。

我相信，我們處在一個類似的時代，只是這次的對象是我們引介到環境裡的所有化學毒物。這些鬼東西如此之多，以致於很難篩檢到底是什麼導致多種疾病大量發生，如癌症、自體免疫疾病、自閉症，甚至可能還有一些糖尿病。如果你看看趨勢，它們與我們的工業時代和「透過化學，獲取更好的生活」的意識形態並行。如果所有這些毒素的累積效應，是導致我們疾病增加的原因，那該怎麼辦？如果二十年後，我們回頭問：「我們把所有這些鬼東西放進食物裡時，到底在想什麼？」我們該說什麼？

城市修道者挺身站出來，他們是解決方案的一部分，而不是問題本身。我們無法眼睜睜等著這艘船往下沉。這是**我們的星球**。我們應該把它留給我們的孩子。

糖是一種毒品

人類歷史上最黑暗的時刻之一，是奴隸制度時代。它是新世界經濟繁榮與茁壯的一部分，大多數舊世界的國家都在此時海撈了一筆。當時勞動的需求很高，用以開拓利用新世界豐富的財富與資源，而且還要感謝一些混蛋，載滿著非洲奴隸的船隻開始絡繹不絕，來到新大陸提供種植的勞動人力。

驅動奴隸貿易的主要經濟作物之一是糖。舊世界的精英嘗到了它的味道，而且上鉤了（字面上的意思）。這導致對蔗糖更多和更大的需求，拉入更多人成為奴隸。事實上，歐洲對糖和菸草的成癮，是驅使連續不斷的人潮被帶離家鄉，並送到田裡工作的主要力量。我們可以說，糖驅動了人們對奴隸的需求，但結果是，我們**全部**成了糖的奴隸。在奴隸制度的傷痕開始癒合的多年之後（還有非常多的療傷工作仍未完成），我們造就對糖成癮的社會已經淹沒了我們的醫療系統。事實證明，糖成癮是古柯鹼成癮的十倍，它會點亮我們大腦的快樂中心，驅使我們想要更多糖。我們完全對糖成癮，而它的後果現在才要開始顯露出來。它會改變我們的血糖、降低我們的免疫力、觸發我們儲存脂肪、並餵養腸道裡的壞細菌。

當你想到糖，不要只想到那些白色的粉末。高果糖玉米糖漿的發展，讓食品大廠採用我們稅金補貼的單一作物，並精煉它成為**超級糖**。食品製造商把這垃圾放進每樣東西裡，使我們變胖。由於多年的錯誤訊息與錯亂，我們都認為，飲食中的脂肪是問題所在。事實上，根據我的朋友醫學博士馬克・海曼（Mark Hyman）的說法，我們有一個大問題，是關於**脂肪**（fat）這個字。我們吃的東西和我們儲存的東西不一樣，這個詞的濫用，導致了很多關於減重的認知混淆。精製糖也會導致體重增加。它很快被以脂肪的形式儲存，這是因為身體經常無法處理糖所提供的突如其來的卡路里。優質的飽和脂肪是大腦和激素合成所需要的，它們會被燃燒，對大多數人是好的。而糖，特別是果糖，很容易被轉化為身體脂肪，這是我們陷入麻煩的地方。

餵養世界的碳水化合物

糖是一種碳水化合物，是我們作為主要能量來源的營養物質。我們最大的謎思之一是：卡路里就是卡路里，如果我們能夠獲得高產量的小麥、大豆和玉米，我們就能生產足夠的熱量來餵養世界，問題就解決了。我們沒有考慮到的是，這些單一作物會撕裂土地、提供我們會轉存為脂肪的空熱量，以及破壞生物多樣性。

複合碳水化合物會分解，幫助餵養我們的細胞很需要的能量。它們會由天然纖維調和，不是設計來負載超過我們可以處理的更多的糖。同樣地，太多的好東西是不健康的。不能因為複合碳水化合物是燃料，就意味著我們可以狂飲。緩慢和穩定是生物的遊戲規則，這是我們從碳水化合物攝取卡路里的方式。偶爾的蜂蜜點心或甜水果，是加在我們飲食中的纖維、蛋白質、脂肪和水。以前，點心是罕見的，這是它們特別的原因。今天，人們可以在午餐後吃一個巨型甜點，完全不假思索。

因此，來自大型農業的食物，當中的營養一年比一年少，熱量卻愈來愈高。我們的大腦告訴我們去找營養，而如果吃的東西不在大腦的食物選項裡，不論我們吃了多少空虛垃圾，仍然會感到不滿意與飢餓。

毒性暴露與身體反應

我們大約七〇%的免疫系統存在於小腸，因為這裡是「我們」和外部世界之間的主要介面。數千年來，我們的身體已經演化，並適應於處理天然物質。當某件東西被認為是對身體友好的，它會被引進去，並且被當作燃料或營養來源。當它被認為是威脅，免疫系統就會動員起來攻擊，不惜一切代價地把它趕出去。若毒素敲響警鐘，我們的身體部隊動員起來，巨大的能源儲備會被拉過來。實際上，我們進入了戰爭狀態，並派遣部隊打擊入侵的軍隊。偶爾來一次，這是可以接受的，但反覆暴露，會耗損我們的免疫系統，也耗盡我們的能量儲備。疲憊的軍隊更有可能引狼入室。它更可能反過來對著自己。我們現在看到自體免疫性疾病大量增加，免疫系統的耗竭很可能是原因。有這麼多新的毒素打擊我們，我們的免疫系統過於緊張，而轉而打擊我們的健康組織。

這個平衡式的另一邊，是當免疫系統沒有被異物觸發，以致於異物得以安然不被發現。這發生在汞、砷、鉛以及一些其他重金屬。身體經常認不出它們，與其群起攻擊，身體決定把它們放在某個地方，讓它們不會造成任何傷害。存放一個地方，不讓它們在身體裡擋路的地點，通常是我們的脂肪細胞、骨頭和大腦。

當我們把毒素和金屬存放在脂肪細胞中時，細胞會將它們從日常生理運作中隔絕、隱藏起來。這個方法可行，直到我們有一天醒來，發現我們太胖了。我們開始餓肚子，上瘦身燃脂課，或進行快速減肥，開始調用儲存的脂肪當能量。這時，金屬和毒素從監獄中放出來，被釋放回到血液中。身體辨識出新的狀況，並指示甲狀腺放慢新陳代謝，讓我們可以儲存更多的脂肪，以便再次把這些壞傢伙關起來。它們不能逛大街，所以我們別無選擇，只能再次將它們關進脂肪細胞中。歡迎來到我們全體驗過的復胖。稍晚，我們將談論如何排毒，讓我們避免體重的雲霄飛車。

儲存毒素和金屬的另一個地方是骨骼。通常我們不會注意到這一點，直到人生後半段，當我們的荷爾蒙產生變化，我們開始因為缺鈣而利用到骨骼。這是我們解放這些壞東西的時候，突然間狀況糟透了，但仍不知所以。再一次，毒素被釋放出來，身體不能擁有它，所以它除了將毒素再次儲存在脂肪或骨骼中，避免進一步損傷身體之外，它的選擇很少。有時這些脫落的毒素最後落腳在我們的大腦，而這便意味著災難。

微生物組

我們得以調節免疫力、隔絕毒素、把食物做更好的吸收，並擠出討厭的入侵者的方法之一，是透過與某些體內健康菌株的共生關係。微生物組不僅存在腸道中，它在我們的鼻子、喉嚨、尿道和生殖器，在皮膚上，而且穿過我們的整個消化系統，從嘴巴到肛門。我們擁有數以萬億計的好菌在我們周圍，支持我們的人生歷程。

這些細菌與我們的身體一起維繫生命。我們一起繁盛、一起適應。我們的朋友安因為她進入這個世界的方式，從來沒有適當地被播以這種「生命的禮物」，所以，少了細菌生命之網來支持她，以至於給了其他隨機的壞菌占領的空間，並大行其道。這些壞菌經常是靠糖維生，驅使安嗜食。我們正從這些微生物們學到的是，許多遺傳表現是來自細菌ＤＮＡ。這打開了一扇對話大門，關於我們究竟是誰；因為我們認為的「我」，大部分是由我們體內的其他生命來編碼。事實上，「業」的概念是鮮活的，而且透過這道移轉。爸爸親吻媽媽，他們擁有了共同的腸道細菌。然後，嬰兒（最好的狀況是）通過媽媽的陰道出生，並暴露在這種賦予他們獨一無二的生命「花束」。好的、壞的、醜陋的，一代一代地這樣傳遞下去。這打開了另一扇更大的對話大門，關於產前醫學，以及在嬰兒出生之前，我們照顧好自己的這個角色。

處理好生命中的健康好菌是至關重要的，而我們在好菌與病原體之間找到的健康平衡，確實是決定整體健康的因素。我們能夠與周遭的生命做怎樣的共存？我們要把它殲滅？還是與之合作？事實證明，高澱粉碳水化合物和含糖食物餵養了很多不健康的菌落。酵母和念珠菌也愛糖，癌症也是如此。標準美國飲食的問題是，它餵養了野獸，然後，每當身體發送出不平衡的跡象，我們便服用抗酸劑和抗生素。抗生素可以殺死沿途的一切，一次次地按下重新設定鍵；

因為我們的飲食中沒有豐富的發酵食品，我們只是再次為壞菌留下空間。好消息是，我們可以藉由吃什麼以及如何吃來改變這一點。身體是有彈性而且變動的。我在本章後面會分享一些飲食策略，以恢復腸道健康。

腸漏症

腸漏症是一種腸壁功能降低的綜合症。當我們吃到引起發炎或過敏的食物，或者無意中吃了會破壞細胞壁的毒素時，腸漏症就會發生。基本上，由於我們吃下了亂七八糟的東西，大多數人都有程度不等的腸漏症。小麥、玉米、大豆、乳製品、花生和酒精，對許多人產生負面的影響，我們已經見識到對這些食物的食物過敏與敏感性的大量案例。你現在可能吃得很健康，但你是從出生的第一天就這樣嗎？如果是這樣，那就要恭喜你，而且要感謝你的父母。對我們其他人來說，在意識到這些食物不適合我們之前，我們已經吃進了洋芋片、起司漢堡和汽水。

當微小的間隙在腸道中開始形成，允許食物顆粒潛入血液中，腸漏症就開始了，這會引起免疫系統瘋狂地攻擊，導致更多的發炎症狀與全面戰爭。身體發現了防禦線另一邊不屬於身體的物質，動員了免疫反應，以保衛它的領域，這觸發了各種微粒的綜合抗體發作起來，這解釋了我們在西方看到的食物過敏的成長。在變得更嚴重之前，我們會先感覺到有氣、腹脹、飯後疲勞與消化不良。食物昏迷（當你在進食後感覺非常嗜睡）是疾病的徵兆。貪食不是你的自然狀態，食物不應該是一種懲罰，食物應該是讓你更有活力。

〈城市修道者的智慧〉

在我們的身體裡，有比物質更多的留白空間。我們總是如此專注於物質，以致於我們未真正允許深入地了解身體原來是什麼——身體不過是一個狀態。事實上，相較於留白空間，我們擁有實際的「東西」如此少，以致於大部分的波、電流、磁場和宇宙的波動，只是經過我們。即使我們感覺非常真實的身體部位，例如我們的雙手，事實上，它們並沒有觸摸到東西；我們感覺到的，是手周圍的電子，以及其他物品或遇見的人的電子之互斥力。我們看到和感覺的「物質」，是我們宇宙中某些原子的振動狀態。有些以氣體形式存在，有些以液體的形式存在，有些則以電漿形式存在。它們來來去去，**跟我們一樣**。它們與其他的東西結合在一起，並且形成於星星的融合反應。

我們身體裡的每一顆原子，所有我們認為是「我們」的東西，都是來自星星。我們比我們想像中的更有趣，而且，城市修道者之道，即是探究生命本身的奧祕。用這個角度看看：你在一生中已經掉了好幾千磅，又加回去更多千磅。每天都有細胞出生和死亡。事實上，你已經替換了數萬億個細胞，並且繼續這麼做。你燃燒了大量的脂肪，儲存了更多。這是一個燃燒速率的問題。你儲存的是否比你燃燒的略多一些？你去年是不是增加了十磅（約四．五公斤）嗎？如果是這樣，那麼，好消息是，在你過去幾個月獲得的重量裡，你幾乎成功燃燒掉所有的重量；你僅僅差了十磅。情況也沒那麼糟。也許，在過去四年裡，你已經累積了十磅加上四十磅，但是就全觀來看，還不算太多。它只是一個調整燃燒率的物質問題。然而，在理解這一點之前，讓我們跳到幾個關鍵問題：

首先，是誰在燃燒脂肪？你究竟是誰？你正在這裡做什麼？這關乎什麼？而生命的意義是什麼？

這一直是大部分減肥討論中遺漏的重要成分。我們是如此迷戀於數字、腰圍尺寸和外表，以至於忘記關心我們的感覺如何，以及更重要的，**我們是誰**。城市修道者首先深深地挖掘找尋自己。當談到管理你的體重，這是城市中唯一真正的遊戲，其他的一切都是外圍的。誕生自星星是什麼意思？當古人說到永恆時，他們指的是什麼？我們如何契合所有這一切的宏大計畫，我們有可能理解自己的角色嗎？這些才是主要的問題。

一旦這些問題得到解答，才可以處理第二個問題：我們怎麼吃、怎麼移動、怎麼玩耍，以及如何燃燒能量？缺少了意義與目的，我們只是一直花時間團團轉，死馬當活馬醫。缺乏真正的中心，就沒有參考框架，沒有真正的理由去關心減重、增重、維持或攜帶這些重量。畢竟，我們為什麼要大費周章？

吃得像一位修道者

當討論城市修道者的飲食之道時，關鍵的概念是尊重。尊重在你面前的東西，以及它從哪裡來的。畢竟，我們的餐盤是犧牲的祭壇，我們把生命放在那裡，為我們自己的利益而消化它。這很沉重。植物、水果、動物、魚，或者其他任何為你而喪失性命的東西。我們摘取這個生命、分解它、把它轉化成能量和營養，並餵養帶著我們前進的機器。這是為什麼攝取新鮮的食物是如此重要，而且，只吃來自地球的天然的東西。它們攜帶了更多的生命力。

所有修道院飲食生活的主軸是感謝。你是否感謝躺在你面前的生命？為什麼你的生命比你吃掉的那個生命更有價值？是什麼使你這麼特別，還有，**最重要的是**，你要用你的生命做什麼來報答它？如果圍繞我們的生命和愛之網正支持你與你的成長，你要怎麼反饋回去？你在自然界中的角色是什麼？你如何進一步幫助維繫與支持這個生態系統？

在西方，我們整個文化已經脫離了這種理解。少了與生命、意義、目的的連結，以及對我們在整個大計畫裡的位置的認識，我們會把口香糖丟出車外，開車走人。我們會樂意拿保麗龍杯，即使它對環境多麼有害，只因為我們遲到了，手邊沒有杯子。我們會開心購買來自受折磨的雞產下的便宜雞蛋，因為我們不必看到牠們的痛苦，或者惡劣的生活條件。

對食物的覺醒，即是對生命的覺醒。

城市修道者之道，是在每一口食物入口前，暫停與呼吸。這是為了感謝在我們面前的食物，**而且是真心誠意地**。城市修道者對於為她準備的食物，感到全然的感激之情，而且從不會視生命為理所當然。她用她的生命投身做一些有價值的事，以**配得起**她奪走其他生命的權利，而且，她保持謙卑與感激。我們不知道為什麼我們被選擇繼續活下去，而明天卻可以被一輛公車撞倒，自人間消失；所以，今天是什麼？你是怎麼把你的生命活出極致？

當我們開始把食物僅視為卡路里的進出時，就遠離了飲食的核心智慧。食物應該是建立在生活中的儀式之基石。如果確實是「你吃什麼，你就是什麼」，那就從清理你購買和攝取的食物的質量開始。慢下來，感謝每一口食物，真正品味進食的經驗。另一個主要的部分是咀嚼。這是我們進行一大部分「預先消化」食物的工作，它在整個過程中發揮很有價值的功能。不放慢速度吃，也意味著咀嚼不足，這會增加你的腸道的工作，使你更加遲鈍、效率更低，而且愈不注意這個過程。

在修道院，進食的動作是將知覺與意念帶進人生的最強大工具，因為食物是我們最容易忽視的地方。畢竟，我們自誕生以來就一直做這件事，已經視之為理所當然。對食物有意識感，是對生命覺醒與感知的第一步。

個人心旅

我在當僧人時，會到世界各地度迷你假期。有一次我去了夏威夷考艾島（Kauai）的威梅亞峽谷（Waimea Canyon）。在那裡，我禁水五天，並做氣功、靜坐。前幾天並不好過，因為我的血糖不穩定，我的身體在排毒。但隨後，驚奇的事開始發生了，我開始燃燒脂肪，體驗到特別的清晰感。我當時感到更加輕盈，開始看到我生命中的某些角落，是我一直在逃避的嚴峻現實。我面對很多惡靈，清掉許多停滯的氣。返回城市時，每個人都感覺到了。我的能量磁場被照亮，容光煥發。為什麼？因為我藉由數天吸收太陽，讓我的身體擺脫雜質，清除了陳舊。我變得清淨、光明、快樂、熱情。這個狀態是我們與生俱來的權利。

飲食建立你的氣；氣餵養你的精與神

我們攝取的食物的品質，會影響身體系統中能量的品質。注意，我說的是質量而不是數量。我們被捲入資本主義「多即是好」的心態，以致於忘記組成我們生命力的一個基本元素。換言之，我們從自然中獲得的能量之質量，會將前述的能量精細化，成為更明亮、更清晰的精神。了解能量有不同的頻率是很重要的。振動愈高，我們就更輕、更明亮。與純淨的太陽和自然系統有共鳴的事物，會攜帶更清淨的振動，這是古老魔法傳統的本質，也是現代世界已經失去的一種理解。生命會發光，我們就是那光，攝取食物有助保持我們的光繼續燃燒，但不是所有的燃料都是一樣的。少了對我們剛剛吞下的生命的尊敬與尊重，我們便創造了一種精神上的業障，會影響我們的生命。當你學會將「你吃什麼，你就是什麼」理解到極致，你會知道，我們所攝取的一切，都會成為我們的一部分。

禁食

大多數寺院的中心修行法是禁食。這給我們一個機會從固體食物中休息，讓腸子療傷、清淨血液，並以更清明的頭腦思考人生。藉由減緩消化系統的工作量，給它一個清理的機會。禁食的時候，我們把一些花費在消化食物的能量，轉移到修復腸壁。我們藉著減少挑戰的障礙，讓免疫系統休息；也藉由阻斷需要它們製造穩定的消化酶，允許胰腺與胃細胞年輕化。正確地禁食時，我們攝取茶或液體，幫助輕推腸子，所以禁食過程也有助於為通道排毒。

這不僅有益健康和福祉，而且也有助簡化生活。少了穩定的食物供應，讓我們更珍惜它。它也會讓我們想到平常吃什麼，會想念它。持續的飢餓狀態，使我們更加意識到身體和它的需求。禁食時，還有另一件重要的事情會發生：身體開始在一個稱作「酮症狀態」(ketosis)的過程中，分解儲存的脂肪細胞。這是向大腦提供能量非常有效的方式，而有報導人們在禁食時頭腦特別清晰，可歸因於此。事實上，古人明白這一點，並發現他們在禁食時，可以潛入更深的冥想。想一想：耶穌、摩西、佛陀、穆罕默德、甘地，以及許許多多名人，都是在禁食時發表了深奧的神祕經驗。它是經過驗證的心靈傳統，並非平白無故通過時間的考驗。它真的有效。

禁食使我們謙卑，用一天的時間來思考人生，將事物昇華至有意義的語言。它幫助我們保持對生命真實，不陷入噪音的紛擾而遠離生命、自然、愛和真理。關鍵是把那一天慢下來，做一些個人的精神修行，不要選在一堆工作的截止日，或忙到不可開交的平常日，你會錯過整個重點。讓它成為一種儀式，放慢速度。我在禁食日同時誓言禁語。我保守我的呼吸，帶入我的能量。

蕭伯納曾經說：「每個傻瓜都可以禁食，但只有聰明的人知道如何結束禁食。」這是我看現代人試行古代修行法所遇到最大的問題，它已經造成很多的傷害。如果你打算禁食一天只喝水，你需要慢慢地回到正常飲食，開始先喝大骨湯，然後是混合的湯，接著是蒸蔬菜，最後隔天再吃固體食物。關鍵的做法是，慢慢回到正常的食物，而且在精神上層次上，深刻而且確實地，與結束禁食的食物連結。感謝讓你回到源頭的生命能量，從它而來的，是重新連接自然和意義的強大方式。缺少這部分是愚蠢的；如果你沒有把這部分做對，不如不要禁食。

湯

如第三章所述，我們從食物來源提取能量和營養素的能力，因為火的使用而大大增強了。事實上，看看整個歷史上的人類頭骨，我們看見大腦的尺寸在人類學會以烹煮解鎖營養後，大幅地增加了。它導致人類發展的一個巨大飛躍，並一直推動我們。事實上，卡巴拉(Kabbalah)[11]說，所有的動物都可以獲取各種元素，但火是屬於人類的領域，而這也區別了兩者。這應該以崇敬視之，而非傲慢，如許多我們同族類的即時反應。在本書的「參考資源」部分，我提供了幾種湯的食譜。易於消化且營養豐富、身體負擔低的食物，是非常有用的。湯有助於恢復活力，

11 卡巴拉：Kabbalah是希伯來語，為猶太哲學觀點相關的思想，以解釋永恆的造物主與有限的宇宙之間的關係。

給予我們盡情活出生命所需要的能量。

〈東方修行法〉

踩進泥土

腸是我們生命的根源，是營養被吸收的地方。這裡是我們與周遭各種生命互動的地方，並且以強大的方式與大地之母聯繫。沒有什麼比參與自己食物的生長過程，能讓我們更接近食物。無論你有一個廚房流理台，或是後面有好幾英畝的地，學習自己種一些，與食物產生連結，這是無法想像的報酬和療癒。您可以去申請一個CSA（社區支持農業，Community Supported Agriculture）[12]提供你大多數的蔬菜，或者每星期去農夫市集；但補充自己種的東西，是一種觀看生命循環並參與其中的方式。當然，你要使用有機農法，並找一些蚯蚓幫忙。一旦你行動了，會知道吃自己種植的作物是多麼美妙的感覺。我見過孩子藉由點燃與植物的關係，種出作物，而克服嚴重的厭食。這是很深厚、有意義，而且重要的。你會慢下來吃你種的東西，也會三思如何烹煮它。有機土中的好菌和良好的栽培方法將滋養你，而你如何處理你的有機廢料，也會改變你對垃圾的看法。

這種做法對於認真想要回到與食物正確關係的任何人，是必要的。此外，有哪一種動物，會愚蠢到忘記如何在自己演化發展的環境中生存？如果厄運不幸發生，你會生產食物餵飽家人嗎？一個城市修道者肯定可以。

蒸煮你的青菜

之前我們談到烹飪如何釋放出營養，幫助消化。這是獲得健康、保持健康的關鍵因素。讓你的身體容易消化食物，身體將以更多的能量回報你。稍加蒸煮蔬菜能保住營養素，同時為你做一些「預咀嚼」。蒸煮的蔬菜含有大量的水和纖維，有助於鈍化血糖和與皮質醇峰值。它們能保留好東西，而不會讓你發胖。城市修道者的主要飲食是很多的蔬菜，大多是輕度蒸煮、放在湯裡煮，或者是生的，如果你可以接受。

說到蔬菜，為自己找到一些有機甘藍菜或自己種一些，然後發酵成德國泡菜。我在「參考資源」部分為您提供了一個食譜。

---

12 社區支持農業（CSA）：這是流行於美國與加拿大的地區型農業合作社網絡，成員在作物種植之初即支付當地農場一筆款項，之後不定期可以收到農產作物，大家一起分攤風險與收穫。

米飯

談到修道者的飲食，不能不提到米，簡單的米飯配菜，是許多寺院的主食。白飯是世界上許多地方的主要作物，過敏風險比其他穀物例如小麥低得多。其實，中國的「氣」字裡就有一個米字，它能提供能量。在一個需要很多勞動的世界裡，吃米飯能提供讓身體繼續運作的碳水化合物基礎。在現代世界中，我們經常攝取了比所需更多的熱量，所以，想要減肥，米飯可能成為一項挑戰。最近有越來越多對某些水稻含砷量超標的關注，所以確保你吃的米是來自一個乾淨的源頭。限制晚餐的米飯為兩份（每星期一到三個晚上），配上蔬菜和瘦肉（如果你吃肉），就會夠了。不要只是吃飯配肉，因為這樣沒有提供足夠的纖維和水分，來好好蠕動你的消化系統。你可能會一直脹氣和打嗝，顯示身體不滿意這種組合。如果你還需要減掉更多體重，先從飲食中戒掉米飯，直到新陳代謝回復；之後，你可以把米作為主食穀物，搭配奎奴亞藜和莧菜。基本上，穀物提供了獲得能源的捷徑，就如它們餵養了文明，讓我們有體力。然而有些人最後談米色變，所以看看你對米飯的感覺，並均衡飲食。

用心吃飯

城市修道者再次將食物變成一種儀式；它成為一個與時間、呼吸、食物、人和生命連接的機會。砍掉重練你的行事曆，開始安排更多的時間用餐。我在我的行事曆裡，把吃飯時間框出來，以便把這段時間空出。如果你不規畫午餐，你就會在忙亂間狼吞虎嚥，而這將會分散你的心智和靈魂。規畫一個比較簡單的生活，有園藝、膳食準備、用餐、清理和好好談話的時間，這是我們過去做的事。

食品工業所推動的食品便利文化，把我們從房子裡趕出去，把我們從身體和心靈趕出去。**把它帶回來**。讓食物變得有趣，讓它重新神聖起來。享受美食和品嘗美食，也有助於我們消化和吸收。學會感謝你生命中的**每件事物**，是將你的意識從分離的錯覺中解放的重要部分，而食物是一個很好的起點。畢竟，我們每天都要吃好幾次，而且通常是持續不斷地，所以它是建立儀式的好地方；你可以選一件已經成為例行公事的某件事，然後添加一點生活情趣。把朋友帶來，一起談笑吃飯，共度美好時光。虔敬並不意味無聊或嚴肅。你不必怪里怪氣或讓別人不舒服；你可以這樣說：「我想感謝這頓與好朋友共享的美妙一餐。」

明白無論進入你嘴裡的是什麼，會在接下來的幾天和幾個星期裡成為你。確實，你吃什麼，你就是什麼，所以，意識到這一點不僅會使你停止選擇不健康的膳食，也會讓你建立一個與你的食物、朋友和家庭的關係，更加清楚地看見生命的週期，而我們都是其中一部分。

正確禁食

沒有深思熟慮的禁食，是一件冒險的事。想要以同樣的速度過你的一天，但同時卻剝奪身體所需的食物，這樣是愚蠢的。古人禁食，會用這段時間祈禱與冥想，不要混淆隱喻。如果你要花一天時間禁食，只喝水，那麼，就拿這一天來寫作、放鬆、思考人生。星期天是禁食的好日子。

如果你是「舊時器時代飲食運動」（Paleo）[13]的一份子，打算要吃你的第一餐，那麼，只要注意你在晨間的體力。關鍵是要確保你的腎上腺夠健康，足以支持血糖下降。年輕、健康的人可以忽略這一點，但我見過許多四十五歲的人在試了不適合他們的方法後，遇到嚴重的問題。

禁食的好方法是從今天日出到第二天的日出，你能空出充足的時間靜默沉思。如果你的血糖穩定，清水斷食就很好。如果你這部分有問題，其他一些食譜可能會更適合你。

〈現代破解法〉

飽足感

學習抑制食欲的方法，是贏得減重戰役的關鍵。利用纖維、水分和健康脂肪來抑制食欲，確實有助這場與肥肉之役。糖是魔鬼，而且要確定我們吃任何糖或簡單的碳水化合物時，必須與膳食纖維和好的脂肪協調搭配，好的脂肪如酪梨或椰子油，它們能確保有較慢的轉換時間，以及較緩和的胰島素釋放。此外，很餓的時候，學習先吃蛋白質和脂肪，能幫助我們擺脫糖成癮，並開始燃燒乾淨的燃料。

事實上，在功能醫學中，我們告訴病人，他們應該根據體重，每天每公斤消耗一公克蛋白質。所以，如果你的體重是一百六十磅，大約七十三公斤，那麼，你應該每天攝取大約七十五公克的蛋白質。根據我的經驗，大多數人遠不及這個數字，這是你開店的基準，這家店就是你的身體。如果你舉重或生病了，可能需要更多的蛋白質。如果你每天吃三餐，這意味著每一餐應該平均包含二十五公克蛋白質（這是指以上述體重為例；要根據你自己的體重計算）。根據我

13 舊時器時代飲食：主要是指舊石器時代人的飲食，只吃可摘採或補獵到的天然食物，如蔬菜、水果、堅果、有機肉類，並遠離一切的加工食品，如乳製品、鹽、糖、咖啡、酒精等等。

的經驗，大多數人的早餐蛋白質不足，到了黃昏也還沒達標，這會對身體造成壓力。早上沒有得到足夠的蛋白質，會使我們在當天提早覺得餓，而我們通常會在這時找些碳水化合物來吃。簡單的解決方法，是攝取好的蛋白粉，確保你每天早上攝取接近當日所需蛋白質的三分之一。攝取中鏈甘油三酯（MCT-chain triglycerides）也是刺激大腦中的瘦素、引起飽腹感一種很有效的方法。MCT油是市面上買得到的，我喜歡在bulletproofexec.com上這一種。

至於午餐，吃一些瘦火雞肉搭配蒸煮的花椰菜，淋上椰子油。晚餐時，你可以吃蒸煮青菜配辣椒粉、糙米和魚。有很多方法可以吃得好又遠離糖陷阱。關鍵就在於要有很多的蔬菜、一些瘦肉（如果你想要）、豆類和大量的單元不飽和脂肪酸（MUFA）。水果中的果糖非常容易使人發胖，而且身體不容易代謝。如果你已經超重了，應謹慎食用穀物，它可以作為運動員的快速燃料。我在「參考資源」列了一份MUFA明細。

消化酶

如果你在消化食物方面有問題，一些酶很有幫助。先確定你對哪些食物消化不良，然後採用適當的酶組合。澱粉與蛋白質的分解不同。如果你很難消化肉，可能是鹽酸太少。一位優秀的功能醫學醫生確實可以幫忙解決這個問題，助推起動你的系統。在「參考資源」部分，你可以找到更多關於消化酶的訊息。

皮質醇

如果你沒有一個全面的減肥方法，僅靠食物是沒有的。回到第一章和第四章，並確定你解決了有關壓力和睡眠的任何問題。現代醫學劃分得太細了。未來的醫學是對健康有一個整合的對策，以生活方式作為關鍵。一個城市修道者了解事物如何相互關聯，因為這樣，他是生命的主人。

〈安的行動計畫〉

安有很多壞習慣，但用幾個辦法就解決了。首先，她從來沒有真正做過早餐。我們為她提供一個包含蛋白質的新鮮綠果昔食譜，她每天早晨用攪拌機製作。一些乾淨的農產品搭配椰子奶、MCT油、蛋白質，以及任何CSA（社區支援農業）分配的新鮮食材，為她的一天定下基調。這使她到午餐前都飽足而且快樂。如果她需要一份點心，一些杏仁可做為零嘴。

安從來沒有停下來好好吃東西，這是我們最大的挑戰。我們不得不與她的丈夫和孩子們一起配合，把用餐的時間找回來。這花了幾個月，但終於成功了。我們每星期訂家庭晚餐日，他們多做一些額外的份量，因此可以在第二天帶去上班和上學。他們開始闢了一個小農園，孩子們喜歡它。這給了安一些和家人在戶外相處的時間，她真的開始享受這些。

改變安的飲食習慣，特別是糖的攝取量，並沒有那麼難。一旦她開始只吃真正的食物，她感覺到正向的改變。她的皮膚光滑了，能量激增。她的心情開始變好，更有活力。這樣的感覺很好，但她的體重仍然是一個揮之不去的問題。我們用EDTA檢查她的尿液，發現各式各樣的毒素。我指示她去當地的診所，做完一個螯合療程[14]，把重金屬從她的身體排出。這需要三個月，有點大費周章。我們花時間修復她的腸壁，支援健康的肝功能。幾個星期後，事情有了轉變。她開始每星期減少幾磅，這些體重遠離了。這彷彿是一個開關被打開。

安給我們一個重要教訓是，即使生活方式完全地改變，有時還是需要一位好醫生的協助，清除我們的過去。一旦我們清除了她在食物上的「業」，體重問題迎刃而解，新的飲食習慣不會再侮辱她的身材了。安終於能再次享受聚會了。她飲用MCT油，在誘人的食物上桌前，把它淋在蔬菜上。她吃半飽，不再受不健康食物的引誘，並且喝她的蘇打水，享受與朋友聊天。當她的參考框架改變了，減重就不是一件難事。現在，這就是她生活的方式。安現在發現，她不僅僅只有外表，她現在看很多很棒的書，也很享受在派對上與有趣的人深談。她不再關心她的外表，因為她現在充滿了生氣，感覺很美妙。

14 螯合治療：服用螯合劑來排除體內有毒重金屬的一種治療方式。

第七章
與大自然和真實的事物疏離

伊森在紐約布魯克林區長大。他在人行道上玩，騎腳踏車各處逛。如果他沒在晚飯之前回家，他就慘了；除此之外，他可以四處走。他的母親經常為孩子煮義大利麵或做披薩，然後是家庭作業時間。他必須在吃飯之前洗手，總要把所有在街上打手球或籃球沾上的黑色髒東西洗掉。

伊森長大的地方，道路兩旁種了一些樹木，但是他從來都對它們視而不見，它們最多只有觀賞功能；而最差的狀況，是它們有點煩人，因為伊森不時得從這些樹上，把他的風箏弄下來。伊森的媽媽對戶外怕的要命，她認為每個東西都想出來抓她，從街上的狗到電視上看到的熊和狼，大自然是一個危險的地方，她盡全力要保護她的幼子，免於外頭野生怪物的侵擾。他的爸爸太忙了，完全沒空理他們。與其平衡媽媽的自然恐懼症，爸爸乾脆開一瓶啤酒，看電視裡的比賽。如果孩子們的成績不好，他會大吼，但他肯定不是一個模範童軍領袖。

伊森成長的過程中，一直無意識地帶著對大自然與荒野危險的恐懼。在街上玩很酷，但後面的樹林是可怕的。他目前在曼哈頓當一名行銷顧問，會和他的朋友一起喝酒、參加音樂節玩樂。音樂節通常在偏遠的地方舉辦，他不能克服自己對那裡「骯髒」的不適應，露營不是他的選項，但他的朋友和他的新女朋友都很愛。伊森覺得自己像一個很孬的人，他試著要跟上它，享受音樂會，而不去管他們粗野的場地。

他習慣上健身房，喜歡出汗，但他只在家淋浴，因為他不信任那裡的瓷磚地板。他定期使用乾洗手液，並為他的過敏服用藥物。他每天塗防曬乳液，旅行時帶著自己的枕頭。他是在辦公室上廁所時，會在馬桶衛生蓋上墊三層衛生紙的那種人；他也會在餐廳用餐時不得不把筆電包放在地上，然後在用餐後擦拭筆電包底部。

伊森還滿辛苦的，畢竟，每樣東西都會出來抓他。

〈問題〉

我們都遭受著《失去山林的孩子》（*Last Child in the Woods*）的作者理查・洛夫（Richard Louv）所稱的「大自然缺失症」。兩、三個世代之前，我們住得離自然近多了。我們農業的根源是在數千年的狩獵、採集、放牧和漁獵之後。所有這些活動，皆需要與自然環境天生的連結。我們需要了解鳥鳴、讀雲相、知風向、跟隨水流、辨識侵入性昆蟲，並且照顧生病的牛。我們的生存與這些知識緊密相關，我們的祖先藉由掌握這些珍貴的技能，爬上食物鏈的頂端。他們對大自然有著深厚與深刻的尊崇，因為他們理解，維繫生命的營養軸線是來自於它。

我們基因的記憶和血統，使我們都更接近草、樹木、土壤和自然元素。獲得充足的雨是攸關生死的大事。我們保護水，因為有人一大早得步行二英里（約三．六公里）去取水。當我們找到食物，我們歡心鼓舞，謝天謝地。如果它掉在地板上，我們會把它撣一撣，然後吃掉它，食物完全沒有浪費餘地。廢料拿去堆肥，骨頭給了保護我們的土地並幫助我們狩獵的狗；連這些都有目的和去向。

今天，我們許多人住的地方，地球是被鋪過的，我們唯一真正能親近地球的，是在我們稱為公園的「自然動物園」。從社區公園到國家森林，我們封鎖了大自然，試圖保存和保護她遠離我們。我們侵犯她……我們破壞她……我們污染她。我們自己走過花園，然後毀掉它。在短短幾個世代人的時間裡，我們發展了技術和合成化學品，讓自己與自然世界隔絕，脫離了這一條生命線。我們用抗生素滅菌、我們在呼嘯的汽車裡吹冷氣、我們燃燒來自遙遠土地的天然氣，而不是去砍木頭，讓房子暖和。我們的食物在實驗室裡生產，而且是用植物來製造的。

我們以前吃植物。現在我們吃用植物製作的垃圾。

所有這一切都對我們的身體和心理造成傷害。現在我們有像伊森一樣的人在大城市漫步，暢飲使他更渴的花俏飲料，吃著用塑料包裝的餅乾棒。我們打仗來穩固製造塑料的石油；我們與癌症打仗，而癌症是來自我們所吃的，來自那些塑膠裡的假食品。然後我們抱怨疲勞、肥胖、病痛、沮喪，四處尋找名醫或大師來解碼這些問題，而這些解決之道，應該是要向後看。

我們忘記了自己從哪裡來。

我們已經與所有生命和汲取營養的來源斷了聯繫，這使得我們在自我療癒能力，以及與周圍的生命連結方面，造成了一個隔閡。失去身體與食物之間的聯繫，已成為一支凶狠的斧頭，劈裂人性成為一群餓鬼，在人生中巔簸，尋找汽車、皮包、美食、藥丸或伴侶，讓他們感到快樂與完整。

一切都從土壤開始

種子生長的環境，是這個故事開始的地方。數百萬年來，土壤涵養著生命。在這個富含礦物質、營養素、微生物、蟲子和腐爛有機質的環境裡，我們能一窺生命本身的奇蹟。這是某些細菌將無機物質轉化為生命的積木，也就是我們所知的細胞的地方。確實在植物的某些節點上，土壤中的好菌啟動了這個盛會，為我們做好每件事。植物在良好的條件下生長茁壯，我們吃它們，獲取營養。我們可能會食用吃掉這些植物的動物，但基線是一樣的：純淨的有機生命長在純淨的土壤中，在這裡，對人類的好菌和一些真菌能幫助種子在有水和陽光的環境下生長。這是真正的東西。這是我們所來自的本質。

現在呢？這樣說吧，我們因為「透過化學獲得更好生活」的傲慢而瘋了。農民在他們的田裡滾動塑料，泵送溴甲烷[15]進入土壤，殺死十八英寸（約四十五公分）深範圍裡的一切。現在的政策是消滅生命，我們甚至種植也已經快死了的食物。我們吃這些鬼東西，還納悶為什麼我們覺得不舒服。它含有的營養較少，沒有健康的細菌群，當然沒有真正的生命力。

我們失去了家庭農場的智慧，在那裡，動物和植物在同一塊土地上共存。雞會吃的蟲子，山羊會吃雜草。廢棄物是來自動物，而不是石油。死亡的植物將為明年的收穫而堆肥，動物都有名字，如果牠們要被屠宰，也會受到尊重。

15 溴甲烷：一種無色氣體，含劇毒，通常用於殺蟲劑、殺菌劑與穀物燻蒸濟、木材防腐劑等。

死食物餵養死靈魂

非自然生長的食物為我們提供的營養遠遠較少。沒錯，我們可以從它們身上得到卡路里，但那是生命所需的一切嗎？在我們的現代發生了一些事，我們都可以感覺到，卻無法用手指出來。事情不妙了。我們搔抓著頭，想知道為什麼大家都又累又病、不快樂、沒有元氣。同一時間，而我們吃著加工的鬆餅、喝著來自病牛的牛奶、服用解憂藥物、在穿越街道時吸進鉛，還在身上塗抹了一堆用我們叫不出名字的化學品做出來的乳霜。

身體會識別自然

數百萬年來，我們的身體已經演化成對天然化合物非常敏感。我們的身體可以判定敵友，啟動免疫系統攻擊不屬於這個國度的東西。現在，我們有這麼多亂七八糟不屬於我們身體的東西，擠在身體的入境口，身體的邊境巡邏警官忙到焦頭爛額了。我們不斷受到攻擊，我們的身體叛變了。它花了幾百萬年演變成我們現在的樣子，但只在幾代人的時間裡，我們在身體系統加諸了這麼多的壓力，以致於數百萬人完全無法應付世界上全新出現的化學物質。更糟的是，我們最近與我們的天然盟友分道揚鑣了。

微生物組

大自然的神奇在我們身邊隨處可以見證。有一個連續的生命迴路，我們不曾真正見到或知道並予以尊重。它是以與我們共生的友善好菌的形式出現，幫助我們茁壯成長。它確實是「共生」這個詞的詩意基礎，其定義即指「兩種不同的有機體有著密切生理關聯的互動，通常是互利的。」共生是我們與周遭和內部生命和平共處的方法。

如前面提到的，它是從土壤開始。這些好菌幫助植物從土壤中提取礦物質和營養物質，生長後，成為餵養與支持我們的生命。就個人的範疇，許多這些相同的好菌已在我們的身體裡占有一席之地。它們從頭到尾都與我們在一起。事實上，它們早在我們出現之前很久，就已經存在了。我們的發展與演化，是圍繞著一個既存並連接良好的生命轉移系統。

這些細菌在嬰兒出生時，從母親傳給孩子，並在一生中繼續交換領地和訊息，直到它們跟著我們腐爛的身體回到土裡。它們表面上與我們同行，我們與它們的關係是如此地重要，使得這已經成為一個新興的醫學研究分支。結果證明，比起我們自己細胞的ＤＮＡ，這些細菌包含了更多遺傳訊息與密碼。事實上，有人指出，單是在我們的腸道裡，估計就有上千億的細菌細胞，它們的數量確實超過我們。

在我們所稱的我們的身體裡，有比「我們」更多的「不是我們」。

這些蛋白質的細胞編碼幫助我們打擊壞菌、消化某些食物、產生某些關鍵的維生素，但還不止如此。最近對排泄物微生物移植的研究甚至顯示，清除病人的細菌群體，從另一個健康人的腸壁借來新的菌種，大大改善了患者的心理狀態。事實上，各種瘋狂的健康問題開始從這些人身上消失。這項研究打開了世人對這個議題的眼界，有些聰明的人現在以一種截然不同的方式來理解健康。如果殺了這些好菌，是不是會使病情更嚴重？除掉好菌，就是為壞菌、投機的菌群製造空間，讓它們落地生根，伺機肆虐。藉由轟炸我們內部的「土壤」，我們是在趕走好傢伙，失去我們接受打擊的能力。結果，健康似乎更像與大自然的一種**伙伴關係**。

這也是我們進退失據的地方。

抗生素挽救生命，它們當然占有一席之地，但是過去一個世代對抗生素的濫用，已經在我們的腸道中有系統地消滅了好菌和壞菌，創造了一個讓壞菌蓬勃發展的環境。再加上加工食品、大量的糖，以及與健康的土壤疏離，難怪這麼多人為病痛所苦。益生菌現在被用來打擊這種情況，但這項科學真的很新，沒有人真正理解微生物組的複雜性。在身體裡扔進一些酸來吞嗜酸似乎有點幫助，但這肯定不是答案。近來我們獲得的最接近的答案，是回歸自然、停止不智之舉；我們需要回到人類世代以來，正常的模式。

在城市裡，我們只是與自然界隔絕。街道兩旁種了樹，但我們多久看它們一眼？我們有後院，但我們大部分時間都窩在電視機前面。我們殺了蜜蜂，基因改造了作物，以抵抗我們噴灑在地球上的數百萬噸毒物，那些是窒息了我們全賴以為生的生物圈的毒物。

我們的孩子玩中國製的五顏六色塑膠玩具長大。當他們接觸到塵土，我們仔細幫他們消毒，卻沒有意識到，它們有鉛油漆殘留，在每次接觸這些玩具時毒害我們。它們可能比過去孩子們玩的棍子和石頭更危險。我們付錢給那些製造不安全玩具給孩子玩的人，因為我們太忙於家裡的工作，需要把他們關在房裡，讓他們不出來受到傷。

孩子們想往外跑。

我們生活在一個「人與自然對抗」的錯覺，而忘記了我們也是自然。這是伊森出錯的地方。他與地球沒有關係，與地球疏離，對他所生長的環境感到害怕。他生命中所缺少的某樣東西，其實就在他的周圍，但他不讓它進來。為什麼？因為他的媽媽讓他相信，細菌是壞的。

公共衛生與黑死病

確實曾經有一個時期細菌獲得了大勝，但我們需要稍圍解開這一段的歷史。現代醫學喜歡為自己歌功頌德，但這場勝利是屬於公共健康和衛生的領域。

第一次鼠疫大約發生在西元六世紀拜占庭帝國時期，賈斯蒂尼安一世（Justinian I）時；而後來發生在歐洲的是在中世紀晚期（一三四〇～一四〇〇年）。第一次瘟疫估計有二千五百萬到五千萬人喪生，第二次（黑死病）造成了三分之一的人口死亡。這種慘事決不是開玩笑。這種疾病由小型囓齒動物身上的跳蚤傳染，它四處傳染得很快。問題是，它為什麼失控以及如何失控的？人們知道答案。當時人們開始搬遷到遠離自然的環境，住在衛生條件差的城市裡。人們會把糞便從窗戶倒出去，傾倒在城市的街道上，整個城鎮相當噁心。隨著屎尿橫流，老鼠遂大行其道，牠們身上攜帶著人類噁心的糞水中變本加厲的壞蟲。這就是殺死人類的原因。

一旦我們明白水管和乾淨的水能改善問題，情況就好多了。有了更清潔的街道、清掃垃圾和基本的人類衛生，我們克服了黑死病。附帶一件有趣的事是，黑死病在猶太人口的發生率低了許多，因為在他們的宗教傳統中，吃飯前要洗手；衛生習慣再次勝利了。

所以，在這則簡短的故事裡，壞菌在惡劣的環境中會孳生，是的，沒錯，我們需要良好的衛生習慣和藥物來打擊流行病的爆發，但死亡和瘟疫的遺傳記憶，在某些家庭流傳下來，是有點與現實不符的。你剛剛拔起的有機蘿蔔附著的土壤，和帶來瘟疫的污水是不一樣的。我們正處在一個歷史的時刻，我們認真地看我們剛倒掉的洗澡水裡有多少寶貝，想要從中找到一個與地球關係的新平衡。好菌是我們的朋友。它們幫助我們打敗壞傢伙，也幫助我們呈現活力。重新燃起我們與周圍生命網絡的關係，確實是醫學的下一個領域。這是一種看待健康的新方式，以一種新的個人與地球的健康模式，尊重好的微生物在整體人生中的角色。

〈城市修道者的智慧〉

古代的道家聖賢從他們對大自然的敏銳觀察中學習一切。他們跟隨季節的變化、動物的遷徙、藥用植物的性質，以及天空中天氣的模式。他們知道我們是這個被稱作自然的大交響樂的一部分，它有一種「方式」，或者如他們所稱的「道」。

透過自然，對生命印記波動的仔細觀察，給了我們對自身的深刻洞察。畢竟，這是我們來自的地方，這是一個基因記憶與先天智慧駐守的巨大寶藏。萬事萬物都充滿活力的印記，而且生物的能量場蓬勃而美麗。當我們漫步走過一個自然的環境，便沐浴在周遭生命純淨的能量中，再次感覺到我們是生命之網的一部分。一個生命共生的陣列盛開著，我們涵泳其中。我的功夫大師教我們，在大自然中，通常在你所站的一百英尺（約三十三公尺）內，就可以找到一種草本或植物，是可以治療某種讓你痛苦的病灶的。他多次向我們示範證實這一點。

大自然就像是我們身邊的生命百科全書。當人類學家傑洛米．納爾比（Jeremy Narby）想要研究亞馬遜地區藥用智慧的根源，他遇到了一個令他茫然的困境。多年來，研究人員會去找巫師，問他們用什麼來治療某種疾病。巫師會拿出幾片葉子、根、其他植物部位的瘋狂組合，把它們混合起來煮沸。令人驚訝的是，它們真的奏效了。研究人員會帶走這個混合的湯汁，研究與分離活性成分，趕緊去申請專利，賺進幾十億美元，也許會記得說聲感謝。

納爾比注意到的是，每次問巫師，在叢林裡千萬種的植物組合中，他們如何知道該混合哪幾種植物？他們的答案通常是一樣的：「植物告訴我們的。」通常，這時科學家只能搖搖頭離開，回去發叢林財。納爾比具有追根究柢的智慧：「如果我們把這些巫師的陳述當真呢？」他去亞馬遜地區，請他們解釋這種現象，一旦他們感覺到他是真誠的，便繼續向他演示。基本上，他們準備一種名為「艾亞華斯卡」（ayahuasca），治療精神疾病的混合湯，然後進入一種儀式。在這種異靈的狀態，植物的精靈會和他們溝通，把智慧傳下來。身為一位優秀的人類學家，納爾比決定參與其中，看看他們在說什麼。結果不失所望。納爾比在他的旅程中，發現了許多植物和人類之間的非語言交流，並撰寫了一本關於這個主題很棒的書，《宇宙蛇》（*The Cosmic Serpent*）。納爾比假設有一種微妙的語言，是我們的細胞在鍊結與解鍊我們的ＤＮＡ鏈時，所理解的一種語言；而我們的ＤＮＡ鏈連結了我們與其他所有的ＤＮＡ。冥冥之中，有一個通用的

「創造」的語言，透過我們共同的ＤＮＡ，連接我們與所有的生命，而亞馬遜的巫師已經學會了利用「艾亞華斯卡」，與它接通。

這對我的影響很大，因為我的道教師父教我們在樹林裡靜坐，然後使用我們的「神」或靈視與植物溝通，體驗相當類似的經驗。我們學會對著一株植物或一棵樹靜坐冥想，並與其生命力連結。經過一段時間，我開始體驗與植物意識的微妙溝通，並且能夠從中學習。沒有什麼比實際的經驗更深刻。別急著相信我：在本章的後面，我會告訴你如何進行，你可以自己見證。

遵循自然是我們從錯覺中解放的關鍵

與大自然同步能使我們平靜，並向自己展現內在本性。我們越能與之和諧，就越能清淨平和。我們越能把握這一點，就有愈多的自然流過我們的身體，腳步也更輕盈。我們的祖先以小群組打獵，緩慢而輕巧地移動，並學習聆聽風的聲音，嗅聞幾英里外的絲微氣味。警覺才能生存，這全定著在大自然裡。植物呼喚我們吃它，並用它們作為醫藥，動物經常成為人類在運輸、守衛與農業的盟友（在這些種情況下，不總是出於自願）。我們的小部落通常有一個巫師會帶領我們認識植物的智慧，讓我們與經驗的靈性本質產生連結。**感知**充滿了我們的生命——樹木、植物、動物、昆蟲，甚至是岩石。

學習在大自然中靜坐，能幫助我們導入這個潛在的感知。它幫助我們了解，我們在周邊的生命之海中，從來就不孤單。更重要的是，它可以幫助我們連接到所有其他的生命，喚醒我們真實的認同。人們迷失的原因，是因為我們脫離了貫穿自然的生命力軸線，尤其是脫離了與周圍生命的深層精神聯繫。一旦它復位了，就不會有空虛。在本章稍後，我會與你分享一些強大的練習方法，幫助你完成這些。

自然承載著生命力

一位城市修道者與自然是合一的。他明白萬物如何活躍，他與周遭自然的生命力聯繫起來，以吸取能量、靈感和清明。在我們的道教傳統，許多僧人被派進山裡，培養他們的氣。這是什麼意思？這意味著與山連結。這意味著學習遵循自然的語言，並被引領至食物和居所。它意味著讓我們的心猿靜下來，學習諦聽周圍生活的嘈雜聲。從那裡，我們學習到內在的世界，學會移動、收集、集中和精煉體內的精氣能量。我們喚醒體內的星星（或脈輪），並吸入生命力給它們。我們僧人直到發現那股內在的力量才會下山，而且，若對自己在自然界的位置無知，便無法觸摸到它。一旦它定著下來，我們帶著它遊走四方。我們可以身在一個繁忙的城市中間，並像一棵巨大的橡樹一樣定著在地球上。

這對城市修道者是必要的嗎？是的。進入野外，尋找到沉默、平和、健康，以及在大自然裡專注時產生的豐沛能量，是非常重要的，如此，我們可以校準回到我們的本我。我喜歡每三個月閉關一次，至少幾天不帶電話或收發電子郵件。我會背著背包和幾天的糧食，健行進入曠野。偶爾，我甚至會租一間小屋，與家人在樹林裡待上幾天。重點是有一個基地，並在野外過幾天。當你沉浸在大自然中，只要一個快速的重設就可以繼續走一段長路。它幫助我們想起我們的根源與起源，所以當我們回到城市家中，遇到最困頓的時刻，可以有能量的加持。我們將能量的根，伸回到土壤中，並記得要充分吸飽。一旦我們的飢渴被滿足，更容易記住那份平和近在咫尺。

帶自然回家

現代社會對自然界的衝擊，根本上是不平衡和危險的。這並不意味著我們必須放棄我們的城市；目前有一些美妙的行動興起，優雅地為自然的蓬勃留下空間，與我們的建築物和發展共生。城市園藝、屋頂花園、室內植物、樹屋和有機建築，都是美觀的絕妙行動。與自然同行是直率的方式，而且多處可見，如城市規畫、太陽能電板、空氣植物、綠牆、後院花園、電磁屏蔽室、空氣淨化室、能吸收揮發性有機物（VOC）的植物等等。這是下一個範疇。出門走進大自然很棒，也是我們強烈推薦的，但把它帶回城市，從根本上改變我們的星球。

一個城市修道者把大自然帶回家。

她將自己圍繞在自然與純潔之中，而且把周遭的生命規畫到她的生活環境裡。從居家植物到蔬菜園，我們可以擁有一個身處自然的美妙共存文化。與其將自己與大自然隔離，我們可以榮耀她，四處帶著她。這當然不會剝奪能保護動物自由移動的大片土地，但它絕對有助於平衡我們的現代生活。

記住，一位城市修道者站在權力與力量的位置吸納能量。如果人們脫離了大地，他們很容易權衡得失。沒有根，沒有家，沒有生存技能，會淪為奴隸，他們只會為了錢做你交待的事。看看你的周圍。他們無處不在：工資奴隸，他們的工作很悲慘，但他們承擔不起離開的代價。他們已經放棄了夢想和願望，像當兵一樣被困在別人的視線裡。這直接導因於他們的力量以及與自然的聯繫，被連根拔起。他們餓了，但認不出長自土壤的天然食物和藥物。我們的工作是喚醒他們。首先，我們照顧好自己，並點燃自身的能量流，然後，我們可以藉著身先士卒，建立典範，幫助朋友和家人。我們從來沒有離開花園；我們只是被下了蠱，忘記如何在我們生成的環境中生活。事實上，根據巫醫博士艾伯托・維洛多（Alberto Villoldo）的說法，我們西方人的文化，是唯一將自己視作在花園之外的文化，被驅逐、被流放到懲罰與內疚的人生。所有其他本土的傳統認為自己與大自然共存，沒有這種「驅逐創傷」建置於他們的論述裡。這有可能導致我們撕裂地球，把她當作我們凌駕其上的物體。現在是我們切斷那個胡言亂語，回到真實的時候。那種文化模型正在殺死地球，我們可以選擇更好的方式。

個人心旅

當我還是僧人時，我們做了相當多的功夫訓練，增強我們對能量場域的感知。這有助於我們預測某人的意圖，以及他們攻擊的可能，這在混戰中超級有用。我開始將這個帶往下一個階段，花了許多時間在夜間學習看植物散發能量。一旦我的眼睛習慣黑暗，我開始走路，在自然的環境中感覺方向。經過練習，我能在沒有任何光源的新月期間，在夜間越野跑步，這需要細緻的注意力和完全地專注於當下，因為任何的顛簸都可能弄斷我的門牙。這很厲害，我走出那座山時，總是感覺元氣滿滿。

〈東方修行法〉

向下扎根

連接地球能量，並實際利用它的最強大的方式之一，是做「樹式」(Tree)的氣功。它的目的是要將我們的能量場域與我們腳下的地球連接上，讓我們隨時從這個豐富的源頭吸納能量。而且最棒的是，一旦你熟悉它，就可以在任何時間、任何地點來做。沒有人知道你在練氣功，但正從無限啜飲並定著你的力量。以下是練習的方法：

- 雙腳與肩同寬站好。
- 將舌頭頂到你的上顎。
- 輕輕地用你的鼻子呼吸，將氣吸進你的下丹田(肚臍下三個手指處)。
- 下一次吐氣時，想像從你的腳下有二到三英尺(約六十到九十公分)的根，向地底延展。
- 在下一次吸氣時，想像白色的光從地球上升通過你的雙腿，進入你的軀幹、手臂，一直到你的頭頂。
- 在下一次吐氣時，想像你的根又向地底延展了兩到三英尺。

- 吸氣，然後重複，從根部吸取能量，直到你的頭頂部。
- 維持這個動作進行幾次呼吸，直到你能想像你的根終於接觸到地球的核心。
- 這時，放鬆下來，在吸氣時吸入根的能量，在吐氣時只要感覺地球的核心。
- 這顯然不需要按比例，否則每次呼吸加深兩到三英尺，你可能需要好幾個星期才能達到地心。呼吸幾次，在四到五分鐘之內，即可想像你的根碰到了地心。
- 準備結束時，只需將呼吸回到你的下丹田，然後回到一天的作息；沒有必要斷開與大地的連接。事實上，你這樣做的次數越多，你的連接會更好，你將更能在日常生活中有著根的感覺。

在大自然中靜走

這是一個很有力量的練習，是我從身為一位追蹤者，以及從美國原住民智慧和我的道教師父那裡學習到的。基本上，即是走進一個自然的環境，開始練習「空步」。由於種種原因，我們變成了巨大且笨拙的動物。第一個原因是，我們吃太多了，在軀幹上攜帶了太多的重量。另一個原因是我們太常以不自然的姿勢坐著，臀部不再正常工作，而使得我們的腳步笨拙。第三，是我們隔緣於自然與生存，以致於對自己的足跡渾然不覺。從一個人的足跡，你可以判斷很多事，任何一位好的追蹤者都可以看出這一點。這是我們遺傳智慧的一部分，許多人的已經遺失了，但不包括城市修道者。

在這個練習中，走出去，開始用很慢的、有條不紊的速度走路。你抬起一邊的膝蓋時吸氣，然後，當你的腳落地，從腳跟滑到腳趾時吐氣。然後另一邊的腳重複一樣的動作。開始時的目標是減緩你的步態，以及培養步伐的平衡。你不應該聽到你的腳步聲。

起先，你會感到搖搖晃晃，而且不協調，這是辦公椅的反應。一旦你的臀部再次開始正確的運作，你會獲得核心肌肉的力量，當你走路時，能幫助你從丹田拉挺。這個練習能再次連結你的腿到核心肌肉和呼吸。當你走得越來越順，可以改在不同的地點和不同的地表走。一旦你可以在乾燥的秋葉上走，而聽不到自己的聲音，你會知道你成功了。看看這會像什麼樣子，請上網看theurbanmonk.com/ch7/naturewalk的影片。一旦你磨練好這項技巧，應用相同的時間膨脹與清靜的心，觀察周圍的自然模式。慢下步伐有利我們向大地之母學習，她是最偉大的老師。

溪流靜坐

這是我當道教僧人時最喜歡的消遣之一，至今仍然是我所知道的地球醫學中，最強大的形式之一。多年來，我會固定做這項修行，比起大多數我在書裡閱讀到的東西，它對我理智和個人成長的啟發更多。

走進大自然，找到一條你可以坐在旁邊數個小時的河流或流動的溪水。確認你保有一些隱私，讓你可以放鬆修行。通常，我會進到山林野地，花一整天在一個方圓數百里不見人影，遺世獨立的地方做這項修行。如果你有這樣的好運，把握它。如果沒有，找到一些目前可用的方法。

- 坐在離水幾公尺遠的地方，採自在舒適的姿勢。你會在那裡待上一段時間。如果不是在一個沒有溪水暴漲風險的地區，我會考慮在溪水中間找一塊岩石，面朝上游，讓水流整天朝你而來，清洗你的能量場域，沖掉陷在你的場域裡的不良能量層。
- 找個位子坐下來，伸手可以拿到一件毛衣或夾克，這樣你可以一段時間不需要去其他地方。飲水應該在旁邊。基本上，準備在那裡待上幾個小時。
- 慢慢地從鼻子呼吸，直到你的下丹田。花幾分鐘時間，放慢呼吸，並安頓下來。
- 現在，聽著流水的聲音，開始隨著它呼吸。讓水聲洗掉所有的雜念。將你的呼吸留駐在此，好好的花二十到三分鐘鎖定這個狀態。
- 隨著水流過，輕輕地吸氣和吐氣。
- 你會發現許多念頭彈出來。這是正常的。只要接受它們，並讓流水將它們沖走。每次發覺自己陷入某個思想鏈的漩渦，只要呼吸，回去聆聽流水。將這些想法釋放到水中，看它是否漂走。最後，你會抓到訣竅，隨著水聲滲透你的存在，噪音將開始減少。

這將需要一些練習，所以你要有耐心。我的原則是，直到我感覺到受過洗滌，只聽得見水流，我才會起身。你到達這個境界時你會知道，因為會有一刻，你感覺自己不見了，只剩下潺潺溪水。這是一件好事。在這項修行中，可以學到很多關於我們究竟是誰的寶貴課程。讓大自然幫助我們導入永恆流的狀態，是一帖良藥。有些學生在他們的自我回神時，愴徨失措，覺得他們在河裡翻滾而下，但那是正常的。一旦我們放掉作為我們假裝的那個人的堅持，我們可以在發現真我中找到樂趣。我經常做這個練習，有許多奇妙的經驗，當下許多野生動物甚至不再注意到我。這時你知道你成功了，流水已經沖走你所有的「瘋狂」，你已經完全與自然環境融合了。

與植物精靈溝通

正如先前所承諾的，這裡是與植物溝通的做法。這不是莽莽撞撞地到山野中，然後要求植物跟你說話，雖然我是「艾亞華斯卡」療癒價值的粉絲，我覺得它近來被濫用到可怕的程度，而且被沒有為這段旅程做好準備的人誤解。話雖如此，在真正的巫師指導下，這是偉大的醫學。

以下即為做法：

- 坐在一個自然的環境，沒有分心的事物，並帶著一本能幫助你識別當地藥用植物的書或應用程式。過去，你得問一位巫師或用神農嘗百草的方式。現在，我們可以問谷歌大神。
- 選一株你覺得親切的植物，坐或站在它的對面。開始呼吸到你的下丹田數次，並將你的目光溫柔地，但略微不聚焦地放在葉子、樹幹或整株植物上。開始將你的呼吸與這株植物同步，並與它連結。你可以使用你的第三隻眼，或者你的心來完成。你會很快發現，每一棵植物（或其他的生命形式）有其獨特的個性，所以輕輕地接近它，並恭敬地自我介紹。陳述你的意圖，詢問是否你能從中學習。大多數的植物都是非常樂意幫忙，而且善良。用非言語的對話開始（我知道這聽起來可能瘋狂了一點，但只要隨遇而安）看看會有什麼結果。詢問它是否有任何醫藥的力量可以分享，以及它可以用來做什麼。
- 不要直接摘取有生命的葉子；野外採集的守則一是，摘取之前要先請求許可。
- 你可能會聽到什麼，也可能不會。這可能需要一段時間。如果你成功了，要感謝這株植物，然後翻你的書，或用谷歌，或者任何你想到的方法來驗證它。如果你是用手機，找到答案後，就把它關起來。

不要學神農嘗百草，因為有些植物可能有毒。一旦你與植物溝通的直覺和實力建立起來，並且得到驗證，樂趣就開始了。只要你領悟到身邊隨時都有著生命與智慧的交響樂，你便永遠不再孤單。

〈現代破解法〉

學習原始技能

城市修道者可以擁有的最有價值的技能之一，是學習如何在大自然中生存。這是幾千年來，賜予我們這個物種的天賦，而且在我看來，少了這種知識，是今日這麼多人迷失的原因。是什麼樣的愚蠢動物會忘記如何在其發展的環境中生存？就是人類。

荒野生存訓練是有趣而且非常有益的。我們生存所需的核心之必要，正如我的好朋友生存專家克里夫・哈吉斯（Cliff Hodges）所教導的：學會升火、學會取得乾淨的水、學習獲得食物、學會建造蔽護所。一旦你具備這四項能力，你就可以活下去了。這些是你的需要，所有其他的都變成了「想要」。這是很有力量的一課，因為大多數人受苦，是因為我們社會中的「想要」。保持真誠，學習回到我們的根，學習重新校準我們的「壓力水桶」，並停止為那些無聊的東西煩心。

當我們學習如何在野外獨立求生，一股無限的舒適與自在感便油然而生。這就像搬走了一個巨大的存在苦惱負擔，在現代社會中，我們帶著它，但無法言說。城市修道者學習這些技能，知道他們可以自己處理。關於這個主題的課程，全世界都有。學習如何用摩擦升火是至關重要的，網路上一些短片可以告訴你怎麼做。然而，自己動手做又是另一回事，所以你必須練習，自己完成。一旦成功了，那麼，你就具備了沒有人可以從你身上帶走的東西：一種生活技能。

志工服務

要走出去，並且與大自然連接的一種很好的方式，是和一個目標結盟，而且最好是它在你居住的地區已經有活動了。山巒協會（Sierra Club）[16]就是許多舉辦這類型活動的組織之一。州立公園與國家公園隨時都需要志工。去到那裡是很有力量的，與志同道合的人一起服務世界，真的是一件美好的事。你會交到朋友，做一個改變，並且多一個幫助你在野外更放心的備案。一段時間後，這將無法比上你在大自然獨處的時間，所以，先以它作為進入野外的導引，然後從

16 山巒協會：由美國自然環境護前輩約翰．繆爾（John Muir, 1838～1914）於1892年在舊金山成立，是美國歷史最悠久、規模最大的草根環境組織。

那裡開始，發展你在大自然中的時間。許多這些組織會培訓寶貴的技能，並讓你聯繫上相關的資源。

野外健行

這是我最喜歡做的事之一，而且，這在每個我推薦這項活動的人身上，都展現了驚人的療效，即使他們當時並沒有感覺。走出野外，靠一個背包生活，是原始且單純的。這是我們以前過日子的方式，而且它順利應用我們對此的遺傳記憶。背包健行讓我們認真思考什麼「東西」是我們實際需要的，什麼是多餘的。為什麼？因為你必須背這堆東西。走幾公里後，你會認真地開始想，那個背包裡究竟裝了什麼鬼東西。經驗豐富的背包客旅行時極盡輕便，他們與我們之前提及的生存法則同步。我們需要食物、火、水和避護所，就只是這樣。回到野外讓我們得以自由漫遊，每晚選擇把哪裡當成家。它給了我們自由，知道「家」隨時都與我們同在，我們真的沒有什麼地方需要趕著回去。我們很好，我們擁有所有該有的「東西」，可以放鬆享受這片湖泊、溪流或草地。

出門呼吸新鮮的空氣，可以燒掉一些脂肪，得到一些陽光，並以有意義的方式重新連接自然。帶著朋友、家人、狗和一本好書出門，是一種美妙而且不花錢的休閒形式。記得保留一些個人安靜的時間，而且和它說些悄悄話，不要白費你拜訪純淨自然的機會。

在地的公園

如果你是住在城市的環境中，你有機會在離家幾公里之內，找到一些公園或綠化帶。這不太算我們一直在談論的荒野，但你應該把握任何機會，從那裡培養。我每天去我們當地的公園遛狗，也有一些時間與牠們在草地上奔跑。這裡不是優勝美地，但我把握這個機會，這就像是在較長的旅行之間，打在手臂上一個迷你的自然針，但剛好足夠定著氣，與一些樹木和草本連結。

自然是強大的。想想那些從混凝土人行道裂縫冒出，極力求生的綠芽。這就是自然的能量，駐留在我們所有人心中。在你住的區域找到一個地方，運用它，頻繁造訪這個地方。也許帶一條毯子和一本書，或者帶著孩子。這個故事的啟示是：自然是免費的，自然是健康的，自然是你來自的地方。快去找一個公園。

居家植物和家庭花園

把自然帶回家，是我們與生命重新連結的關鍵材料。當然，進入野外很棒，但讓我們面對現實：我們在城裡都有工作和鳥事要處理。室內植物是驚人的。它們有助建立氛圍，平靜人心，而且，它們之中有許多可作為空氣中揮發性有機化合物的碳吸儲庫。它們也提醒我們生命的基本要素：水、好的土壤以及陽光。

如前所述，家庭花園也是可行之路。草坪只會浪費水。園圃能給我們食物，幫助我們與之聯繫。園藝工作讓我們能定期與自然溝通，記住生命中重要的事，亦即生命本身的要素。

益生菌和益生源飲食

在健康的人類腸道中發現的好菌複雜混合物，是我們剛開始理解的領域，但有一點是肯定的：攝取大量的健康益生源（prebiotic，或名「益菌生」）食物，有助於創造適合好菌生長的環境；而攝取大量的發酵（未經高溫消毒）的食物，有助於建立和維持這些菌落。益生源食物含有不好消化的纖維，因此它們能製造好菌通過我們身體時，蓬勃生長的環境。基本上，我們所吃的食物不全是為我們而吃。像菊苣根的纖維在我們的胃或小腸中無法分解得很好。這意謂它們會到達大腸，準備好餵養存在那裡的好菌。我們餵它們，它們照顧我們。纖維有助於清潔我們的腸子，也餵養我們的細菌朋友。

以下是良好的益生源食物名單：

原始菊苣根：重量的六十四・六%為益生源纖維
生洋薊：重量的三十一・五%為益生源
生蒲公英嫩葉：重量的二十四・三%為益生源纖維
生蒜：重量的十七・五%為益生源
生韭蔥：重量的十一・七%為益生源纖維
生洋蔥：重量的八・六%為益生源纖維
熟洋蔥：重量的五%為益生源纖維
生蘆筍：重量的五%益生源纖維
原麥麩：重量的五%為益生源纖維
烤過的小麥粉：重量的四・八%為益生源纖維
生香蕉：重量的一%為益生源元纖維

以下為好菌（益生菌）量高的食物名單：

豆豉、克非爾[17]、味噌、紅茶菌[18]、德國酸菜、泡菜、優格

每天吃一大匙這些益生菌食物，將能降低壞菌過度生長的傷害。將益生源食物納入你的食譜裡，你便獲得了贏的配方。確保你在每次服用完抗生素後，大量攝取這些食物，以復原你的菌落，但若每天攝取一點，也有助補充那些因為傳統肉品中所含的微量抗生素造成的好菌死亡。

〈伊森的行動計畫〉

伊森和上一章的安一樣，也是剖腹產。他母親的醫生說服她剖腹產，因為那會輕鬆許多，而且在當時是一種流行。伊森和媽媽從他生命的第一天開始吃抗生素，他也從來沒有健康好菌的數量來展開他的生命旅程。有媽媽傳授自然的恐懼，也無事無補。

我們花了一些時間調整他的飲食，以獲取一些不溶性纖維、益生源，以及好的發酵食品。他喜歡德國酸菜，所以我激起他對一個資源的興趣，他可以從那裡學會自己做酸菜。他樂在其

中，而為自己準備「藥」的儀式，對伊森是一記好球。他加入了一個當地的健行俱樂部，並開始出去野外。他發現自己擅長攀岩，所以我們鼓勵他繼續。花了大約一年左右，他才真正開始對在外帳篷露營感到自在，但恐懼已經逐漸減少。遠離令人洩氣的人是有用的。他的新朋友幫助他捱過難關，在生命中繼續前進。在一整天的攀爬後，他們坐在營火旁，一起享受夜晚。

我送他去野外求生營，改變了他的人生。他真的有了收穫，明白自己對這麼多事物的恐懼。當他第一次成功升火時，彷彿是一次宗教經驗，一個成年禮。那位擔心害怕的小男孩現在是一位自給自足的年輕人了。

他成長的過程中，每次在布魯克林的街道上玩耍後，得不斷洗掉他髒手上的「黑色東西」。現在，他爬山時用他滿是塵土的手吃果仁混合包，他不會大驚小怪了。當他在城市裡的時候，攀岩場取代了舉重，到了週末，他便盡可能上山遊玩。從曼哈頓要接近山林很難，但他有時間去中央公園，並開始在一些當地河流划單人艇。

現在他參加音樂會時更享受了，但他開始更喜歡在樹林裡的一些安靜時間。其實伊森已經培養了很好的靜坐練習，確實幫助他冷靜下來。當一隻蟲子爬到他腿上時，他還是會跳起來；

---

17 克非爾：Kefir，又名牛奶酒，是一種源於高加索地區的發酵牛奶飲品。

18 紅茶菌：Kombucha，又名紅茶菇，因普遍在加糖的紅茶中培養而得名。紅茶菌飲料微酸，和優格一樣是一種活菌飲品。

但他學會了微笑和重回沉默；本能需要一段時間才會逆轉，但那些電荷已經消失了。伊森現在更加輕鬆，真的在自然裡找到了一個家。

第八章
在人群中仍感覺孤獨

馬克完全不知道他的人生為何會淪落至此。他高中時代有一些朋友，與人相處融洽。這些年來，他有過幾位女朋友，和她們也處得不錯。有一度就要去買戒指了，但情況改變，結果功虧一簣。她是個好女孩，但因為一些家庭因素而壞了這段姻緣。

他是一個私人教練，很照顧他的外表。他的客戶喜歡他，他的體格也很好。他通勤超過一個小時去健身房，然後投入漫長、難熬的工作。其實，他大部分時間都站在學員周圍，數數喊口令，但不知何故，他的客戶就是有這個需要。他的客戶不知道的是，他會在休息時間偷溜出去抽菸。他們也不知道，他每天下班後，開車回家、喝一打啤酒、看電視到午夜。週末時，可以的話，馬克會拜訪親友，但他不工作時，大部分時間都坐在電視機前面，孤伶伶地喝酒。

他不太確定他的日子怎麼變成這樣的。幾個令人失望的社交挫折可能是開端，他最後一次分手，讓他質疑這整齣爛戲。他不時會向客戶說出「人們都很討厭」和「所有的好女孩都已被訂走了」這類的評語，他們總是笑笑。客戶端不知道的是，馬克現在認為這是真的。或者，他可能需要相信，因為其他的解釋太難以接受──他已陷入憂鬱和社會孤立，他現在是一個酒鬼，他的社交恐懼症正在踐踏他的人生。

畢竟，為什麼一個英俊帥氣、身材健美、容易親近的傢伙會鎖住自己，浪費自己生命的黃金歲月看無聊至極的電視？答案在我們四周。馬克不是孤獨的，這就是當中的吊詭。數百萬人在孤單時並不孤單。

〈問題〉

許多人儘管被數百萬人包圍，仍感覺完全孤獨與孤立地活在我們的世界。像馬克一樣，他們在白天時盡可能地容忍他人，只為了退居回到電視機前的孤獨生活，或者花費無數小時在線上逃避工作。我們還在尋找連結（connection），但不知何故，這個字在寬頻數據上的使用名不符實。更快的網際網路並未解決這個連結的問題。

你可以有一千個臉書朋友，但卻沒有一個可以讓你打電話聊今天發生的事。你可能在家鄉有一大群老朋友的人脈，但他們都不知道你有多鬱悶和悲慘。彼此的對話都是表面而且空洞的。在一起的時間圍繞在體育賽事、生日和婚禮上。數百萬人瘋運動，把他們的激情投入他們表面上認同的隊伍起起落落的戰績。

參加運動呢？

我們的文化已經成為非參與者的文化：我們看著別人進行運動比賽，而我們只顧著吃薯條、喝啤酒，跟著比賽結果興奮或沮喪。我們有喜愛的隊伍和球員，我們的心情取決於他們表現的起伏。我們穿他們的運動衫、追蹤他們的生活，往往比關心自己的孩子還多。我們觀看約會和旅行節目，而不身歷其境，我們玩各種不同情境的應用程式，而不用心觀照自己的人生。

也有數百萬人，在他們的已婚生活中感覺完全地孤單與孤獨。你可能有個丈夫和三個孩子，但卻在這種生活裡凋萎。你早婚，然後你用數學草草算一下：讓我們生幾個小嬰兒，然後一起展開新生活。隨著時間的拉長，苦頭愈來愈苦。孩子不讓你睡，你失去了個人時間。你的配偶一回家就看體育節目，而你想談論設計、哲學或孩子的教養，或者也許妳只是想做愛，而他完全在狀況外。也許你已經厭煩到不想問了。整個行業出版愛情小說來滿足這個需要，但是同樣地，看書和體驗是不一樣的。

有些人對於生命引領他們抵達的境地感到羞愧。他們的夢想和未來的願景並未成真，他們卡在某一種工作，從事低下的工作，感覺若有所失。他們覺得到了這個時候，應該已經達成人生某個目標，但卻活在沮喪的狀態之中，悔恨他們所做的一系列錯誤決定，懊惱他們所經歷的失敗。他們通常最後合理化解釋自己怎麼會淪落至此。也許要怪夫妻其中一人。也許是某種疾病的襲擊，使這些計畫脫軌。可能是好時光持續得太久，或者是藥物和酒精導致了朦朧的十年，把他們從生命的流動中拉走。這些很有趣，直到它變了樣。

這個問題的一大部分在於自我形象。我們有一個錯誤的我們「應該」是怎樣的感覺：我們應該看起來怎麼樣、我們應該怎麼穿衣服、我們應該做什麼，我們應該如何找樂趣。許多人對於他們身上額外多帶的五十磅（約二十三公斤）肥肉感到內疚。電視說我們必須看起來要有某種型、穿某種衣服，要跟上所有「酷」的事情，但現實是，不可能讓每個人都適合那個模子。這就是為什麼這麼多好萊塢明星和名模會陷入藥物問題。這全是狗屁，但大多數的文明世界渴望自己看起來像電視上看到的光鮮外表一樣。當人們面臨踏出去外面的世界時，他們感到自己又醜又老、皮膚乾癟以及心中忐忑。面貌姣好的人會評論妳，直到她們自己的皺紋也開始顯露出來。然後她們付錢給醫生來維持她們的門面，讓她們可以繼續假裝比我們其他人更美。

我不知道去或不去購物商場，哪一個比較令人沮喪？當我們去到那裡，似乎整個公共空間都充滿了瘋狂而且奇怪的人，與我們沒有一個共同點。那裡永遠找不到停車位，而且，光是要等一個人拿走你的錢，好讓你把東西帶回家，就可能讓你火冒三丈。改用線上購物，與人更加隔絕。待在家裡從來沒有比這個時代更容易。但UPS的送貨員不算你的朋友。他其實很急著讓你簽名，讓他可以繼續他的路線，好回家趕上遊戲。

今天，社交圈破了。

幾千年前，當人類還是獵人和採集者時，我們以小隊人馬一起行動，沒有時間或耐心留給孤獨。某個人會來吆喝你，拉你進入他們的圈子。如今想透過國家民族主義、宗教、團隊忠誠或學校精神把我們連結起來的嘗試，往往徒勞無功，數百萬人落了隊，越來越寂寞與孤單。我們對於歸屬的需要，來自於我們早期大腦的迴路，使我們與其他哺乳動物有連結。當我們爬上進化的梯子，從只處理生存和基本需要的「爬行動物」的腦，進入「動物」的腦，這時，社會秩序和歸屬就變得很重要。我們需要知道自己在群體中的位置。我們需要知道自己在啄食順序中，排在第幾個。不幸的是，媒體把我們排在相當低的位置。從熠人的饒舌歌星到億萬富翁豪宅之旅，我們每天都被告知分數。**這些**人很重要，你真的是小咖。你唯一能做的，是去買已經印上他們名字的便宜貨，然後當一名粉絲。他們是星星，你不是。這個產業已經從天上摘下了星星，並把他們種在好萊塢大道上：這些就是我們得好好跟隨的大咖。

媒體告訴我們，這個世界是危險的，我們需要警察的保護。死亡和破壞似乎也得到更好的新聞評級。我們受到極度驚嚇，得把大門鎖緊，只有在送披薩的先生或聯邦快遞小姐送來我們最新從 Amazon Prime 訂來的包裹時，才會把門打開。

我們對性的驅力，迫使我們走出門去見人，但問題是，沒有人教我們如何真誠地溝通。網路約會有點幫助，但最後，我們需要與另一個人面對面坐著對話，好尷尬。新的應用程式和約會網站，使約會成為一個性愛的吃餃子老虎機，我們可以為生理需求互相利用，然後很快地回到社交隔離狀態。

我們年紀越大，越挑剔，越固執，似乎也越難滿足某人。我們愈來愈難相處，但卻渴望連結。我們讓自己很忙，但嚮往連結。我們希望被觸摸、被傾聽、被理解與被愛。我們孤獨，卻找不出辦法。毒品、酒精、色情、電玩、電視連續劇以及社交媒體，都是能分散我們注意力的娛樂消遣。他們披上一層噪音，讓我們從現實中分散注意力；事實的真相太痛苦，不忍卒睹。

我們與我們永恆的本性疏離了，因此害怕這個真相，我們所有的問題會愈來愈沉重，隨著時間流逝，情況會變得更糟。

〈城市修道者的智慧〉

真相是，我們每一個人都註定是一顆星球。在這句話裡，我不是指好萊塢或紐約華盛頓特區賦予的社會勢力地位，而是真正這個字本身的意義。我們可以如何踏上註定的道路，活出夢想的生命？我們如何利用我們的目標和個人野心，與這個星球的美好未來同盟？我們如何能夠接通內心的智慧，並體驗自我實現？魔法的本質是點燃我們內在的心靈核心，點燃自我們所屬的源頭，永恆流洩出來的光。據說耶穌是神的兒子。好吧，在赫爾墨斯智慧裡，他是歸屬稱為「提法瑞斯」(Tiphareth)的第六個天界(Sephiroth)，意旨太陽的中央。在真正的意義上，他被認為是上帝的「太陽」，因為他點燃了他的光體，展現祂可以「自己發光」(a Light Unto Himself)。現在不論你是否相信耶穌，這則故事教導我們一件重要的事。從我的道教譜系、西藏人、印加和馬雅巫師、西方傳統，都有這麼一個有智慧的活生生的人教導我們，如何激活我們的光體，利用「永恆的善良意志」的能量。描繪在大師頭部背後的暈光，這是為了闡明當我們甦醒活過來時，發生了什麼事。這是人們實際看到聖人的圖像，也是修行者透過靈性的修練，可以期望達到的。

世界上大眾化的宗教真的限制了我們到達這種智慧的通道，因為他們已經把它淡化了，把人性從真理偏離了。他們努力地利用我們「動物腦」對歸屬的需要，使得宗教更偏向成一個社群，而非個人的靈性成長。他們已經不講神祕主義，把它淡化到人們大批離開的程度。為什麼？因為人們感覺到它是多麼空洞、商業化與做作。在約會網站上，對於「宗教」的第一偏好選項是「靈性的，但不是宗教性的」。人們已經凌越它，但仍然需要某種東西來運用。人們感覺到與生命和光的聯繫，是超越國王、殺人兄弟這些《聖經》裡的老故事。然而，這些故事聯繫了我們的社會幾千年，我們需要一個新的倫理規範，一個新的、能支持一個不斷變動的世界的論述。

回到我們的根

我們朝個人化的驅力，已經使我們走上了一條未經檢驗的成長與前進道路，這也突然架空了家庭給予的支持。歷史上，我們來自強而有力的家庭傳統；我們的祖先在小部落成長，有延伸家庭的支持和照顧。他們住在一個共生的網，共同防敵、覓食、狩獵與相互來往。現代西方世界已經見到了堅固的家庭單位的崩解。

在新世界，最早期的殖民者具有非常熱烈與極端的宗教觀點，驅使他們遠離原本的社會架構。他們丟下了一切，重新開始，並且擁有了實踐他們的信念的自由。這幫助他們脫離家鄉政權的壓迫，也助長了他們正當化屠殺在這裡遇見的原住民的行為、甚至燒死幾十個被指控施行巫術的女人。他們在一個粗糙的新世界裡，有個人利益快速擴張的空間。所以，如果家裡的小店開在德拉瓦州會怎麼樣呢？我聽說在西部有很大片的土地和各種機會，所以讓我們去闖一闖吧！如此一來，家庭的凝聚便完蛋了。

是的，家庭有負擔和紛爭，但也有支持、自在、共享的資源和關心你的人。西方家庭的分裂是社會結構的撕裂。現在，孩子們迫不及待在十八歲時趕快搬出門，但他們得很努力才能糊口。與其得到家人的支持，獲得更好的教育、了解世界、分擔支出、合作煮食，他們被迫去伺候別人用餐，另外再兼兩項工作，以獲得他們的「自由」。這完全沒有留下多餘的時間或空間給自我成長，而且，也創造了一個到處是孤立的人生活在小小公寓的社會，他們全在納悶，為什麼美國夢沒有為他們鋪陳展開。如果你看看移民家庭，他們許多人住在同一個屋簷下，一起努力工作，要在西方獲取「成功」。這幾乎發生在每個抵達新世界的其他的舊世界民族，如義大利人、愛爾蘭人、墨西哥人、印度人和中國人。他們努力工作、讓孩子上大學，為自己建立一個未來。幾個世代後，當孩子緊咬住錯誤的「夢想」，把自由和債奴混淆了，孤獨就來了。

平衡的家庭生活

城市修道者在一波未平一波又起的家庭紛爭與自我隔絕的文化之間，找到平衡；這個平衡圍繞著**心靈修行**。如果我們可以一起成長呢？把家庭當花園一樣照顧如何？有很多種方法我們可以破解我們的環境，加入可以與我們的親人一起從事的健康活動。散步、騎自行車、玩桌遊、聽有聲書或一起煮食，都是和家人相處，同時對自己有益處的活動。

如果你與親人住得遠，你可以在室內工作時，一邊使用Skype或Facetime，與家人實質地聚在一起。重點是要彼此在一起，並且知道，不需要用無關痛癢的閒聊來填補靜默。如果你有話要說，那就說吧。如果沒有，就享受在一起的時刻，無條件地默默陪伴。這是一個已失去的藝術，你可以把它找回來。如果你的家人很棘手，盡你可能的療傷，並尋找一個你可以連結更深層關係的新「家庭」。我們內心深處需要這種連結，缺少了它會導致生命的焦慮和空虛。把它拿回來吧！

當我們與他人深層地連結，我們就完整了。

我們可以陪伴家人和朋友，同時又活在當下。我們可以從無限當中啜飲，而不會一直感到口渴。平衡家庭生活的相依性，要從學習自源頭得到我們所需開始，而不是怨恨別人無法給我們他們無法提供的東西。他們有他們自己的麻煩，我們的工作是相互支持，而不是責難親人阻擋了我們的夢想之路。

僧侶實踐社會隔離，乃因為他們需要時間來思考真相，培養他們的內在力量。當他們下山來，總是笑容滿面，通常很平易近人。他們花了很多時間照顧自己，得到**圓滿**。這讓他們得以愛人與關懷他人。為什麼？因為他們花時間挖掘自己的深處。他們直視不舒服的部分，並對獨處感到自在。畢竟，關於我們自己，是什麼使我們不想與之單獨相處？**那**就是美好所在。那是一個城市修道者挖掘心靈黃金，並得到真正寶藏的地方。

身為戶主，把握你能找出的時間。在星期六撥出幾個小時是一個很好的開始。如果你們有孩子需要照顧，就和你的配偶輪流互相支援，讓你可以注滿你的能量槽，變得完整。當訊息正確傳達時，我們可以互相支持對方在生命中的追尋。

諷刺的是，每一刻都是一個善用無限、從中啜飲的機會。我們所看到的死寂的時間、孤獨和社會隔絕，其實是一個不可思議的禮物。它意味著我們確實擁有時間來進行個人的修行，挖掘好東西。單是這種視角的轉變，將永遠改變你的生命。

殺時間就是殺自己

時間是我們最大的禮物，如果你發現自己一直想用讓你分心的事物來填滿它，那麼，好消息是你應該相當富有。就在你面前，你唯一需要停下來思考的東西，就是你是誰。與其消化電視或網路上感動度低的內容，你可以閱讀、聽有聲節目、看有意義的東西、個人成長、培養你的氣。

每一刻都是一個覺醒與接通花蜜的機會。如果你感到寂寞與孤獨，那麼你必須知道，解決方案是一個內心的遊戲。不要用無意義的事情或陪其他人浪費時間，來填滿沉默或空虛。用自己把它填滿。呼吸進入這一刻，檢查你的感覺。感覺你的生命力經由你而振動，察覺它在哪裡卡住。這是你的工作。在另一方面，你會感知到時間確實是多麼大的禮物，你永遠不會再浪費一分鐘。

在它之中成長。

當你這樣做，你會發現，對的人會被吸引過來。你會沿著你的路看到線索顯露出來，導引你到美好的地方。機會因而出現，帶你往光明人生的方向移動。第一站總是找到自我，並問一個關鍵的問題：「我是誰？」

這從來沒有標準答案，只會有更多的疑問。一旦你習慣了這個概念，你會意識到，生命本身就是一個巨大的謎，我們在這裡學習與探索。

這是無聊的終結，以及孤獨的終結。

當你接通源頭，幸福便從中湧出。一旦你發自內心滿足，對的朋友就會出現。你不需要彼此，所以你享受陪伴，而不是怪異的依賴。你可以一起享受沉默，甚至坐在同一張沙發上閱讀，享受火爐的溫度。

規畫你的經驗

發現自己，不一定要在孤獨的時候。跟著你過去感興趣的東西，把它當作線索。你是否一直想嘗試划皮艇？很好，開始去做。網球？很酷。去找到一個俱樂部。去金字塔朝聖怎麼樣？

太棒了。趕快去訂機票和飯店。

城市修道者從來不怕單獨行事。事實上，她很期待。當我們走在我們的道路上，生命中最偉大的事情會在這時候發生。我全世界上最好的朋友，是在喜馬拉雅山的鄉間或是在異國的海灘遇到的。為什麼？因為他們也從他們感知限制的世界釋放出來，享受人生。當你跨出去，所有的藉口和小擔心會迎刃而解，生命的冒險與焉展開。當你在世界上做出驚人之舉，你將會遇到值得相知相惜的人。如果那些人不在那裡，那麼，你單獨行動也是沒問題的。

也許你的網球還不怎麼樣。那又怎樣呢？你老爸已經不再看監視你了，但我相信你還這麼覺得。我們全是從某個地方為起點。上一些課，開始學習為自己的快樂找事情做。不會有人在意你是否會失敗。每個初學者都會失敗。

關鍵是不要在意別人想什麼，而是只為了做這件事情本身的快樂。剛開始時很困難，但隨著練習，你會學到對那些煩人的事放手，開始享受沒有評論的人生。

如此，你便在通往自由之路上。

個人心旅

在我年近三十時，我的功夫師父讓我像個瘋子一樣到處跑。當時我在加州大學洛杉磯分校修二十四個學分、為小孩帶夏令營，每星期練習超過三十小時的功夫、太極、氣功與靜坐。每次我退縮，並開始自憐自艾時，他會讓我找一個方法，並保持專注。我很快發現到，我習慣了在課堂上出神，所以回家後我得重讀所有的課程內容。我想通自己沒有時間這樣浪費，所以上課時變得非常專心。我會把書拿出來，在課堂上閱讀，並在教授講授時做筆記。從那裡開始，我發現到，我以為我需要的「停機時間」對我並沒有幫助。與其講一小時電話或是看無腦節目，我會去外面打一些太極。回來時，我的精力更豐沛，頭腦更清晰。這個活動很有恢復力，也充飽了我的電池和熱情。當我檢視我生活的各個方面，我開始去除效率低落的情況，結果真的速度加快很多。我那個學期得到全A，其他領域也成績斐然。這教給我一則生命中很有力量的教訓，也就是，我的經驗是我自己創造的。我只是停止做沒用處的事，而且我反文化習慣而行。現在，當我放鬆，我是真正的放鬆，而當工作時間一到，我便全力以赴。

服務的生命

在一個幾百萬人的城市裡，有可能連一個有趣的人都沒有嗎？或者，是你孤立自己，因為你嘗試建立的友誼和社交連結失敗了？把我們的孤立諉責給世界是很容易的，但我們也需要檢視自己。

- 我們需要結交更好的朋友嗎？

- 我們如何能與我們的家庭修補關係？

- 我們的興趣是什麼，如何往那裡移動？

- 我們如何利用獨處的時間，把自己變得更好，並且讓自己成為點亮心燈的人？

當我們仔細看看自己，將更能欣賞別人，變得更有愛心。即使你是這個屋子裡最聰明的、最風趣的人（我們都認為我們是），那麼，發願為你周圍的人**服務**，踏出你的蝸居生活。

透過為人服務，我們最好的部分會顯露出來，並開始走出可能患有的自大型妄想，走出分離的幻象。藉著服務，我們與他人連結。你到底是誰？為什麼這個身份很重要？如果你製造的身份並不重要，那麼，你為什麼把自己想成這麼重要？

找到自己，並不意味踏進某種崇高的狀態。每個和我對話過，而且做過前世療法的人都告訴我，他們過去是一個國王或公主，或者在前世做過了不起的事。我們都認為這就是答案，彷彿好萊塢也感染了我們靈性的知覺。如果你的本質與周圍所有人的本質並沒有什麼不同，怎樣辨？如果沒有人比任何另一個人更高尚，我們都是同樣美麗的生命力的一部分，怎樣辨？你要怎麼區別自己？你要如何上升到頂端？你並沒有。試圖把自己放在別人之上是行不通的。

謙卑的服務教導我們真正的本性。它幫助我們理解人類的普遍的苦難，並允許我們成為一個改變的媒介，為所有的生命服務。自我膨脹和自以為是的態度，是通往孤獨和孤立的快速通道。畢竟，我怎麼能和那些人混在一起？他們差我太多……或那些其他人對我的品味來說又太優雅。當我們做這些判斷時，便把自己孤立起來，而且開始受苦。這是階級和社會地位概念的關鍵部分。許多人在父母養育的過程中，帶著來自他們家族的有毒文化基因，從小教他們說，他們是與眾不同的。他們被教導，他們家族是來自更上流的地方，或者他們的種族或膚色勝過其他人的。他們這麼早就聽到這種說法，便信以為真，以為是天經地義。清空這種預設，並學會不受種族主義、性別歧視、階級隔離和任何其他廣義胡言亂語的思想控制是很重要的。這是個人成長的一個必要的部分，我們全都必須克服。

重要的是要記住，這種成長是雙向的。學會原諒肇事者也是一大挑戰。我們從美國南方的白人，以及新一代的年輕德國人身上看到這一點。在什麼時間點，他們從前輩的罪愆中解放？

就是現在，在你的這一生中改變它，並堅持你自己的優點。我們什麼時候可以停止互相仇恨？什麼時候停止需要衝突來定義我們。我們的母親、父親、叔叔、老師，和其他不同的成年人，都在我們有機會明辨是非前，向我們柔軟的大腦灌輸他們對他人的意見。作為成年人，我們可以重新審視所有這一切，並放開它們，把眼界放大。

當我們將生命投入服務，「為什麼」變得比「我的」更重要，然後我們開始解放分離的幻象。踏進更高的目的，意味著為更多人的福祉做事，幫助需要幫助的人。這意味著為你的社區服務、清理環境。這意味著與人們連結，並無私地為他們的需要服務。當你連結到這一點，它是走出孤立的捷徑。有太多的工作要做，太多人需要幫忙。把你的屁股抬起來，參加這場盛會，不再把自己看得高高在上。

〈東方修行法〉

以心為中心的靜坐

學會重新連結到我們的心脈輪，是一種進入超個人意識很有力量的方式。它幫助我們擺脫自我，柔化我們的個性。這種靜坐是許多心靈傳統的核心，幾千年來已幫助人們互相理解與支持。以下為實際的練習方法：

- 採舒適的坐姿，開始用鼻子吸氣和吐氣，直到下丹田（肚臍下面三個手指的地方）。
- 花幾分鐘的時間來定心，並定著你的呼吸於下腹部。
- 從這裡，把注意力移動到你的心臟中心（胸線的中央），雙手合十，兩隻手掌合併，指尖向上，放在心臟前方。
- 讓你的呼吸進出這個區域，維持數次呼吸。
- 當你呼氣時，感覺這個區域變暖。
- 現在，開始專注於心中一個無條件的愛的感覺。為所有的生命這樣感覺：圍繞你身邊的一切，以及你認識，或將認識的每件事和每個人。
- 在每次吸氣、呼氣時感覺這種愛，以你的心為中心，向四面八方投射這種愛。
- 為每個人感覺它，包括每一個你認識的人、你心愛的人、你痛恨的人，你需要原諒的人，以及那些你還沒見過面的人。
- 這樣做幾次呼吸，隨著每一次呼氣，確實專注於擴大心的領域，以膨脹並包圍你所知的一切。
- 膨脹到吞噬地球、太陽系、銀河系，最後到整個宇宙。

• 這樣坐著幾分鐘，在你的心裡擁抱那種愛。

當你準備好結束這項練習，把這個愛定著在你的心的中央，並允許它指引你的決定，影響你與他人的互動。經過一段時間，你會看見這種修行對於幫助你不再疏離，是多麼有價值。

療傷過去

學會療癒我們過去的傷口，是擁有平靜的當下的唯一途徑。我們都從過去承載了沉重的負擔與評斷。使用這個練習法，一旦你處於一種昇華的愛的狀態，便可以將那個不斷困擾你的感覺隔離起來，並運用這個球狀的無條件的愛。把傷口包圍起來。將白色的光帶給它，看見它的電荷回到正極。

一旦你現在這麼做了，然後沿著時間的軸線回溯，試著找到造成這個極性反轉的觸發事件。回到你的心眼，療癒過去那個事件。看見電荷轉回正向，再繼續前進。

你可能會想起幾個案例。一個一個處理它們，醫治它們。最終，你會發現最初觸發這個能量的原始事件，而且，你可以治癒它。看見那個場景，以及所有圍繞你和這個事件的人。讓時間凍結，並把愛帶來。把每一個人包裹在白光裡。然後，在那凍結的時間裡，以你想要的方式展現那個場景。看清楚，並將你的意識印記在這個願景上。把它定著在你的心上，加強這幅重寫的影象，並以愛支持它。看見它、感覺它是關鍵因素。這是我們以情感定著意識的地方，而視覺化確實可以讓奇蹟發生。

一段時間之後，這種練習會改變你的人生，將你從一直拖絆你的沉重情緒負擔中解放。我是從卡爾·托頓博士(Dr. Carl Totton, taoinstitute.com)那裡學到這些的。

愛的奉獻行為

把你的服務和時間奉獻給地方事務，是一種讓你脫離孤立的有力量的做法。找到一個與你契合的地方事務，並去從事志願服務。但不要在那裡就停下來：隨機展現你的良善行為，無論你在哪裡，都可以無私地助人。不要期望獲得讚賞或認可作為回報。這不是關於你。只要做好服務，然後離開。經過一段時間，你會看到志工工作如何柔化你的個性，給你空間成為某件事的一份子，而且沒有任何的摩擦。

希伯來哲學家邁蒙尼德(Maimonides)[19]曾經提過，自由地匿名提供援助，不求讚賞或認同的原則。當我們做到這一點，我們便接受了一個普遍的原則，並讓自我跳脫了方程式的框架。

五種動物

功夫傳統的一大部分，是五種動物（虎、豹、鶴、蛇和龍）的角色，以及其他幾種多年來一直被苦練與傳承下來的動物招式（猴、熊、鷹、螳螂等等）。古代的賢人觀察不同動物的行為，看見牠們如何戰鬥與保衛自己的天才。每一種都有獨特的力量，讓牠們用來襲擊其他動物的弱點。每一種動物都展現出一種練功夫者試圖效仿的力量。

真正的武術家成為他們「扮演」的動物。很像戲劇藝術，你完全融入那種性格，接通到這種動物的精神、本質和力量。這麼做的時候，你接通到某種定著在自然界的純粹原型（而不是一些奇怪的巫術或黑教）。當你扮演其他的角色，會讓你走出自我的「控制戲」（control drama）。經過一段時間，我們會發現這是有趣又安全的。事實上，它很有治療效果，因為每種動物都有自己情感表達，我們可以利用這些練習，如魔法般地表達和改造情緒能量。這能藉由接通某種自然與純淨的東西，給我們改變心理和情感狀態的空間、許可和工具。這也能迂迴地讓我們脫離自我的監督，或製造出來的認同，提供一點「遊戲時段」。當我們花更多的時間玩別的東西，或者戴上不同的面具，我們開始意識到，我們每天戴著的那一個，也只是一個面具。樂趣便從這時

19 邁蒙尼德（1135 ～ 1204）：生於西班牙的猶太哲學家、法學家與醫生。他曾經在作品中列出了他對慈善行為由高至低的八個分級。

候開始。當我們停止假裝是**那個人**，便終於可以繼續成為我們真正的那個人。那個人是誰？那是每個人得自己找到的。與懂得自嘲的人相處有趣多了。我在「參考資源」部分中納入了關於這段主題的一段影片。

如果宗教令你失望，那便尋找靈性

如果你生長的環境傳統中，修女太嚴厲、信眾太虛偽，或者神父做了令人厭惡的事情，或者這個傳統對你沒有任何意義，請了解宗教和靈性是不一樣的。組織化的宗教有很多優點，並且在數千年來維繫了我們文化的架構，但它也搞亂了很多事情。上帝沒有這麼做，是人類以上帝之名而為。事實上，魔鬼藏身最好的地方就是在上帝的家，結果，許多人的信任已經因為宗教而嚴重崩壞。

如果你的情況如此，請找到一個個人的靈性修行，自己找到上帝。誰是上帝？不要讓任何人告訴你。自己去找出來。問些大哉問，如：「宇宙大爆炸之前有什麼，以及它是如何變成那樣的？」尋找的過程中，有許多聖徒精采的書和作品讓你閱讀。

話雖如此，我在印度街道上悟得的靈性，比我在任何印度修院還多。有時候生命經驗是最大的老師，我們需要敞開心胸，接受降臨的任何形式的訓示。如果你遠離神的話語，可以去道教、佛教、薩滿教，或任何其他對你的呼喚。這些只是試圖了解我們共同現實的話語。探索真相的本質，是它們殊途同歸的地方。不要接受教條；相反地，你自己找答案。然後，修行是你的，而不是你盲目追隨的東西。

訣竅在於，致力於你的覺知，認真的自己努力。其他一切都將從那裡開始。現在有很多新時代的狗屁東西，完全沒有與任何真實的東西聯繫。我的建議是去看那些經過驗證的傳統，回到源頭。如果你對基督教感興趣，去讀耶穌實際上說了什麼。如果你的興趣在佛教，學習像佛陀建議的靜坐（詳見dhamma.org幫助這一點），然後看看你會遇到什麼。如果你想探索薩滿教，要找到有正統的人。

有一個寄生蟲的世界在那裡等待利用從「宗教船」上下來的人。應用你在本書學到的修行方法審視自己，看看什麼感覺是對的。如果那裡感覺像是「邪教」，拔腿快跑。你不需要那鬼東西。

〈現代破解法〉

農夫市集

出去見見你的農夫，是先進的食農運動，但它也帶給我們一些已失傳很久的東西：市集或市場。在歷史上，市集是一個民眾聚集、進行商業活動的公共場所。美國的公司併購使得大部分城市(尤其是新城市)的公共廣場消失了。沒有一個私人場所以外的地方可以安全閒逛，所以我們感覺來到這裡就得買些東西，或者趕快離開。

在世界各地城市興起的農夫市集，是一種新鮮空氣的草根氣息。在這裡，你可以和人群混在一起、聽音樂、買到新鮮食物，而且可以單純地閒晃、人看人。這是一種脫離蝸居生活的好方法，也是發展出關於好食與好文化的儀式。擺脫孤獨要從走出家門開始，沒有什麼可以比這舊式的飢餓更好。這是在公共場合遇見食物、歡喜、說笑話，享受真人陪伴的另一個好方法。讓我們再一次與食物連結。

在地群組

網際網路最近提供了一系列的應用程式，幫助人們聚在一起。從地方性的臉書群組和其他社群媒體，以彩色路跑、泥跑、快閃活動，以及其他許多，網路現在回頭把人們在真實的地方連結起來，做真實有趣的事。開始看看周圍，什麼是你感興趣的，然後去參加吧。認識和你一樣，想要認識其他人的人，然後再開枝散葉。你不是一個怪胎；每個人都一樣孤獨，需要這個。當你了解這一點，你才能放得開，再次和他人一起享受樂趣。

目前也有一種針對特殊興趣的新興運動。自稱為書呆子和怪胎的人，組成了WonderCon年度動漫大會和星際大戰大會師（Star Wars Celebration）。事實上，如果你喜歡某件事，很可能其他好幾千人也和你一樣，而且各地都有聚會。如果你喜歡鳥，有賞鳥團體。如果你喜歡鯨魚，有賞鯨船出去看牠們。基本上，你不會是唯一對你的興趣感興趣的人，你可以利用網際網路找到志同道合的人，並在活動和會議上與他們互動。整個世界裡，有趣的事件不斷發生，我們需要做的只是觀看和連結。人們很奇妙。他們很古怪、詭異，也很有趣，就像你一樣。現在是找到他們，一起同樂的時候了。

切斷電纜

切斷電纜的新興運動正帶領人們遠離有線電視，收回他們對媒體和娛樂的權力。繼續付錢給數不清的垃圾頻道實在沒道理，它們只會不斷放送一堆廣告和很爛的內容。機上盒、訂閱頻道、YouTube和iTunes是其中幾個獲得優質內容的方法，能帶給你滋養。

如果你對切斷有線電視有興趣，現在有幾個新興的訂閱服務。從Netflix、HBO到Hulu等從主要網絡集成內容的服務，現在我們愈來愈不需要支付五百個你永遠不會觀看的頻道。你可以選擇訂閱運動網絡，並深入到你真正想消費的內容。Podcasts也很棒，有聲書和訂閱Vimeo。

當然還是有一些好的、知識性的電視節目，而且未來也會有更多，但這不意味你需要所有其他的頻道。這個故事的教訓是，你握有選擇權，而且應該行使它。

城市修道者會規畫她接收的訊息。不要多浪費一分鐘坐在電視機前面看沒用的東西。拿回你的權力，剪斷有線電視。更好的是，走到外面去，開始重新生活。生命不是觀眾運動。您可以輕鬆地在健行或騎自行車時聽 podcast，同時享受兩個最美好的世界。天啊，如果你離開房子，甚至有機會遇到某個有緣人。

閱讀好東西

你吃什麼，你就是什麼，所以攝取最好的東西，並且開啟覺知。這意味著需要一些時間來找些書籍、電影、節目、雜誌、有聲書、講座，或任何你認為對自我成長有助益的事物。用寶貴的時間來提升人的經驗，學習新事物。**有趣的人比常人相處起來更有趣**。投入時間培養自我成長的習慣，成為終身學習者。這不僅能使自己更有教養、更入世和有趣，當我們意識到學無止境時，也使我們學習謙卑。這將會甩掉以為自己無所不知的傲慢，建立起一種樂意融入人群的個人文化。

這當中的祕密是：**每個人**都有值得學習之處。當你對生活與世界本身的訊息與學習感興趣，你遇到的每一個人都有一些與你相關、值得分享的訊息。無論你是問一位計程車司機有關城裡的事、問一個老人草坪上的鴨子，或者問一個孩子喜歡的顏色，總是有東西可以學習，而提問就會開啟對話。它讓我們賦予某個人教導他人的崇高任務。他們會因為自己知道的事情感到光榮，也會使他們感覺在社會中有價值。

永遠要記得感謝他們分享的智慧，並且要誠心地感謝。這是最終的破冰器，因為它可以用高尚的方式幫助你與人連結，並使你保持終身學習的文化。

好的心理治療有長期療效

最初是發生了什麼事，你為什麼會走進孤立這條路？上述的時間軸治療在「治療過去」部分，是一個很有力量的工具，幫助你解開生命中一些卡住的能量，但我們許多人有受虐與重大創傷的過去。我們可能需要有人幫助我們走過它，世界上有成千上萬名很好的治療師可以列入幫忙的名單中。

現在你可能在想：「老兄，我已經試過了。」但不是因為你曾經試過，就表示應該放棄。記取你在這本書中學到的東西，找一個人和你一起努力，走出自己的方式，並為人類做出更大的貢獻。一旦你鎖定意向，要成為城市修道者，你便可以找到一群共同追求平和與幸福的盟友。

世界上有很多偉大的醫生，他們可以幫助你在人生路上不孤單。

讓自己芒刺在背

嘗試一個公開演講，如果這會讓你害怕。做些會把你從蝸居世界裡拉出來的事。即席的喜劇超棒的。有這種課(詳見「參考資源」)。跳舞怎麼樣？你很怕跳舞嗎？太好了！去學怎麼跳舞，通過這個考驗。失敗並無所謂，因為那會給我們很多變得更好、得到更多樂趣的機會。無聊來自於舒適和停滯；這兩者在城市修道者的生活中是不存在的。

不舒服會觸發我們的生存基因，並把我們從停滯不前的單調、可怕的現實中喚醒。搖動它、發出一些噪音。打破恐懼，是粉碎使我們癱瘓、沮喪的慣習的有力方法。在其他人(特別是陌生人)面前挑戰自己，使我們脆弱而且真實。當我們在彼此中看到這一點，會發現共同的恐懼與擔憂。看見另一個人突破我們害怕的東西，我們會油然升起敬重與友誼。然後我們互相幫忙，通過難關。我們綁在一起，連結在一起。我們一起回到過去的樣子，而且應該永遠如此。我們共同經歷，而且只需要記住這一點。

〈馬克的行動計畫〉

馬克真的不覺得他有問題，直到我跟他分享酗酒的定義。他很震驚地意識到，他已經有點病入膏肓。剛開始的幾罐啤酒已經失控了。為什麼？因為總要有東西填補空白，在沒有任何真實的或有趣的事情做時，酒精就侵門踏戶了。

我們在一個星期內改變了他每天的例行作息。與其半夜倒在電視機前，我們讓他每天早上上班前，去一個當地的峽谷健行。這讓他得早點起床，沒辦法熬夜。這讓他戒掉了啤酒、電視和夜晚的孤獨。剛開始時，這很不容易。他會更頻繁地抽菸，因為他焦慮的基線不斷冒出來。他找到另一位教練加入他的健行活動，在一個月內，已經有穩定的一小組人參加，包括一些想加入的客戶。這變成了一個有趣而且健康的時光。經過一段時間，他不太需要這麼多自我藥療的形式。因為他早起，他無法熬夜與自找麻煩。然而，他仍有些時候很想喝一杯，所以我們讓他接受一個排毒療程，用5-HTP[20]和酪氨酸[21]的組合，支持他的大腦化學成份。這些保健食品確實拉了馬克一把，直到他回到正軌。

20 5-HTP：全名為5-Hydroxytryptophan，是人體合成褪黑激素與血清素的中間產物。在美國與加拿大，坊間使用5-HTP當作抗憂鬱劑、食慾抑制及輔助睡眠。

21 酪氨酸：酪氨酸是一種胺基酸，人體會用酪氨酸來製造傳遞神經信息的化學物質，因此可以增強注意力。

有了一點正面積極的能量回來，馬克開始重讀他的《聖經》。他是天主教家庭長大的，曾經是很虔誠的教徒。現在，我向他介紹瓦倫丁・湯姆伯格（Valentin Tomberg）和其他幾位很有影響力的天主教傳統作家，馬克發現了一疊清晰、深刻、有意義，言之有物的作品。他現在接觸到了智慧，能給他思考的頭緒，促使他問更重大的問題。他開始再次求知若渴地大量閱讀書籍，透過客戶結交了一些朋友。他們會去健行、露營，幾個晚上輪流掌廚。一旦他新的社交生活回歸正常，我得確保馬克為自己留下足夠的時間。有了平衡和節制，馬克預留時間休閒、健身，並結交可以一起廝混的好人。我最後一次與他談話時，馬克正如火如荼地計畫與他的好哥兒們去祕魯旅行，他會在那裡踏上印加的足跡，到馬丘比丘朝聖，也去育幼院擔任幾天志工。他現在幾乎完全不像那個曾經受到自我強加孤立，躲起來吸菸，滿臉臘黃的人了。馬克找回了他的人生，並且在每次有機會時，忙著幫助別人。

第九章
錢永遠不夠

娜塔莉不記得有哪一個時候沒在為錢傷腦筋。她在一個有四個兄弟姐妹的家庭長大，她的爸爸經常沒工作，手頭總是很緊，這對一個小女孩是很不容易的。她的哥哥和弟弟似乎對於每天穿同一雙鞋上學無感，但到了國中，女孩們口無遮攔，經常嘲笑穿著邋遢的人。娜塔莉總是對她所有的衣服覺得很丟臉。像校外教學、夏令營、書包和新鞋這些東西，總是提醒她家裡的錢不夠，以及不知怎的，他們就是「少了一點」。

娜塔莉一成年，很快找到了工作。她當服務生、總機小姐、幫夜總會宣傳，然後開始理髮工作。經濟情況越來越好，她終於能夠負擔得起生活所需。她會和她的女性朋友去旅行，買不錯的鞋子、錢包、衣服，以及任何她認為需要的東西。她租賃了一輛漂亮的車，為她的公寓購置了一些精品。從外表看起來，情況很不錯。

娜塔莉的問題是，她完全入不敷出。

那個不想看起來很窮的小女孩，現在正在玩「展示和討論」(Show and Tell)的危險遊戲，而這正使她過勞。她每星期有六天幫別人理髮，然後付數千美元給她的脊椎治療師治療背痛，因為她整天站著，幾乎受不了。她的腳跟幫不了她的背痛，但那些時尚精品指揮她要受苦。她沒有任何積蓄，沒有自己的房子，也沒有退休計畫；如果她生病了不能工作，經濟來源就斷了。

娜塔莉已經把她的人生用「東西」的大廈堆積起來，以支撐她「我有錢」的身份。她總是有個新的包包要買，即使她買不起，而她的車現在兩年了，所以她正在看新的車款。四星級飯店是不夠看的，因為她的女性朋友開派對時住的是五星級飯店，還租一輛豪華轎車。她不斷浪擲金錢來維持她最在意的浮誇門面，反正她有錢，而且混「在人群中」。娜塔莉平均為她累積的信用卡債支付超過二〇％的利息，而且幾乎刷光了額度。她的父親提出協助她定出一個付款計畫的想法，但是當她的新朋友出現，她想請他去度一個SPA週末，父親的想法也就不了了之。他們倆值得休息一下。

娜塔莉認為，解決她的問題的方法，是更多的錢。她沒有意識到，她才是問題的中心，更多的錢也不能真正解決她的問題。

〈問題〉

我們活在一個利用我們的慾望的世界。無論我們有什麼，都不夠。我們被制約成如果不穿最時尚的衣服、不開最新款的車，不去某間新餐廳，或者不為孩子們買最新的遊戲，便會覺得少了什麼，而且感到孤立。東西永遠不夠，沒有每樣最新和最棒的東西，我們就不完整。

娜塔莉和那些成為彩票贏家統計數字的人沒有什麼不同。依據國家金融教育基金會（National Endowment for Financial Education）的研究，估計七〇%獲得大筆意外之財的人，最後會在七年內破產。為什麼會這樣？為什麼擁有大筆金錢的人，最終再次破產？

糟糕的能源經濟學

人們不明白，貨幣的價值就像能源一樣，所以很快地把它揮霍掉了。當我們把它存起來，它會積累和增長。它會有自己的生命，並開始靠本身錢滾錢，利滾利。它會產生利息，點燃我們夢想的投資。它會變得像我們儲存的潛能銀行，可供我們使用。存錢需要一種不同的心理狀態，需要紀律和培養。這是一種心態和存在的狀態。

個人心旅

當我還是個孩子時，我們經常搬家。我的父親從事建築業，隨著他翻修一間又一間的房子，努力養家活口，我們也從一個房子搬到另一個房子。國中開始時，我們在一個郊區落腳，舉目沒有任何一個朋友。我從一個無憂無慮的孩子，從不在乎自己穿什麼或做什麼，變成一個經常因為沒有穿對衣服，或沒有觀看最新的節目而被嘲笑的孩子。那很慘。那是我人生第一次感覺自己像個局外人，我需要拼命融入他們。當時流行一種 Oakley Iridium 眼鏡，真的很貴，而我們家沒有太多錢。我懇求我的父母好幾個星期，希望他們幫我買。他們是勤奮努力的第一代移民，認為這件事很荒謬，但我一直煩他們，直到他們投降。

我有這副眼鏡了！終於我可以亮出我的斬獲，融進酷孩子。不。他們幾乎沒有注意到，而且已經進化到用其他可笑的東西彼此嘲笑了。我記得當我父親看見這一切時，臉上充滿耐心與理解的神情。我很羞愧。那是餐桌外的食物，我是何苦來哉呢？我被驅使從父母的口袋不情願地撈出錢來，只是為了一個不可能贏的爛遊戲。

大多數人活在生存模式。

和娜塔莉一樣，大多數人都不自覺地呈現了童年的戲碼，而他們的生活是他們受苦的故事。一些人想要權力。其他人想盡辦法吸引伴侶。不想再回到貧窮的感覺，是這三十年來驅動娜塔莉的原動力。我們為什麼會做我們做的事，原因有很多，但金錢經常是導致不平衡出現的中介質。你看一個企業的財務，可以看出許多梗概；藉由看某個人的個人財務，你可以看出這個人的人生。為什麼？因為金錢就是能源，而財務報表記錄了我們生命這方面的能量流動。你可以看到金錢問題流過一個人生活的所有層面。

廣告

國家的經濟需要消費者花錢，年復一年。這個詞本身是貶抑的。為什麼人要被稱作「消費者」？因為他們餵養一個像癌症的系統，需要我們一年又一年地買更多的東西，同時還得避免那些東西會污染我們的空氣、水、土地和身體細胞的這件事實。我們寧願殺死地球，以維持這種不合理，因為它是「我們的生活方式」。廣告業是圍繞人類的慾望而建立的。廣告商設計圈套，讓你覺得如果你沒有擁有他們想賣給你的產品或服務，你就不完整、不快樂、不健康、不性感、不年輕、不漂亮或不安全。我們整個社會就是圍繞這個建立起來的。那麼，廣告客戶如何讓幸福的人們注意到他們的產品，如何讓他們真正把辛苦所得支付在這個東西上面？

第一步，讓消費者感覺自己糟到不行。讓他們覺得不值得，以及某方面的缺乏。給他們看一個骨瘦如柴的名人，並不斷強化「這樣才是美」的概念。這樣是令人欽羨的。一段時間後，他們就會落入圈套。他們會吃這一套。

然後是第二步，就是把某樣東西放在他們面前，並用你在步驟一建立的欲望迴路系統來試試。妳不性感，她才性感。現在，快買她使用的面霜，如此，妳也可以像她一樣性感。「鏗噹——」全世界化妝品專櫃的收銀台都響了……

你想要一輛卡車？那麼，這位酷帥的正港男人開的是這一台。你也應該衝過來買它……

這需要幾十個媒體印象才能促成這項工作，這也是為什麼我們會被廣告轟炸：橫幅廣告、電視廣告、收音機廣告、標語、傳單、垃圾郵件，以及其他廣告客戶能發送給我們的東西。潛意識需要被一連串的信息所淹沒，直到我們接受這些人造的文化基因是事實。附帶一提的是，這是城市修道者不看傳統媒體的另一個原因。整天當箭靶是沒道理的，因為，在某個意志薄弱的時刻，你就會失血。這就像坐在一個大家都在打噴嚏的房間裡。最後，你也會開始鼻塞。

債務

我們活在一個以債務為主的經濟體系，大多數人實際擁有的東西並不多：我們有房屋貸款、租賃車、電子產品的分期付款。事實上，如果遭到裁員或者遇到一些災難性疾病或身體損傷，大多數美國家庭只能撐一到六個月就捉襟見肘了。這就是娜塔莉生活的情況，也是她總是壓力大的潛在原因，因為沒有一件該死的東西實際上是屬於她的。她欠的卡債堆積如山，如果她停付最低支付款，他們會把車子牽走，並凍結她的帳戶。她實際上是一個服務她的生活方式的契約僕人，但就像一個典型的癮君子，她身在混亂之中，看不到一條明確的道路。

在娜塔莉的想法裡，她的社交圈如果發現她破產了，一定會排擠她，就像在國中時那些女孩一樣。然後，她會過得孤獨又悲慘。她對此深信不疑，甚至不知道她仍有這種想法，但這卻主導了她每天大部分的決定。可怕的是，我們都和她一樣瘋。我們的雷達掃不到的地方，正驅動我們的行為，超乎意識所知。

債務是資本主義裡一種強大的工具，人們可以利用信貸迅速投資自己的業務和規模。它能幫助融資好的想法，挪動權力與能量。若使用正確，它可以啟動一個好點子或業務，讓它以等比級數成長。優秀的商人知道如何聰明運用債務，以信貸在人生中搶得機先。問題是，大多數美國人都被消費債務綁住了，幾乎要了他們的命。如果你現在就必須要的東西，是你的寶寶的食物，你用信用卡刷卡是可以的，但當然不是為了另一個蠢包包或另一把槍。用信用卡衝動購物使我們失去理性思維，把不實際存在的金錢花費在實際並不需要的東西上。這會讓我們被高利率鎖住，永遠得付錢給貸款人，而他們只會一路笑進他們自己的銀行。

這個循環使我們處於「打或逃」的心態。牆壁總是快塌了，貸款人可以來取走房子、車子、家當，我們將一無所有。它是大腦邊緣系統的觸發器，挑戰我們的生存問題。我們永遠不會有足夠的錢處理不可預見的事，所以壓力無時不在。這是戶主必須面對的根本挑戰。禁欲主義者放棄所有的金錢，搬遷到山上。這使他從金錢與世俗的負擔中解脫，所以他可以自在地修行，沉思真相。我們這些戶主沒有這樣的好運。我們必須每天處理金錢問題，和它好好相處。你頭上的屋頂、電費、學費和食物，全都與錢息息相關，所以我們必須坦然面對這個問題。

堅持到底

對心靈經典與其理念從東方到西方、古代到現代的翻譯之誤讀，混淆了這個議題。許多人試著遠離金錢，但卻發現自己每天都感受到它的壓力。我個人會處理金錢，也得放手。我幾十年來和很多嬉皮人士、宗教人士和新時代類型的人交往，他們的想法感染了我。什麼想法？哦，那就是，金錢是邪惡的，好人不追求金錢。總是成為月光族，以及總是得處理錢財不夠問題的人，通常是同樣的人。當你有帳單付不出來，壓力很大。當能源關閉，驅逐通知出現了，這時關心錢有點晚了。我終於明白了禁欲主義者（這是許多迷惘的人想要成為的）和一個戶主（負責任的社會一份子，努力讓世界變成一個更好的地方）之間的區別。如果你有帳單，你就是戶主。這是對城市修道者的重要理解，也會讓你解脫。

即使我們有了錢，我們也不斷害怕失去它。我們保護我們的資產，而且會對冒出來欺騙我們的人特別謹慎。我們處於防守狀態，就像一隻獅子守在牠無法獨享的羚羊旁邊。你要讓牠腐爛或與別人分享？你如何相信接近你的人，因為他們似乎都覬覦你的錢？其實，一旦你有了幾個大洋，你會很敏銳地意識到這個世界是如何地攀炎附勢。人們從無名的地方冒出來，似乎都算計著要得到你的錢。他們把門閂上，開始吸血。他們突然變成你的朋友，比和你一起長大的混蛋感情更好。問題是，他們不像你真正的朋友，一旦你的乳酪吃完了，或者斷絕了供應，這些傢伙就消失無蹤了。

這會導致另一種疾病，一種不信任。我認識很多有錢人，他們有如驚弓之鳥，隨時警覺，因為他們覺得每個人都想陷害他們，搶他們的錢。他們變得偏執、防禦心強，對他們的親友避而不見，或者不耐煩。

說來諷刺，他們的共同點是一樣的。不論你是否缺錢，無時不想著為家裡多賺一點，或者你坐擁金山銀山，並揮著一根棍子驅趕任何接近的人，問題的本質都指向生存。

成功或失敗

我們都處在一種恐慌症之中，因為明天的新聞頭條可能使我們一文不名。誰想成為下一個MySpace或柯達？我們不想成為曇花一現，嘗得生命最甜美的滋味，然後被下一個強手擊倒在地。一個小小的成功不會讓我們滿足；它只會驅使我們想要更多。因為中國製造的人造假岩牆，石匠工人已經失業了。在今天極度競爭的環境中，一個小失誤都會讓我們變得不重要，後浪推前浪。

改變是魔法般的普世力量，迫使我們留在場上，維持重要性。

生不帶來，死不帶去

事實是，每每人都會死，而且都不能帶走分毫，無論我們建立的金字塔有多大，或者我們在那裡為來世丟進多少金塊。這個說法一點都不新。叢林中最壯、最了不起的獅子，總是面臨來自年輕後起之秀的挑戰，知道牠最終會衰老，會敗下陣來。這就是為什麼我們要開立基金和信託。我們試著有小孩，繼承我們的遺產。堅持不落人後是對這種瘋狂的盲從，扭曲了對我們真正重要的觀點：我們的成長、我們的經驗、我們的自我實現和我們的典範。讓我們更深入地審視金錢，如此我們可以抽絲剝繭，看看這個壓力到底和什麼有關。

〈城市修道者的智慧〉

金錢是流通貨幣（currency），而這隱含著流動的意味。水和電也像水流（current）一樣流動，因此使用「流通貨幣」（currency）這個術語。氣也像水流一樣流動。生命力的動態運動，與伴隨的富饒與哺育生命特質，是相連結的。不論你是否相信《創世紀》或者某些開天闢地的傳說，我們會在這裡，以及我們透過生育而來，是相當驚人的過程。生命會成長、茁壯、繁衍。這是我們擁有的偉大奇蹟之一。如果我們連結了生命力的流動，接通富饒的能量，那麼，我們也在當中流動。支流會流往河流和湖泊。當我們走踏進這種能量的自然流動，金錢也會流過我們的生命，作為夢想和旅行的燃料。當我們學會把一些金流導入某些工具，它可以積累，會增值，而且不必和勞動連結在一起，很像一個花園，在我們最初的辛苦投入後，它們可以自己照顧自己。

然而，有些人對錢有嚴重的焦慮。「金錢是邪惡的。」是深入人心的原則，而當我們成年，必須要與這個立場一致。一旦帳單開始出現，我們感覺必須得硬著頭皮進入一個我們認為充滿了混蛋和騙子的現實世界。總之，我們逐漸接受這是「現實」，不再質疑為什麼它得是這樣。反社會份子喜愛金錢遊戲，因為這給他們一筆權力與控制的貨幣，餵飽他們控制的戲碼，填補他們的一些空虛。

正常人通常從九點工作到五點，接著與朋友和家人度過剩餘的時光。他們有其他比金錢更關心的事，但經常不得不被錢的事煩心。我們可能認為錢是邪惡的，避免太投入地「碰」它，排斥它，或者我們採取「愛錢」的立場，走貪婪的路線。這是許多人採取的激進角度，而且很粗淺的。該如何與金錢建立健康的關係？畢竟我們住在這個世界。禁欲的僧人沒有這個煩惱，但作為戶主，我們身處在一個運作在金錢之上的社會。避免和忽略這個問題，並不能解決任何事。讓我們再近距離觀察。

被債務壓垮的事實，意味著我們對於金錢之於我們的意義渾然不知。金錢是我們可以在社會上交換有價品的方法，它以簡易的方法，幫助我們擁有共同的交換媒介。它應該可以為你購買食物、住所、水，以及去做你有空時喜歡做的事的自由。

金錢是一種交換媒介。

這是我們依據共同同意的轉手慣習，交易商品、服務和資產的一種方式。某件東西或服務的感知價值由市場決定，因此價格會根據供應、需求、消費者情緒等因素而波動。

我為一顆美味的有機蘋果支付的價格，將取決於幾個條件。因為它是一種商品，我可以上網查詢有機蘋果的平均價格，發現它每磅（約〇．四五公斤）是二．三四美元，相較之下，一般方式耕作的蘋果平均是每磅一．五七美元（四十九％的價差）。許多人會認為，這個價差太高，要怎麼合理解釋？好的，有機蘋果不用有害的農藥和毒藥噴灑。它們不是基因改造，而且它們以永續發展的方式生長。這使它們對我們的身體和環境更健康。如果我們家很窮，僅夠糊口，我可能認為這不是我關心的價值；我的優先選項是用最少的錢，帶回家最多的食物，所以，我只會去買一般的蘋果。有人可能會和我爭執，聲稱一般蘋果最後的健康風險可能導致更高的成本，但我可以反駁說，我的健康保險已經有國家保障，所以我會先擱置這個問題，先買到一些食物再說。

我可以在當地農民市集繼續走，看到兩個同樣賣有機蘋果的攤位，但其中一個比較貴。理智會使我決定要買便宜的那一攤。但那個蘋果賣比較貴的傢伙每天早上去果園，和他的樹一同祈禱，而且照顧非洲的孤兒。他把利潤的一部分捐給慈善團體，而且當我路過時會記得我的名字。也許，我喜歡這位賣比較貴的農夫的**故事**和**論述**，所以，我多花了幾塊錢買他的東西。這是感知價值，它決定了普世的定價。這是市場如何改變。現在，如果我已經相信有機產品，還有另一個「蘋果對蘋果」的部分值得探討。

你看，我們賦予某個產品或服務的價值也會決定售價。基本上，問題是：我們願意支付多少，以及為什麼？這個交易代表你的信念、你的價值觀，以及你在生活中的優先順序。事實上，我們今天能夠更容易地買到有機食品，是因為某些人選擇為好東西支付更多錢，支持農民繼續用那種方式種植。今天，一個根據永續農法的大型產業正在興起，都要歸功於一群有志站在有機立場的人們展現的價值觀。

金錢成為一種共同貨幣的語言，計算價值與利潤。這是一個我們共同承認的概念，如此社會可以順利轉動。是我們的**能量**和力量，累積到這些每天我們刷卡與付出去的貨幣單位。你用生命中真正的幾小時換到你剛剛花掉的一百塊錢？你從那些只在宴會上穿一次的可愛的鞋子上，獲得多少價值？你花了幾次的心跳或呼吸，才賺到那些你揮霍掉的、不需要的東西的錢？難怪你覺得累了。如果你活在「時間就是金錢」的經濟思惟上，那麼，浪費錢就像浪費了你的生命力。你可以實際追蹤你剛剛浪費的東西所換算的生命時數。

要遠離依賴金錢以滿足抽象需求的瘋狂循環，唯一的出路是了解什麼是欲望，以及我們如何應對它。我們陷進兔子洞太深，通常無法辨認我們的需要和欲望之間的差異。讓我們回到第七章談過的「需要」和「想要」的概念。我們**需要**的是食物、住所、水和火。其他一切都是**想要**。

我們**需要**食物和住所。我們**想要**牛排和豪宅。

人類肥皂劇

花俏的汽車和豪宅給了我們從事另一個遊戲的文化資本：地位、階級、人類社交定位的遊戲。我們這麼做，是為了在全球部落裡謀利與定位自己。我們這麼做，是為了歸屬，以及建立我們在啄食順序中的位置。我們這麼做，是為了吸引期望中的伴侶。我們這麼做，是為了向那些高中時代的小流氓炫耀我們**真的**成功了。我們有對這些基本的衝動感到滿足的原始本能。在舊石器時代，獵得一隻動物的獵人可以拿到最好的部位（無骨肉片）和這隻動物的毛皮作為獎賞。他之後可以把毛皮送給她的伴侶，把肉與她分享。牛排和毛皮大衣，誰想到什麼了嗎？有些事情真的沒有什麼改變。希望能夠炫耀你有財富，而且可以照顧一個伴侶的欲望，是強大且來自上古時期的原始本能。這意味著你比較有可能存活下來。我們打心底層面理解這一點，並尊重這種文化；它沒被說出來，但一直都在。

渴望隨機買東西來炫富，可以溯自這些原始本能之一。如果你把退休金和支持某個事業的錢存下後，仍然能輕鬆負擔得起，那就沒問題：享受你勞動的成功果實，並且像一隻驕傲的孔雀一樣遊大街。這是你的特權。但如果你沒有這個能力，卻繼續買沒用的東西支撐門面，那麼你的麻煩就大了。

購買你支付不起的東西是沒有道理的，但我們很多人這麼做。為什麼？因為廣告業已經學會找到我們的痛點，並利用我們的慾望，如先前所述。我們的朋友娜塔莉買東西來迎合大家，讓自己好受一點。她去看所費不貲的表演，好暫時忘記藉由擁有昂貴的廢物換來地位的幻覺。她對於什麼會帶來生命真正的滿足和意義已經渾然不知，而一路追求閃亮的東西，直到救濟院。廣告客戶已經熟悉這個遊戲，而我們通常沒有意識到自己有多麼容易被操弄。事實上，神經科學家團隊研究了行為與衝動購買。他們的工作是觸發我們大腦裡的愉悅中心，並運用MRI掃描，測試他們的策略，以確定他們成功了。為什麼？

因為我們睡著了，而且容易受影響。

我們在生命中跌跌撞撞，尋找自己以外的方法來解決我們的問題，而不是往內求。

- ✦什麼面霜會讓我看起來年輕？
- ✦什麼車會吸引女性？
- ✦我需要什麼東西來讓別人喜歡／想要／尊敬我？
- ✦誰在那裡可以幫助我？
- ✦誰或什麼程序可以讓我快樂？

這是城市修道者介入的地方。她明白如何將自我從「想要」分離出來，並了解她實際上需要什麼。當我們把自我的感覺從物質、文化上的榮譽、讚美和老套的劇情戲碼分離時，我們就自由了。當我們擺脫亂七八糟的東西，我們可以清楚地思考，並且適當地分配我們的金錢。我們不再像孩子因為無聊而浪費暑假一樣地揮霍金錢。我們學習金錢的價值，並且明智地投資。

那麼，我們的錢應該去哪裡？

- 能增進我們的健康和活力的事情。
- 無毒、無有毒化學品的有用產品。
- 為了我們自己和家庭的永續未來。
- 會回饋社區的公司。
- 會幫助保護自然和我們集體未來的團體。

新經濟的黎明

我們站在人類歷史的十字路口，眼前有一件驚人的事情正在發生。成千上萬良善的人們，正將他們的公司導向成為改變的媒介。人們越來越厭倦消費型經濟。法拉利買不到幸福，百憂解錠也買不到。此刻即是從根本重新思考的時刻。從福利企業到非政府組織、永續合作社、公司和團體紛紛從地球上出現，實質地實踐佛教戒律中的「正命」。這意味著我們為金錢所做的，也應該有益於我們的社區和我們的世界。舊的贊助模式正在式微，因為我們意識到，大部分的非營利組織花了很高比例的時間尋找金錢和捐助者，而不是做他們該做的工作。現在，有善意的公司正在努力將利潤和銷售所得分配給一些團體，透過這種方式創造貨幣流動的工具，如此可以讓這穩定的能源流保持不斷流動。公司可以賺錢、做好事，並且成為解決方案的一部分。這是建立在他們身份認同的架構之中，而且他們可以為此感到自豪。他們可以集體地行公義，充滿誠信。

所以，你把錢花在哪裡？

城市修道者將他的退休金改放到可持續基金。他是資訊豐富的消費者，如果生產者是已知的污染企業，或者遊說污染能源的贊助商，他都不會購買。他支持地方經濟，支持藝術、文化、教育，以及對他自己的人生與他的社區有正面且持久貢獻的其他投資。

都市修道者不買他不需要的垃圾。

他看得出他辛苦賺來的錢是**能量**。他把這個能量投資在能幫助他更好、同時也使世界更好的人、事業、旅行、課程、投資和產品。

這是新經濟的標誌。它是一個我們在裡面生活與互動的生態體系。舊式經濟是處於昏睡狀態，跌跌撞撞去購買他們被洗腦要買的東西。這導致了現狀，並讓那些買通政治人物、影響世界走向污染、戰爭和痛苦的惡人賺飽荷包。我們已經受夠了。金錢是能量，初步了解這一點，意味我們學會了解這種能量的流動。

基本的問題是：我到底是誰？然後問：

- ✦我為什麼要花這筆錢？
- ✦是什麼驅使我？
- ✦我需要這個，還是只是餵飽情緒的痛苦？
- ✦這是一種習慣還是需要？
- ✦它確實會讓我開心嗎？
- ✦它為什麼讓我開心？怎麼讓我開心？

金錢促使經濟走動，保持經濟流動並沒有什麼錯，但這裡有一個關鍵組成要特別注意。

我們用我們的錢投票。

我們正把權力、能量和影響力交給那些我們付錢的人。你得非常清楚這種流動，並開始從你這裡來控制它。如果你想看到一個更美好的世界，要投票給這個方向，付錢給這個方向。

如果你發現自己像娜塔莉，被困在「金錢是場緊逼遊戲」，那就是你清理行為模式的時候了。有一種說法是，生命中最美好的東西是免費的，而且，除了食物和住所，這句話相當真實。重新定向你的錢，把它轉去存款帳戶、付清高利息信用卡，或捐給慈善機構，而不是浪費在平常沒有用的東西。這是等式的前半部：減少損失，並停止花錢如流水。

等式的另一邊，是讓金流進來。城市修道者可以自在地追求財務上的成功，因為它意味著成為古典意義上一個更好的戶主。善用金錢和影響力，是未來之道。利他主義與可靠性被編織到一位城市修道者如何參與事業和交易的架構裡，他每一次的努力都讓世界成為一個更美好的地方。因此，他創造與產出的錢越多，可以為周圍世界做越多好事。記住，人們會將價值賦予在產品和服務上，會捨得花他們的錢。你在價值鏈上的哪裡？為了提高你的價值、你的產品、你的評比、或你的價格，你需要做什麼？你如何吸引更多的客戶，在你的世界產出豐富？如今，世界上有很多強大的工具可以教你。網際網路已經改變了我們如何做生意的方法，現在任何人都可以利用線上業務成為一個百萬富翁。唯一擋你路的，就是你。即使你必須拖著自己到一間公共圖書館，從那裡發展你的線上業務，你也可以這麼做。關鍵在於明白你要產生的是什麼價值，以及是為了誰？你的觀眾是誰？你如何幫助他們？如果你是在實體業務，或者是在專業服務，同樣的原則皆可適用。你可以擁有一個線上銷售你的手工藝品的副業，並讓它成長為一間公司。你可以建立一個部落格，發布你的主張，培養一群追隨者。今天，圍繞著護士、教師、詩人和其他任何人，都可以形成一個部落。

經濟只是一個想法，金錢也是如此。一旦你明白這一點，你就會無拘無束，能夠編織你夢想的人生。如果你還花錢在一些偶像劇上，請把那沒用的東西戒了，找回自己的時間。你比那東西好多了，世界需要你站在對的那一邊。把你的能量帶進這場盛會，與志同道合的人合作，為後代創造富足與正向的改變。

〈東方修行法〉

登記冥想

你可以在每次買東西的時間點，做一個非常簡單而且有力量的練習。在你掏出錢包、信用卡或電話時，只要問自己：「這是需要還是想要？」

這個看似簡單的練習，會帶來很多有趣的數據。你將發現，你會與自己為某些品項爭執。你會覺得你需要某些東西，或者它們符合「需要」的範疇，因為它們在技術上屬於「食物」。這並不意味你不應該得到它們；它只是意味你應該三思，看看這種情況發生的頻率。我們會合理化我們的購買衝動，然後再為錢感到龐大壓力。我們認為自己值得得到那個東西，然後，當工作交易落空，我們又咒罵自己的運氣差，因為我們確實需要那筆傭金付租金。

這個練習是一個簡單的會計實驗，如果你做對了，將為你節省數千美元。它也符合佛教「正命」的概念，你可以自問：這次的購買行為是否會傷害任何人或傷害地球。如果會，那麼就不要成為幫兇。

現在是第二部分。記下將要購買的每個品項，把價錢寫下來。在一天結束時，把這筆金額轉入你的存款帳戶，並將它鎖定。把這筆錢供起來，不能碰觸，如此你衝動的老毛病抓不到它。離它遠一點，如果一個星期後真的還想要它，在你手頭寬裕時，從當前的預算中拿錢買下它，而不用動用到存款。很快地，你會看到儲蓄開始增加，而且會發現，即使沒有購買那些你執意購買的東西，你依然過得好好的。

將儲蓄投資於會產生利潤、支持你的未來的事物，將會改變你的人生。這一切都得從跳脫魔咒，在採購時刻停止衝動行為開始。

禁止支出

在這個練習中，你要在一個月內停止所有不必要的支出。每次你要花錢時，便問：「我確實需要這個嗎？」不同於前一個練習，那個是你這輩子都可以善用的好習慣，這一個練習被設定為暫時的，如此，你知道這段時間會過去。在一個月之中，百分之百嚴格遵守。把每一塊你要花費的錢放入存款帳戶。包括外食、為你的狗買玩具、手機升級，甚至戒掉家裡的咖啡。到了月底，你可以償還一些債務、做些投資，甚至買給自己一些一直想要的東西。這個練習的目的是學習如何克制，知道它真的沒那麼可怕。真正可怕的是一直擔心錢的問題。當你脫離奴隸狀態時，你可以自由地享受你的時間、完全放鬆，不會有生存基因扯後腿。

「進入流動」練習

之前的練習目的在止血。這個練習的目的則是在增加流動，並實際產生更多的現金。形象化能量和金錢進入你的人生，是一個讓你維持在宇宙氣流中的重要練習。大腦需要一個框架，或者一個願景，讓能量聚集起來。這個練習旨在幫助你接近富裕，招致豐足。

- 以舒服的姿勢坐著，脊椎打直。
- 開始呼吸到你的下丹田（肚臍下方三個手指的地方）以靜心。
- 以鼻子呼吸幾分鐘，並靜心進入你的身體。
- 從這裡，將雙手以禱告姿勢，放在胸前（指尖朝上，雙手合十）。
- 開始從心臟中心呼氣與吐氣。
- 在臉上戴上一個大微笑，感覺你的心熱起來。
- 現在，將你的心臟中心看作是一個黃色明亮閃耀的太陽，向四面八方發出光芒。
- 從這裡，想像一陣溫暖的雨從天上降下來，落在你的周圍。
- 當雨落到你周圍的地面上，想像花朵和植物如雨後春筍般冒出來。
- 看見生命能量隨著降雨生長，並且注意到是你心臟中心的太陽點燃了這整個過程。你的存在中心的太陽，正激活你周圍的生命。
- 坐著並陶醉其中持續數個呼吸，然後將這幅形象化的景象導往你生命中卡住的一些部分。
- 直視該情況，把它帶到你的花園裡。讓雨傾洩下來滋潤它，並讓你心中太陽的光照耀它。
- 看見生命在四周生長茁壯，讓生命的能量解開任何卡住的地方。

你可以隨時回到這幅形象化畫面，我建議你對你的各個方面做同樣的練習。

經過一段時間，你會看到各種奇妙的事情為你解鎖。你也可以將此想像法應用到過去的事件和記憶，為它們帶來療癒和豐沛的流量。其實，很多我們生命中的瓶頸都困在過去的某個地方，運用這個練習回到過去，並清理圍繞這個事件的能量，是非常有力量的。

仁慈為豐足之本

打開豐足之路的一種方法，是停止談條件，錙銖必較。志願奉獻你的時間、幫助人們了解真正的財富來自何方。當我們學會成全，成為豐足的一個媒介，我們便是過著服務的人生。當我們這麼做，事件會奇妙地為我們開啟。豐富需要通過我們，除了**讓開一條路**，還有什麼更好的方式來達成？你愈不理它，它越容易流動。是的，你靠雙腳行走，但能量總是通過我們運行。當你所做的比你還偉大，就有空間讓好事發生。

畢竟，如果你擁有食物、火、住屋和水，不該欣喜若狂嗎？想想所有許多連這些基本生活所需都沒有的人們。當世界上有人連這些基本需要都缺乏之時，我們卻為這之外的東西受苦。這個領悟有助於提醒我們什麼是重要的，也讓我們保持對欲望的檢視。

〈現代破解法〉

你有預算嗎？

你看著你的金錢流動嗎？很多人喜歡看別處。金錢是邪惡的，他們這麼相信。它給人壓力，而且骯髒。苦行者可以擺脫這種立場，但戶主不能。無視金錢問題於事無補，因為租金會定期報到，所以我們需要面對它。

訂定預算能為你的生活提供架構和秩序。它有助於建立規範，給你一個向不在計畫中的品項說「不」的框架。記住，拒絕是掌控的關鍵。它來自前額葉皮質，是較高層次的皮質推理功能。這也與靈性傳統的第三隻眼一致。努力陶養這個中心（以及這部分的大腦）是掌控人生的必要。城市修道者不假裝「靈性」，而逃避物質現實。挺身面對現實，是我們回家的一大步。

訂定預算要從你的需求開始。包括租金或貸款、水電瓦斯費、養車、繳稅等等。一旦你把這些獨立列出，回去看看你可以怎麼為它們瘦身。你可以停止幫草坪澆水嗎？你離開房間沒關燈嗎？從那裡可以列出所有其他費用，看看它們為你做了什麼？它們如何為你服務？什麼是不需要的？從那裡開始，繼續減少支出。一旦確認了每個月收入的錢和支出的錢，你就可以開始將「需要」與「想要」分離。清理「想要」通常不困難。仔細考慮「需要」可以發現一些重大的東西。也許你停止租賃全新的汽車，買一輛三年的二手車，可以持續開一陣子。也許和別人共乘，節省燃料費。因為孩子們都搬出去了，你可能想把現在住的房子換一間小一點的。

如果你感覺這是你最不想做的一件事，那麼，它可能是你最該做的**第一件事**。停止逃避現實。

巴比倫最富有的人

喬治．克萊森（George Clason）的經典名著《巴比倫致富寶典》（*The Richest Man in Babylon*）教導了一種很有力量的做法，可以一舉改變你的人生。一旦你訂定了一個預算，並注意金錢流入與流出，成功的關鍵是**永遠**要將收入的一〇％挪作儲蓄。讓它成長，看看會發生什麼事。這個的魔法是，錢也會長出自己的生命，而且，當我們放它生長時，它會開始產出能量。資本是一個強大的東西。它可以資助想法、產生利息，用於獲得更多的貸款等等。關鍵是讓你的錢增長，並為未來的世代做一些付出。這是一個在許多西方家庭失傳的一種重要智慧，因為我們已經成為廣告商的獵物，陷入消費者債務。當你可以瀟灑離開你的爛工作，而且確定可以自給自足一段（長）時間，真正的自由才會到來。你可以資助你的夢想、買一些土地，並用一些錢為你的孩子投資一個更光明的未來，但如果你從來不存錢，如何累積金錢？

從現在開始。把所有進入你生命的金錢的一〇%拿出來，用一張存單存起來，或者放在高收益的銀行帳戶。隨著它的增長，你可以與理財顧問討論，並將它移動到收益更高的基金，但先不要擔心，只管開始存錢。如果你真的想做好這件事，讓那一〇%摒除在你的退休金提撥之外。你得更加努力的工作來調整生活方式，並減少日常生活開支。這裡的理由是，當你到達某個年齡，退休金會用完，但一〇%的儲蓄會助長你的投資與資本增長，這將把你從時間即金錢的原地打轉中解放出來。

如果把這個和本章先前傳授的練習結合起來，你也可以在這一〇%之外，加上所有你本來要花在沒用東西上的錢，把那些資金全存起來。很快地，幾張鈔票會變成一些真正的錢，你會發現自己像個投資者。這確實能改變這場遊戲。

投資未來

另一個成為解決方案的部分的關鍵，是只投資在致力綠色與永續發展的基金。目前有各種正向投資的工具正在興起，它們的利潤通常很有競爭力。有人已經決定要成為解決方案的一部分，而且已經為我們開出了一條條的小徑，讓我們跟隨。世界上有好人，我們可以幫助他們來幫助世界。我們沒有辦法單槍匹馬修復整個世界，但團結在一起，就可能握有一個光明的未來。城市修道者把錢放在糊口的地方。記住，你用你的金錢投票。我在「參考資源」納入了部分這些基金的連結。

釋放舊物

近藤麻理惠的暢銷書《怦然心動的人生整理魔法》透過教導我們整理人生，形成了一股巨大的影響。我認為這個論點是好的，但錯過了一件重要的事。當然，應該賣掉或送走你不需要的東西，讓生活有條理，但也要**停止購買更多垃圾**。我們多年來積累了這麼多的東西，大多數只是晾在那裡。這就是為什麼我喜歡野外健行。它需求的是簡單。檢視你的東西，看看什麼符合需要或想要。照片和家庭祖傳遺物很酷，但是那支你大學畢業以後保存的網球拍呢？你真的會再去甩拍嗎？囤積的行為就像停滯的氣，居住在你的系統裡。它幫不上忙，還擋路。車庫裡所有的垃圾如果都不在，它就可以搖身變成一間舞蹈教室或健身房。你為什麼要付那幾平方英尺土地的錢，堆積你不需要的垃圾？把它在舊物出售時清走，放上eBay賣掉，或者把它捐出去或報廢。卸載額外的東西，整理你的生命。把它們清走吧！你卸載它們所得到的錢，會變成一個紅利。

這個做法的關鍵，是我們在這個過程中學到的有力量的教訓。處理多年積累的垃圾盒子和箱子，會讓我們下次出門玩，想買一些小飾品時，三思一下。看見未來，想像自己在舊物出清時賣東西的樣子。你覺得怎麼樣？值得你付出的錢和生命力嗎？如果是，就把它買下來。這是另一種製造一個關卡，讓理智攔截購買衝動的方式。

不要購買折舊資產

一旦你清理了垃圾，看見你從所有垃圾回收的錢是多麼的少，你將會學到一個強大的教訓。亦即，折舊資產令人沮喪，你應該盡量避免購買它們。一輛新車從停車場一開出去，它的價值立刻貶值十一％。對一輛三萬美元的車而言，你剛失去了三千美元，而且它的價值還會一路下滑。另一方面，房子的價值平均是年年上漲。珠寶、古董、槍枝、優質的樂器和土地，價值也通常是上漲的，然而數百萬噸來自中國船舶上的塑膠垃圾，基本上從買下來開始就是垃圾。然而，事情也不這麼絕對。收藏家的物品可以增值，是好的投資。

這裡的重點是，永遠要將你的支出視作一個投資。當然，要當一位有意識的消費者，購買以永續方法生產的東西，讓世界成為更好的地方。我們愈能與我們投資的價值一致，我們就更清明。記住，你的錢就是你的能量，不要胡亂浪費。投資在你創造的夢想世界，看著魔法發生。

升級

一旦你停止出血，下一步是改善你的手藝、消息或銷售，以增加收入。流進漏水管的水愈多，製造的混亂更大；然而，一旦你訂定了一個預算，並且對什麼是重要的很有概念，增加水量是很棒的。這意味著有一個可以承載更多成功的框架。若你能夠扣合上，對你的生活方式感到滿足，需要更多的錢做什麼？

這時，你可以分配更高百分比的新資金流給投資與享受。我喜歡把收入的五％挪作度假基金，並確保每年都花這筆錢。我也分配三〇％給投資，目的是讓公司成長，我也投資於我個人相信的事情。捐贈給慈善機構也是這筆錢的一個有力量的管道。一旦你讓它流入，你會看到你在社會上更有能力。改變世界是值得說嘴的一件事；城市修道者管好自己的事，並且口到手到。我們使好事發生，是全球解決方案的一部分。

那麼，如何增加金錢流量呢？這取決於你此刻位在生命中的哪一段。如果你是領薪水的工作，開始看看如何獲得獎金。你應該不停地閱讀、學習、受訓，提高你專業上的技能。尋找升遷的機會、獲得獎金，或者，如果目前的公司無法提供任何好機會，你可以受訓跳槽到另一個位置。

如果你是個體經營者，或者靠傭金收入，你已經知道你的頻寬通常是你的限制。學習更好的管理技巧，學會授權。需要時接受幫助，把每件你做的事做得更好。這要從你的活力開始。練習氣功，增加你的能量。強健與好身材使我們更有生產力。吃對的食物，動動身體。獲得更好的睡眠。你可以把增加的氣投資到你的職涯。你可以讀那些書、打那些電話、去參加聚會，或者任何可以超前的事。

一旦增加了個人的活力，你就有更多本錢投資你的職業生涯，並在那裡建立能量。再說一次，金錢是能量的一種形式，它能助燃經濟。有了它，你可以僱請幫手、增加廣告預算，或者買到那台機器或倉庫，為你解套，繼續前進。

一位城市修道者全力以赴，因為她知道她可以用那些錢做多麼多的好事。一個好的戶主是社區的領袖，他可以僱用上千人，並資助幾個慈善機構。金錢對她不是目的，因為她掌握了它，並將它作為美善用途的工具。

〈娜塔莉的行動計畫〉

娜塔莉有很多壞習慣，但很好談，因為她已經走投無路了。信用卡的帳單要她的命，當我們抽絲剝繭，單是利息金額她就嚇壞了。娜塔莉每個月全部收入的三分之一，都拿去付利息了。我把她介紹給一位債務專家，他們與每家銀行談判付款計畫，她終於找到一個理智的出路。剛開始，這個規矩很痛苦。我們不得不切斷她的信用卡，並改掉一些她的生活方式。不再有所費不貲的旅行，不再有更多的新鞋。事實上，她賣掉了超過四十雙她根本沒在穿的鞋子。

遠離簽帳卡後，娜塔莉開始看出她的生活有多麼奢侈。她原本每天早晨在星巴克花費的六塊美金省下來了，因為現在改成在家裡拿一些好的咖啡，在她出門前沖泡好。與它一起搭配的貝果，也用從冰箱拿出來的有機雞蛋取代。她開始較常和朋友一起在家裡做飯，有些朋友走開了。甩掉包袱。她真正的朋友是可以簡單地閒聊、談天、散步，和一起看電影的人。

當娜塔莉開始上瑜伽、讀一些真正的書、寫日記，她逐漸了解她的童年如何影響她的財務混亂。這幫助她更能意識到自己的情緒狀態和衝動決定。在錢包裡放一些提醒卡、簽帳卡上限，以及一個幫助她定心、默念個人真言的手鍊，娜塔莉如今很會對東西說「不」。她不再把逛商場當娛樂，她會去一些地方，在那裡可以享受生活，卻不用花她沒有的錢。公園、健行、博物館和朋友的家，變成她常去的地方。

瑜伽和較好的食物減輕了她的背痛，節省了她每星期付給脊椎治療師的錢。他幫助她做一些在家可以做的練習，而這一次，她聽了，而且開始做。結果證明，配合的患者康復得比較好。

娜塔莉花了兩年的時間還清債務，接著，一些有力量的事情發生了。比起她以前的生活方式，她太喜歡現在的生活了；當償務還清後，她為自己的未來，繼續把相同的金額存進帳戶。她知道她不能在工作中上一直保持同樣的速度，所以她需要一個退場策略。她開始尋找無毒的染髮劑，也發現了一些很酷的東西。晚上，她上了一些關於網路行銷的課程，並建了一個網站。隨著債務消除，她把一定比例的存款投資到她新的網路業務，幾個月之內，銷售的錢進來了。她成了「無毒染髮女孩」，業務開始起飛。

她最後離開了她白天的工作，她的事業做得很好。她很注意怎麼花錢，每個月都能存錢。娜塔莉為自己感到自豪，而且，她是應該自豪的。她捐了錢給玻利維亞的孤兒，還與青春期前的女孩一起工作，幫助她們培養正面的自我形象。

第十章

過一個有目的的人生

薇若妮卡一天早上醒來，突然發現自己很迷惘。她已經獲得升遷四個月了，這是她一直努力奮鬥的，但她依然覺得沒什麼不同。三年來，她積極地想得到這個位置。她熬夜工作、沒吃午飯，下班後仍與亞洲的團隊Skype，總是多付出許多。如今，她的時間沒有增加，但她有了更多的責任。薪酬跳級也使她的所得稅率更高，所以，她帶回家的錢並不如她預期的多。買了一部新車和加入一個鄉村俱樂部會員後，她又被帳單追著跑了。

她爭取得到的升遷使她的腎上腺疲勞，她的荷爾蒙開始混亂。她的體重不斷增加，覺得焦慮，很難入睡。她的丈夫依然打鼾，孩子們在學校裡也有問題。如今她頭痛的次數一樣多，甚至沒時間來處理生活中的任何問題。

這不是薇若妮卡第一次有這種感覺。在此之前，她和先生的關係出了一些狀況，當時她解決的方法是生一個小孩。她的媽媽說服她，這樣就船到橋頭自然直了。她錯了。寶寶帶來了無數的無眠夜晚，以及數不清多少次關於這次該輪到誰去「處理」這個孩子的爭吵。在新生兒初期的忙碌逐漸消退後，薇若妮卡回到工作崗位，但對於在家裡進進出出，陪伴她女兒長大的褓姆相當怨懟。有一天，她下班回家時，嬰兒哭著要回到褓姆的懷抱。薇若妮卡的心都要碎了。第二個寶貝帶來更多類似的問題。

到底發生了什麼事，當中有什麼是值得的嗎？她不快樂，沒有成就感，儘管有堅定的工作倫理與崇高的職業目標，她達成了她的目標，但仍然沒有得到應有的情感回饋。究竟缺少了什麼？

〈問題〉

我們生活在一個缺乏意義的文化裡。我們在無法找到它的地方遍尋它的蹤影。英雄的旅程不在我們面前。在火爐邊講述的古老故事，已經被情境喜劇和實境秀取代了。我們曾經受偉大人物的啟發，他們做對的事，受到尊崇。亞瑟王、羅賓漢、路克天行者（Luke Skywalker）[22]、南丁格爾和羅莎．帕克斯（Rosa Parks）[23]都具有某種代表性。他們促使我們洞察人類的處境，幫助我們更了解自己。今天，我們活在一個幽默的現實，沒有什麼是真正有趣的，所以我們渴望別的東西。我們尋找意義，但只找到空虛，或者只有部分滿意。我們相信一個呈現在我們眼前的世界觀，但它卻無法展現出來。

自遠古以來，人們一直試圖影響他人的思想和情感。第二次世界大戰後，我們的文化又轉了另一個彎，走向某種不真實的東西，從那時起，我們一直想辦法滲透它。戰後，許多思想投入製造我們的身份，因為我們得確認我們的精神與共產主義和社會主義的哲學對立，這營造了我們新的文化印記。蘇聯是建立在這些原則之上的，他們藉此在全世界擴張他們影響力的範圍。對資本主義、宗教與「我們的生活方式」的正面攻擊，導致西方起草論述之必要，這種論述可以讓我們齊聚在它的大旗之下，某種團結我們，值得為之奮鬥的東西。我們得到的便是《天才小麻煩》[24]（Leave It to Beaver）和《爸爸懂不懂》[25]（Father Knows Best）。電視和電影被用來幫忙描繪我們應該是誰，以及我們應該如何適應這個稱為社會的東西。它是經過設計的、有性別歧視的，太過局限。不久後，當人們打心裡感覺到它完全沒有生命，反文化便出現了。從那時起，我們一直在處理這種失落，並在年輕世代身上深刻地看見它。

他們知道這不過是個屁。

22 路克．天行者：電影《星際大戰》中的絕地武士之一，為墮入黑暗勢力的安納金天行者與納布星女王的兒子。
23 羅莎．帕克斯：美國黑人民權行動主義者，1955年她在公車上拒絕讓座給白人乘客，引發後來大規模的黑人民權運動。
24《天才小麻煩》：美國1950年代的一齣情境喜劇。
25《爸爸懂不懂》：美國1950年代的一齣情境喜劇。

他們知道這沒有用，而且造成痛苦，但問題是，他們不知道有更好的選擇。他們看著媽媽和爸爸像奴隸般努力工作，仍然落到離婚的地步。他們看見夢想的工作也會導致心臟病發作。他們看著癌症從他們親近的家人帶走一切。他們知道錢不能解決所有問題，但需要錢來買東西，我們需要工作來賺錢。如果你想要一份工作，你必須去上學，或者至少穿某種衣服，小心翼翼。石油和天然氣很髒，但你的工作在三十英里外，公車路線不會把你載到那裡。時尚產業很瘋狂，但你今年冬天確實需要一件夾克。

我們知道有一種更好的方法，並且去尋找它，但不知何故，總缺乏凝聚力。有些事情是非常錯誤的，我們聽說冰帽融化，阿拉伯國家的城市每天被瘋子蹂躪。但我們去工作、上下班、貢獻社會(也許)、納稅、目睹戰爭與暴行、讀新聞標題，然後回家看電視、吃微波食品。完全沒有生命的火花。

我們在教堂裡尋找，但得不到滿意的解答。我們嘗試毒品，得到一些樂趣，但並沒有真正找到答案，只找到更多的問題，也許還在人生記錄上加了一個污點。也許我們在那些日子裡曾有一瞬間感覺是自由的，但也見識到它對幾個朋友的影響。我們禁不起站在法律錯誤的一邊，而且既然我們有了孩子，這鬼東西已經不在選項裡了。

我們認為結婚和建立一個家庭應該有解，但這責任太繁雜了，那些討厭的卡通背景使我們頭痛。永無止境的遊戲日、足球比賽、輪流接送、家教、跑急診，以及那些一直帶回家的可惡流感，簡直讓人累壞了。我們愛我們的孩子，想要給他們最好的。我們願意為他們做任何事，但卻覺得快撐不住了。每天，他們回家時，要面對上學的孩子冒出的新想法或粗魯的態度。我們感到失控，彷彿是我們把最珍貴的資產交付給了完全陌生的人，而他們太忙於給孩子出紙本作業，而無暇顧及我們孩子的個人需要。我們可能會更沉重，或更痛苦。畢竟，原本以為孩子上學後，我們會更幸福或更快樂。許多夢想因為生活而受到阻礙，隨著時間分秒消逝，我們感到更加不安。

我們看向哪裡？我們是誰，我們在做什麼？我們怎麼走到這裡，生命是否一直是這樣單調乏味和無意義嗎？

我們可能對許多事情感興趣，但完全不會對太多事感到興奮。我們試圖激發一些熱情，但是心靈深處，我們並沒有真正感覺到熱情。事情都有點灰色；我們覺得處於停機狀態，與孩提時期感覺到的純然的快樂斷絕了。究竟少了什麼？

為什麼要起床？什麼是值得奮鬥爭取的？我們每天看到非洲和中東的人民死亡，成千上萬人過著人間煉獄般的日子。我們可以做什麼？我們已經介入並想辦法幫忙，但沒有奏效。這當中有什麼道理嗎？為什麼這鬼狀況是我們的錯？

世界是一個奇怪的地方。西方一般公民的成長過程中，帶著層層從祖先以來拴住的內疚。從種族主義到奴隸制、帝國主義、經濟不平等、資源枯竭和全球污染，我們都有一個健康劑量的「這是你的錯」的能量。現在，如果你積極參與其中一部分，這很有意義，但大多數的西方人長大、上學、找到一份工作，只能試著勉強維持生計，堂堂正正做人。他們的爸爸不是石油公司老闆，也從來沒有去非洲挖鑽石礦。話雖如此，也許他們已經買了鑽石、開一輛休旅車，還帶著從爺爺傳下來的有毒種族主義文化印記。是否現代西方人需要承擔這些包袱，對世界其他地方賠償，獨自扛起氣候變遷的責任？或者，這是不公平的？這些是我們這個時代的問題。我們都想償還父執輩的罪，但大多數人並不知道怎麼做。我們希望以意義和目的灌注我們的人生，但沒有這類型的典範榜樣。我們想回饋我們的社區，但我們不知道我們的社區是誰，或者它需要什麼。

從跌倒的地方站起來

在前面九章中，我們探討了許多生活方式的問題，它們正消蝕我們的生命力、損耗我們的活力。我們已經深入了解當中每一種，透過練習、破解，以及如何在波濤洶湧的水域航行的知識，以釋放你的個人力量。這些將如何影響意義和目的這個主題？它們能幫助我們重新獲得與**生命本身**的聯繫，然後，讓我們回到宇宙的流動之中。讓我們在此快速看看每一個問題吧。

壓力：被太多壓力套住，會影響免疫系統和神經系統，混亂身體的新陳代謝。它會削減通往大腦前額的能量流，前額和使我們成為人類的高階道德判斷與批判性思維能力有關。被拒於這部分大腦之外，會使我們停留在「打或逃」的動物腦，以及歸屬感的需求。停滯在原始階段而想要尋找人生意義，幾乎是不可能的。我們必須為大腦清除路徑，以擊發與激活我們更高的精神能力。然後，我們便不用尋找意義；它從內在向我們呈現。

時間：時間將我們連接到宇宙裡所有的力量。若我們對於時間是什麼，以及會如何在時間之流裡存在有更好的理解，將無可限量地解放我們。時間是生命中最偉大的老師與盟友。它是我們的存在的心錨；當我們浪費時間，就是浪費生命力。因為我們與我們的本質斷開了，我們揮霍它，還說無聊。城市修道者掌握他的時間，而且，一旦他在線性時間之外遇見了本我，便能找到意義與目的。暫停時間和尋找永恆，是我們必須掌握的日常練習。

能量：能量是人生的貨幣。你可能還記得，「氣」能量可以陶養成「神」（或精神），變成幫助我們與周圍生命連結的重要物質。它是我們與周遭生命共享的意識結構，是一種我們可以透過練習，加強和完善的東西。底線是流動著氣的豐沛、健康的系統。改變舊習，努力地把我們的能量精煉成靈性，這是一種魔法，也是我們在西方面臨「缺乏目的」困境的缺失之一。一個閃爍的燈泡不會切斷它。我們必須清醒過來。

睡眠：萬事萬物有上必有下，睡眠是我們療癒靈魂層次的地方。這是我們的潛意識與集體潛意識連結的地方，也是我們從一天的事件中得到意義的地方。大多數人嚴重睡眠不足，以致於總是覺得少了某樣東西。改正這一點，並與我們每天的「小死亡」聯繫，能幫助我們接通生命之網。有了足夠的睡眠，我們的基線焦慮開始消失，重新獲得為自己找答案的專注與角度。我們感覺會變好，而且我們的生命力散發出自在與輕鬆感。我們必須睡覺才能完整。

停滯的生活方式：坐著思索人類的存在，是僧侶生活的一部分。其餘的時間是每天挑水和砍柴。生活是活躍的，丘陵是陡峭的。生活需要我們勞動身體，在陽光下出汗，迎接風雨，提起重物。這種情況打從人類跌跌撞撞走出第一個冰河時期就是如此。如今是人類歷史上，我們第一次變得如此停滯，整天大部分時間坐著。我們之中許多人與我們原始的根失去了聯繫。移動對於解鎖我們的重要能量、激活生長與長壽的關鍵基因是至關重要的。當身體不動作時，它顯示停機狀態，會使心靈沉悶，導致一種疏離與不安感。一旦我們回到移動之流，我們的燈開啟，它就會自然地來到。

飲食：好的食物能賦予大腦力量，激活高層次的心靈中心喚醒我們。壞的食物有相反的作用；它讓人想睡，擾亂能量流。選擇這個方程式對的一邊是很要緊的。你不能一邊吃垃圾，一邊期望找到人生更高的目的。在所有層次上，你吃什麼，你就是什麼，包括身體的、精神的、心靈的、能量的，以及其他等等。一位城市修道者規畫她的人生經驗，攝取好的食物，避免會在任何程度上拖慢她的速度，並增加身體負擔的東西。你成了你攝取的東西，並用它做燃料，進一步的覺醒。

大自然：正如薩滿教老師艾伯托・維洛多所說，在西方，我們是唯一把自己看成是花園外面的人。認為我們是從一個自然的天堂被驅逐的這種觀念，切斷了我們對自然界的崇敬，而大自然孕育了這麼多的文化。我們對森林開腸剖肚、在它的腹部採礦、污染河流，並把地球填滿了我們並不真的需要的塑膠。與自然的疏離，將我們與宇宙的臍帶拉開，使我們與相依存的其他生命分離。我們做了這些事，然後去山間僻靜處的工作室，試圖尋找意義和目的，然而，第一站應該是從我們自己的後院開始，與自然世界重新連結。

孤獨：當我們找到上帝、真理或者任何你對祂的稱呼時，便沒有孤獨這東西。當我們與本我疏離，才會感到孤立與困惑。接通童年的熱情，理解我們全都帶著謊言到處走，這是第一步。我們可以在彼此中找到意義。我們可以理解我們共同的困境，在別人身上看到自己。當我們照顧自己，活化自己的人生，便可以支持他人，並接通服務的能量。在這裡，我們改變自己，讓開路，讓更高階的自我流過我們。這時，我們更了解自己真正是誰。

金錢：我認識很多缺乏生命意義的有錢人。他們參加昂貴的靜修團，穿最好的瑜伽服，購買大量的按摩課程，但仍然過得很悲慘。如果你相信炫耀性消費的錯誤，就知道金錢是無法購買意義的。利用金錢助燃你的夢想，帶領你去經歷冒險與探索的人生。利用它幫助別人，使世界變得更美好。意義不是用買的，它是從自家長出來的。城市修道者不會混淆這些事情。如果你覺得困惑而試圖透過各種文化印記來識別自己，或者靠金錢進入上流社會，那麼，你就迷失了。了解我們的需要與想要，是把自己從金錢的陷阱解放的關鍵。將事物分解到基本要素，從那裡重新建構你的世界觀。

抽絲剝繭來看為什麼我們缺乏意義，我們看到它與我們生命本身有著不可分割的關聯。問題不在於我們還沒接觸到正確的哲學或心靈成長書，然後人生突然有了意義。這是荒謬的。這大部分的謬誤，是來自基督教和禪宗傳說裡，師父突然讓弟子開悟的故事。西方文化可以歸結到一幅圖像：黑社會老大上教堂，為他整個星期為非作歹，毆人傷人的行徑祈求寬恕。念了一些《聖母經》[26]之後，他被赦免了罪，然後準備再回去犯罪。突然的開悟與「砰」的聲響，成就了偉大的故事，但現實不是這樣運作的。我們每天與生命連結。我們每天向上帝祈禱。我們透過練習靜坐冥想，找到平靜、意義與目的。城市修道者每天實踐她所講的道，行她的道。她是生命的媒介，服務周圍的生命。透過這些與她的日常實踐，連結、意義和目的將不請自來。重新回到生命，意義就在你身邊。

〈城市修道者的智慧〉

我們活在一種對外說法，而非自我追尋的文化。這裡的意思是，在十七或十八歲成年時，我們必須決定我們的餘生想要做什麼，並且以某種方式向世界宣告。「我要成為一名醫生、律師、程式設計師、老師……」最後，在二十歲之前，根據我們天真的興趣，宣布了我們是誰，然後，通常在餘生中受制於這個決定。假設我們決定成為一名律師，因為想要一份穩定的工作，而且因為閱讀能力佳；之後，我們發現自己的人生大部分都被其他律師圍繞著。如果我們當時決定擔任刑法律師，可能之後發現，自己經常得和目不識丁的客戶相處。醫生被病人和其他醫生包圍。教師被政策和擁擠的教室套牢。基本上，如果我們吃什麼，就是什麼，在人生早期做出的決定，通常會使我們幾十年之中，都圍繞在我們與之接觸的那種類型的人群之中。這本質並非不好，但它的結果是，這給了我們一個強化製造身份的世界觀。我們認為我們是誰，也包括了是誰相信那張面具。

所有這一切會發生在人生中，某個我們應該問一個重要問題的時刻：

我是誰？

在東方文化裡，很強調找到你的力量，追求你的命運。你是誰？什麼讓你快樂？如何走一條路，是和讓你快樂的元素一致的？你如何發現自己，走一條自我實現且崇高的自我的路？

26《聖母經》：天主教中，請耶穌的母親聖母瑪利亞代替罪人祈求天主的祈禱文。

我們在西方文化中避開了這些問題，經常覺得迷惘。在青少年時期，我們就向世界宣布了一個通常為我們貼上標籤的職業，我們的餘生被陷在支撐這個門面的大廈。不論我們用了多少砂漿來補裂了縫的牆，裡面的東西不斷噴發出來。我們真正的自己很孤獨，正在等待發光。我們被定住，然後花費餘生尋找讓自己感覺更好的方法。我們尋找休閒娛樂、治療焦慮的方法、心靈成長書籍和溫泉假期，以便削弱這種感覺，但不知為何，它仍然在那裡。如果我們不問夠大的問題，會怎樣呢？

我們都是英雄

在心靈深處，我們渴望成為在經典故事中讀到的那些人。電影、書籍、幻想遊戲、電玩遊戲，或者任何可以用來喚起這些情感的，都很好，但看著路克天行者揮舞光劍，和自己學習劍道，成為一個了不起的人，到底是不一樣的。當蜘蛛人騰空盪過城市天際線時為他歡呼很酷，但是，當你下次去亞馬遜，自己盪過一條藤蔓，就沒那麼酷了。看電視上的跳舞和實際上去跳舞，是完全不同的。跳舞很有趣，但我們已經把它降級為一種在螢幕上觀看的運動，而不是一種讓我們充滿喜悅的活動。

現代世界的問題是，「明星」拿走了所有的樂趣。你不需要成為奧林匹克選手才去上體操課，練習做後彎落拱橋的動作。我們忽視了這個事實，數百萬人已經放棄了，並被降到被動看垃圾電視節目的程度。你不必練就職業水準，才開始做它們。很多人游泳，樂在其中，但並沒有保持世界紀錄。也許他們只是享受水的快樂。

他們發現了他們的開關。我們的開關在哪裡？

當我們確認了與內在自我的聯繫，便接通了有感染力的能量波。你可以在人們當中立即指認出來。當有人被激活，我們可以看得出來，而且會被他們吸引。有些人會嫉妒他們，這在全世界的企業或家庭到處可見。無論如何，我們注意到生命的徵兆，然後我們衡量這種見解，與我們的自我形象對比，因而有所反應。我們可能會對生命力蓬勃的人印象深刻、受感召、覺得反感、覺得受冒犯，或者受到激勵。他們感染到我們，提醒我們某種嚮往的東西，或者我們討厭他們，因為我們覺得自己做不到。

你熱愛什麼？

打開我們開關的是什麼？我們去哪裡找到能點燃我們的靈魂的火花？答案是釐清本書前面

九章中討論的事項，花時間再次認識自己。當我們再次跟著活力流動，可以品味人生，人們可以在我們的眼神中看見。我們不需要去尋找意義或目的，因為我們人生的方向開始變得不言而喻。我們跟著麵包屑，意識到我們是大我中的小我。我們幫忙往前推動社會、藝術、文化、數學、科學、哲學，或者任何其他我們接觸的事。我們協助與慫恿生命本身，讓它對未來子子孫孫更好，因為我們在未來所有的生命中，看到了我們不朽的自我，而且我們從深入的層次了解這一點。

找到我們真正的個性，是找到意義和目的的關鍵。未發展的個性，就像一個沒有明確信號的廣播，完美的聲音會失真。關鍵是要清空通道，以便我們能與整個宇宙的諧和交響樂產生共鳴。這意味著改正自己的陋習。幸福是自我實現與點燃自身活力的副產品。當我們藉由氣功、靜坐、禱告、運動、飲食、睡眠習慣，人際關係，以及我們做的其他事情，來接觸到我們的本心，就不會有令人困惑的問題使我們晚上失眠。我們臉上帶著微笑睡著，因為我們還有另一個棒極了的一整天。

〈東方修行法〉

大圖像練習

有一種很有力量的方法，來構築你的人生轉變，是在一個假設的場景中改變你當前的情況，並播放出來。問你自己：如果不考慮時間、金錢和地點，我想要用我的時間做什麼？然後問自己以下的問題。

- ✦為什麼？
- ✦要達到那個目標，我能做什麼？
- ✦什麼擋住我的路？
- ✦它是一個真實的，還是一個被幻想出來的限制？
- ✦我如何轉化這些障礙？
- ✦我要怎麼改變目前的生活方式，以容納它，並朝目標移動？

這些是簡單，但也困難的問題。我們之中很多人有孩子、帳單、年長父母、朝九晚五的工作與其他義務，這些都是真正的障礙，阻礙我們起身離開這個世界，而這並沒關係。我們許多人花了這麼多時間訓練自己，去思考我們相信已經完成的人生的妥協與限制。我們已不記得什麼是無限的夢想。這個練習能解開它。

停止眼高手低

城市修道者是一個戶主。我們活在社會中，擁有我們為之工作的生活。所以現在，我們如何調整花費時間、金錢和精力的方式，讓生命為我們效力？一旦你藉由在這本書中學到的練習方法，釋放你的能量，你就可以再投資於優化你日常生活的能量流。有了更多的時間和金錢投入你的夢想，你可以開始建立一個計畫，並使其發生。開始策畫一個有趣，而且每天都有好事發生的人生。如此一來，你便不需要總是幻想著逃避。例如，你一直想去看埃及的金字塔。好的，這是一個為期一星期的假期。你不需要為了這趟旅行改變你整個生活，即使它感覺如此遙遠，很難想像，因為你的生活充滿了沉重的責任。輕盈是重力的相反。將更多的輕盈帶進你的日常生活，將能幫助你制定計畫，挪出時間、存錢，然後去旅行。現在你回來了，你將有故事可以訴說，有圖片可以分享。但願它不是一個你討厭的生活。這是這則故事的重點。有趣的是，一旦你的居家生活充實，你會有更多的能量、時間和金錢，去從事人生中想要的各種冒險。你會知道到達這個境界時，你的家庭生活和假期時間看來是一樣的。對於城市修道者而言，生命是一個散播美善的經驗、教訓、冒險和機緣的奇妙流動，無論你在哪裡。

休假

那麼，一個城市修道者如何度過關機時間呢？把你的假期時段當作為一個小休假。不要把你寶貴的休養生息時間，浪費在另一個觀光鎮的巴士遊覽。挑選一個你可以放鬆的地方，讀一本書、做一個練習，或一些個人工作，或只是補眠。問自己，你需要什麼？並讓自己從那個湧泉啜飲。一個星期的假期應該可以滿足大多數人，這在今日世界不是太難獲得。如果你有小小孩，與你的配偶輪流，或請朋友看著他們，讓你有時間充電。盡可能多次地安排這種小旅行，並盡可能安排更長的閉關時間。癡癡等待一個長假，而不規畫任何小旅行，可能會讓你好幾年都處於永無休止的狀況下。只要知道，這些小旅行真的可以幫你重新連結到源頭，並且提供你回到日常生活所需要的跑道，以保持清醒與平衡。

在小尺度上，我把星期天視為我的微休假日。我只做覺得自然的事，而且我盡量不做任何計畫。這至少給我一些空間放鬆，讓日子自然展開。因為我有小孩，白天仍然得團團轉，但至少他們也可以得到一些非結構性的時間玩耍與探索。全家一起這麼做，並享受它。你不能讓這些年重來，這些注入人生中的平靜感是無價的。

拉瑪那・馬哈希（Ramana Maharshi）[27]的基本冥想

「『我是誰』這個念頭會打破其他一切的想法，而且，像一根用於攪拌烈火柴堆的棍子，它本身最後也會被焚毀。然後，『自我了悟』就會浮現。」

——拉瑪那・馬哈希，《拉瑪那・馬哈希的心靈教導》（*In the Spiritual Teaching of Ramana Maharshi*）

拉瑪那・馬哈希尊者是我們這個時代最偉大的印度聖者之一。他是一個務實認真的人，他不在乎是否有追隨者，但是人們不遠千里去向他請益。他對於了解真實簡單而優雅的方法，並沒有涉及大量的呼吸、淨心、瑜伽姿勢或捐錢給寺廟。他只是教導我們提出非常挑釁的問題，目的是幫助我們深究存在的本質。它們像是對意識的不間斷掃描，探索心靈脈動的本質，讓我們有機會洞察每個問題的「提問者」的本性。這是一個追尋與挖掘真我非常有效的方式。這裡有一個拉瑪那・馬哈希尊者的練習法例子，我非常鼓勵你試試：

- 靜靜地坐著，聆聽你的想法。

- 一旦你挑出了一個你注意到的想法，問這個問題：「是誰剛才有了那個想法？」
- 我們傾向想到的習慣答案是「是我」，或者「我」。然後遊戲開始了。
- 問問你自己：「我是誰？」
- 從那裡，你可以進一步問：「是誰剛剛問了**那個**問題？」
- 接著問，「是誰剛才問了那個？」

這種有力的練習使我們能深入探究我們的身份，幫助解鎖我們所建立的層層門面。當我們開始挖掘「我們是誰」這個問題，會遇到好幾個我們為這個身份所創造的門面或故事。我們越深入，越明顯地發現，整個鬧劇已經蓋成像巴西的棚戶區，整個基礎搖搖欲墜。關於真我，是非常深刻而且讓人更有能量的，但諷刺的是：你永遠不會找到答案，只會有更多的問題。為什麼？因為探索某種無限的東西，會引領你朝向一個無限的追尋。開始探索我們無限的本質時，我們意識到只會有更多的問題，但這沒關係。歡迎來到生命的偉大謎團！

27 拉瑪那．馬哈希：1879～1950，被譽為近世印度四大聖者之一，為廣為世人推崇的靈性上師，完美呈現印度宗教文化之典範。

道家的丹田靜坐

我多年來追求的最有力量的道家修行之一，是用匯聚位於下丹田的元氣。整本書中，我們已經於各種修行法中，一直呼吸到這個地方，現在，在最後一章，讓我們把熱度加高。這種練習法使用核心肌肉的生理控制，將氣壓縮至下丹田，並激活個人力量。你也可以用這種方法，來提升你在各個層次的運動表現。我曾經協助許多職業運動員使用這項技巧，提高了他們的成績表現。

一旦你覺得這個方法開始有效，生命的能量就為你變得豐富了，你會發現自己充滿了熱情、新的想法和能量，能在生命中做出不平凡的事。我們開始吧：

- 以自在的姿勢坐著，脊椎打直，或者以無極的姿勢站立(兩腳分開，與肩同寬)。
- 開始呼吸到你的下丹田，肚臍下方三個手指的地方，在你身體的中心深處。
- 吸氣時將這個地方鼓起，吐氣時排氣。
- 如此連續做幾個呼吸定心後，準備進入練習。如果以下的練習對你負擔太大，返回平常的丹田呼吸法，然後慢慢進入這種練習。它往往會將氣提高到頭部，你剛開始時可能會覺得頭暈目眩，所以不要勉強！

• 在下次吸氣時，同時做這四件事：

——將空氣深深地向下推入下腹部。

——同時拉起你的恥尾肌。這被稱為「凱格爾提肛運動」(又名「骨盆底肌肉運動」)，它訓練的是生殖器和肛門之間的肌肉。隨著練習，你可以提起這塊肌肉，強健骨盆。

——一旦你把恥尾肌肉提起(這全是在同一個呼吸)，將你的肚臍拉向脊椎。

——最後，想像將脊背拉向你的肚臍。

這中間頗複雜，但基本上，你圍繞著呼吸，並從四面壓縮它，有如四面牆往它陷入。房間的頂部由你的呼吸控制，你可以調整在吐氣之前可以摒住呼吸的時間(是的，這關鍵在吸氣)。經過一段時間，你會開始感覺到這個區域的氣更加旺盛，你會有一股股的能量上升，直通你的脊椎和頭部。

當你學會把它昇華到「神」(試試第二章的道家蠟燭靜坐)，你將獲得格外的清明與洞察力。

死亡觀想

這個印度濕婆教靜坐冥想是很有力量，也令人焦躁的。它真的能幫助我們脫離身體與本我，讓我們可以更清楚認識真我。西藏苯教傳統也經常使用這類的修行法。基本的做法是想像你的屍體（是的，你沒聽錯）。見到你自己的屍體，看著它分解崩毀。看到蠕蟲、蛆、蒼蠅、也許是狗和禿鷹，都在吃你的肉身。看到你自己讓身體回到生命的循環。看到它分解，塵歸塵，土歸土，滋養土壤中的花卉和植物。不要猶豫；就讓它去吧。你任意想，覺得發生了什麼事？面對死亡是一個有力量的練習，使我們擺脫對它的恐懼，並讓我們全然地活出我們的生命。

看到花朵綻放，蝴蝶徘徊在它的四周，那是你所回饋給偉大的自然循環而長出的生命。每天做這種練習，感覺本我的失去與痛苦，這需要忍耐。看到你的親人哀悼你的逝去。感覺它。為什麼？因為它會幫助你退回到真實的時間，讓你**現在**就活出你的人生。它會脫離本我的掌握，讓你自由去學習、探索，而不是把自己想得太重要。它會將你從對死亡的恐懼中釋放，再次將你放進生命的流動。意義和目的會留給停止裝模作樣、而且理解他們在生命奇蹟中的角色的人。人皆有死。死亡是出生的相反。現在是接受它的時候。

第三眼冥想

正如第四章中承諾的，這裡有一個修行法，能幫助你打開「靈魂之眼」，並幫助你發展自己的直覺。我把它保留到最後一章，讓你有一段時間發展你的下丹田。希望你在閱讀的過程中，已經做了一些書裡教授的方法。它們是用來幫你建立一個穩固的能量基礎，並在練習中保持平衡。許多西方人犯了一個錯誤，先去追求心靈的火花。他們將經驗誤認為真實的洞見，因此迷失了。培養心靈意識和看見能量，是打開第三隻眼的邊際作用，但在將能量體定著在下丹田之前這樣做，會導致心智渙散。建立良好穩定的修行和健康生活的基礎，那麼，這些練習將契合在正確的地方。

練習法如下：

- 採舒適的坐姿，花幾分鐘呼吸到你的下丹田。
- 從這裡，吸氣時雙手向前伸展，手心朝外，指尖朝上。
- 現在把你的兩個手腕向內轉，兩隻手的指尖中間形成一個弧，這個弧的頂端與你的第三隻眼(在你的額頭中間)等高。
- 柔化你的目光，看著你手指之間的空間，這時你的舌尖碰觸上顎，並用鼻子呼吸。
- 停留在這個姿勢，時間長度自在，只注視你面前的空間。
- 當你準備結束時，從嘴巴吐氣，同時將雙手放回腿上。
- 起身前，呼吸數次至下丹田。

透過一些練習，你會開始擁有更深的洞察力，也許有一些預知能力或覺醒。這是開悟的自然狀態。你的直覺會增加，你能夠接通到這種內在的指示，在人生中做更好的決定。事實上，它會為你打開一個全新的世界，那是一直藏在明顯的視線中的。我在「參考資源」部分分享了一個連結，說明這會像是什麼狀態。

〈現代破解法〉

每天記日記

挖掘自己心靈、更了解我們如何度過一分一秒的最強大方式之一，是寫日記。這給了我們一個空間來掃過心中的想法，以通常不會口頭表達出來的方式，寫出我們的感覺與挫折。我們的意義與目的，會埋藏在這些噪音中。很多人拖著他們的憤恨與怒氣到處走，並發洩到周圍的人身上，因為這些嗔怒就躲在表面之下。如果不知道困擾我們的原因，那要如何充分傳達，讓別人了解？我們只會被看成是瘋狗。

日記有助於這個洩壓閥，因為它讓我們能與自己進行對話。它讓自我和潛意識心靈調和差異，它也有助於引導我們的注意力，關心反覆浮現的主題。我們的世界是如此嘈雜，我們很少花時間審視自己。記日記的做法會強迫我們動筆，而且通常能網住一些有趣的結果。剛開始你可能想踢桌子大叫，覺得沒什麼可寫的。沒關係，只管開始動手寫。你可能需要一個星期的時間才能文思泉湧，但只要有耐心，繼續把想法寫出來。最終，你會突破，而且永遠不會回頭。這個過程如此地療癒，你將驚訝地發現，幾個月後，你整個人的感覺好多了。很快地，你會看到不斷出現的主題。它們經常與我們童年的夢想和願望一致。你可能把它們擱在一旁很久了，但是當你頭腦清明時，你面前的路徑就變成得清晰了。你開始朝這個方向走，生命的冒險於焉起飛。一旦你與它接通，意義與目的便由內向外輻射出來。

夢的筆記

記錄夢的筆記，也是捕捉潛意識，或可能是集體潛意識的訊息，一種有力的方式。一些真正好的東西可以在這裡捕捉到。關鍵是把你的夢境日記放在床邊，醒來時能夠及時拿到它。即使只是遲了一分鐘，許多豐富的東西往往就流失了。經過一段時間，你會開始看到經由作夢狀態流露的訊息，並且可以透過它，認識自己與自己所經歷的旅程。

個人心旅

我的成長過程中，有一位嚴格的父親，對他而言，得到成績全部A從來都是不足夠的。我拼了命讓他覺得驕傲，但很少讓他覺得滿意。作業完成時，我得學一些其他的東西；我從來沒有機會偷懶。我很快養成一種讓自己總是看起來很忙碌的習慣，讓批評消音。它變成一個很容易抵擋父親的批評的擋箭牌，但意想不到的後果是，它卡住了。當我開始學習關於自己、深入探討讓我相信的事情，我發現我的程式中這個有趣的病毒，看到它如何影響了我人生的不同面向。我學會了重新當自己的父母，給年幼的男孩再次玩耍的空間。我這麼做會感到內疚，而這也是為什麼我覺得這個練習對我特別地好的原因。給予自己偷閒的許可，去做一些工作以外的事，使我覺得解放。它幫助我了解自己、我的家人，以及所有被投入在不必要的門面上，所浪費的精力。

無論是每天（或夜間）寫的定期筆記，一則你在醒時或者半夢半醒時寫下的筆記，這個謎題的重要一部分，是**回去讀它**。很多人跳過這一步，失去了可以幫助他們的寶貴信息。定期回過頭看看你曾經跌跌撞撞經歷什麼事，看看你在什麼地方卡住，什麼事激怒你？到達這種對自己內在心靈的洞察力是無價的，也是進入意義和目的領域的一個關鍵點。再說一次，意義不是某一天你突然發現的一些抽象東西。它是一種多層的真我感覺和靈知，結合了對自然的更深刻理解，以及明白宇宙如何運作。加總在一起，我們找到目前在這個生命之網中的位置，並得以窺見我們的路徑。很少人了解它通往哪裡，以及這一切意味著什麼。這不是重點，坦白地說，那會奪走所有的樂趣。當我們行在我們的路上，並享受旅程，人生帶來的奧祕與冒險確實是最有趣的部分。只要**感覺**你在自己的路上，不必知道你要去哪裡。筆記會幫助你。

重新養育你的內在小孩

學會參與和你內心的孩子對話，是一個接近內心喜悅的有力方式。許多人在各自成為我們這樣嚴肅的成年人時，扼殺了這種聲音。我們停止聆聽我們內心裡的孩子，不斷咬緊牙關，勉力而為。年復一年，我們做到了，但我們到了哪裡？四周都是疲憊和悲傷。我們豐富與熱情的童年火焰如今閃爍不定，似乎遺佚了。學會與我們內心的孩子重新連結，是把這種感覺帶回來的強大方法。第一步，是深深地與關愛地與他或她聯繫。這意味著重述。你內心的孩子可能覺得不安全。你可能已經拖著他或她，經歷各種不舒服的情況，沒有保護好他們柔軟的心。你需要伸出手，向你內心的孩子保證，你在這裡與他或她連結，並和他或她結為朋友。問問你內心的孩子，他或她覺得如何？是什麼困擾著他或她。培養信任可能需要一些時間，但繼續努力。認真想見自己與你內心的孩子站在一起，參與這場對話。他或她想做什麼？想要冰淇淋？太好了，去拿一個冰淇淋，請他吃。習慣傾聽我們內心的孩子，會幫助我們去做為人生帶來歡樂的事情。這麼做的時候，我們內心的孩子不會反叛，迫使我們去吃整桶的冰淇淋。一支冰淇淋、好好散個步，或者在狂歡節玩一天，這就足夠了。

抑制衝動的時候，我們鬱積的壓抑能量，會導致一個人生中令人窒息的悲傷。當你開始對話，開始關心你內心的孩子，你會發現一種自由和快樂的感覺，回到了你的人生。有了它，意義與目的變得不言而喻。它們是從純潔美麗人生的快樂圓滿中產生的，不是我們辛苦追尋來的。

野外冒險

回到第七章，讓我們回到另一個大自然的旅程。回到我們的根，接通意義與目的，這全都以更簡單的方式發生。我們住在一個複雜的世界，認為更多就是更好，而且，因為大腦複雜而且壓力過大，我們的解決方案設定在需要一些超級教授團隊設計的，完全適合我們的精心計畫方案。因此，我們搜尋，而且付錢給這些最終會適合我們的人、課程、飲食、書、伙伴或上師。

如果答案在反方向呢？也許我們已經被抽象思維和複雜的邏輯推理引偏了。也許，看著蝴蝶在閃閃發光的陽光下翩然降落在一朵花上，這樣的美正是我們需要的。也許，回到食物、水、住所和火的基本要素，可以幫助我們簡化生活，看看自己和那隻蝴蝶有什麼共同之處？當然，理解到我們的軀體將能促使那些花綻放，可能是一個清醒的想法，但也許也是一劑良藥。當然，我們可以把我們的名字刻在紀念碑或偉大的圖書館上，供後代子孫景仰，然後呢？你還是會往生，而你享受這段旅程嗎？你是否在短暫的一生中找到平靜與幸福？你是否能戴著微笑行走世間？從那裡，我們可以移山填海，改變經濟，而城市修道者在全世界這樣做，但這旅程的第一站是歸鄉。在大自然裡找到你的幸福，並接通你的本我。學會欣賞我們來自的大自然世界，與周圍的所有生命分享，並且，用它作為你所做的所有工作的活動框架。

城市修道者從大自然中獲得靈感，並經常回去大自然充電和重新連接。花時間這樣做，並且進行充足的旅行，你可以自由地在荒野中漫遊，在田野裡散步。一旦培養出這種練習，你就會明白它的重要性，它將成為你餘生中儀式的一部分。它會提醒你什麼是值得奮鬥的。

我們是周遭生命的一部分。是重新加入這場派對的時候。

〈薇若妮卡的行動計畫〉

薇若妮卡一輩子都在追求身外之物。她擁有個人的力量和本錢這麼做，但一次又一次地，她到了終點線，才發現她跑錯比賽。我們以記日記開始，讓她每星期在家工作兩天。這給了她足夠的時間與孩子相處，消弭了日積月累對褓姆的焦慮。從那裡，我教她一些氣功，她真的進入了拉瑪那．馬哈希的自我分析的冥想。不知什麼原因，她的氣質真的導引到這條追尋的線，對她很有用。她開始做這個練習時，有些神祕經驗，有助軟化她的個性。畢竟，她花了這麼多年建立起她想成為的這個「人」的門面，但結果悽慘。把它摧毀對薇若妮卡是一種樂趣。

她不喜歡想像死亡，但在我的要求繼續做。最後，她突破了，而且，這真的為她打開了一扇門。她長久以來一直把自己想得太重要，使她就像一輛裝甲車。她從來不想思考死亡或任何把她拉出軌道的事。想像自己死了，思索這一切是否值得，成為薇若妮卡強大的催化劑。這真的讓她重新思考她如何分配時間給工作、家庭，和她的親人。

薇若妮卡曾經喜歡畫畫，但在有了第二個孩子，生活變得手忙腳亂之後，她基本上已經放棄畫畫了。她已經八年沒有作畫，當她意識到這項失落，她崩潰地啜泣起來。那是她生命裡巨大的一部分，但其他的鳥事進來把它擠出去。我們明確地讓薇若妮卡在晚上和週末開始繪畫。她會去當地的自然保護區畫一些風景畫。有時候，她較小的孩子會和她一起來，這是一種很棒的連結與分享方式，因為她對此充滿熱情。

經過一段時間，她減少了工作時間，但表現卻越來越好。她很高興，而且也顯現出來了。更多的客戶來了，她簽下了幾筆大交易。公司很高興有這位同仁，因為在她身邊有很多好事。

她有更多的時間與孩子們相處，家庭更和睦，而畫畫確實昂揚了她的精神。她又開始閱讀，並參加了幾個關於居家與環境設計的課程。她退出了鄉村俱樂部，省下了一筆錢。

她現在正在做一個很酷的結合，用滿屋的綠意讓藝術遇見城市生活。人們喜歡她的作品，她在各地被報導。她旅行、做展示、演講，學習酷的東西，並帶回來啟發自己的工作。

她是否知道它要往哪裡去，或者這一切的意義是什麼？她不知道，但她很高興，而且享受整個旅程的過程。

◎接下來的步驟

現在，讓我們捲起袖子，開始行動。但願，在你閱讀本書時，已一邊嘗試了幾種練習法，並且已經釋放出一些能量。這本書的主旨是處理忙碌的都市生活中面臨的主要問題，並幫助你得到解脫。然而，困難點在於：單靠閱讀不會成功。你得跳進去，做這些修行。

下苦工

再說一次，「功夫」這個詞表面上的意思是「苦工」，或是「吃苦」。所，以當一位武術師父問我，我的功夫如何，他不一定是詢問我的回旋踢怎麼樣。它是生命本身的一個隱喻。前提是，你如何做一件事，就可以看出你怎麼做每件事。人生是一份苦工，當我們勤奮地投入熟練掌握自己選擇參與的事，我們便竭盡所能地把它做好。無論你是汽車修理工、稅務規畫師或運動員，這項選擇已得到你的認可，不論你是否努力掌握了技巧。這是一個參考架構，**一種態度**。一旦你採取這種態度，它會廣及到你做的其他每一件事。我們變得擅長很多事，因為我們保持清醒、警覺、專注當下。分散的注意力會瓦解我們，它使我們焦慮，浪費我們的能量。一個城市修道者會完全投入他所從事的工作，盡力而為。當這項任務結束，他繼續前進到下一個。累了，他完全地休息，睡得很沉。玩的時間到了，他恣意享受聚會。他打開了開關，充滿活力。

這麼說吧！不管怎樣，人生都是苦的。也許你位在人生的頂端，有覺知地活著，或者你讓情勢、弱點、情緒和不好的決定，把你從寶座上打倒。我想，我們都見識過，也經歷足夠的案例，知道人生可以令人沮喪到什麼程度。讓我們嘗試一個更好的方法。讓我們進入人生，做出必要的改變來提升能量，甩掉沉重的負載，並改變自己的舊習慣。

做計畫

大多數人看到自己所有的問題的沉重負荷，覺得不知所措。要立刻解決所有這些鳥事，是不可能的。你認為你可以，這個想法是瘋了，而且，它甚至讓數百萬人開始往正確的道路踏出第一步都不可得。它需要時間，而且，這不是我們的文化習慣處理的事。我們相信「藥到病除」，相信快速修復的心態，結果，猜猜怎樣？那是胡說八道。人生是功夫，讓事情回到正軌需要功夫。這麼做的人成功了。沒這麼做的人，嗯，看看你周圍。

要做出明顯的改變，在人生做出持久且正向改變的關鍵，是選擇幾項你的能量被困住之處，並先解決它們。隨著釋放的能量，你會擁有更多的資源和個人力量，從那裡繼續往前。幾回之後，你會獲得一個動力與一個追蹤紀錄，驅動進一步的成長與個人發展。

我為此建議的修行法稱為「功」。它意味的是，你已經決意付出一定分配的時間，專用於一組功夫。典型練功的時間長度是一百天。是的，這是一個恰當的時間，研究顯示，我們需要大約九十天才能真正改變一個習慣。連續做某件事一百天，能將它構建到你的生命，成為一種新的習慣，並作為一種模式阻斷(pattern interrupt)。我已經傳授這個理念多年，成千上萬的學生因為這個方法，從根本上改變了他們的人生。它很有用。

做「功」的時候要做什麼？這個嘛，由你決定。你需要評估你缺乏清晰度、活力和個人力量之處，並為自己擬出一套個人計畫。不是由我告訴你該怎麼辦；你是你的生命的所有人，你該做對你最好的事。翻閱這本書的每個章節，確定你需要幫助的地方。也許你的睡眠很糟糕，也許你有太多的壓力，也許是你的職業生涯搖搖欲墜。列出你認為自己最困擾的地方，然後選擇一、兩件你現在可以動手解決的問題。你可以從每個章節結尾的破解法中挑選，同時查看我在「參考資源」部分增加的其他建議。關鍵是，要確定你覺得自己哪裡最需要幫助，然後選擇你可以每天做的可行項目，幫助你往正確的方向移動。

有一個例子是關於不良的飲食習慣。你的「功」也許是持續一百天，每天早上攝取至少有二十公克蛋白質的實質早餐。如果你錯過一天，便重新開始計算。另一個例子是把你在本書裡學到的眾多靜坐冥想法中的一個，安插到你的日常作息中。一個典型的功，會包括每天一套氣功和十五分鐘的靜坐，持續一百天。這是讓你的氣開始流動，得到一些心靈純淨的好方法。你可以分層排列你認為你需要的，但要小心，不要好高騖遠。(與你自己)的約定，是去做你承諾要做的每一個項目，連續一百天不中斷。多年來，我有幾種類型的學生，只有一種學生類型是承諾過多，自己打臉，其他的則是太溫和，需要再下一個功往上提升。關鍵是平衡。看看接下來的一百天你要做什麼，並確認所承諾的是切合實際的。我很常旅行，所以要我每天游泳的功不可能達成。但伏地挺身是另一回事。我在每個地方都可以做。

加快速度和接通我們的個人力量，是成為城市修道者旅程的第一站。從那裡，我們上升成為我們社群的光明指標，並努力在我們的世界發揮影響力。一位城市修道者是平靜的、活在當下的、友善的、樂於助人的、豐富的，而且充滿生命。她自在地奉獻自己，因為她花時間從無限之泉啜飲。

看看你最需要幫助的地方，並立刻展開你的個人修行。培養好習慣需要練習和紀律。如果你在家沒有養成一種修行，要在雜貨店排隊時冥想是行不通的。你需要知道如何入定，因為當你站著在那裡生氣時，要做冥想這件事會更加困難。

作為城市修道者，我們需要重塑我們的生活、提高效率，納入新的習慣和迷你的練習，幫助解鎖我們的能量、降低壓力，並擺脫自己的方式。人生會變得更美好。我們會隨著時間進步，當我們更有適應力，更有彈性，事情會變得更容易。我很榮幸你花了寶貴的時間閱讀這本書，希望它喚醒你身上某些東西，但這只是開始。你現在需要在自己身上與你的人生中下功夫。沒有人能替你做這一部分的工作。

讓它驅使你超脫，在你自己的身體裡，以及在你自己的家找到安定。帶著你的安定，把它傳播到全世界。我們不再需要善良的人逃離社會，逃往山上。我們需要你在這裡，我們需要你在場。我們的孩子的孩子需要我們。我們的地球需要它。我們周圍的生命需要我們回到這個方程式對的那一邊。

這要從我們當中的每一個人開始，現在就開始。

我恭敬地向你身體裡的城市修道者行禮。

我們動身吧。

◎參考資源

第一章

「抖落」的影片

觀看這個影片很重要，請前往以下網址：

theurbanmonk.com/resources/ch1

強化免疫系統與活力

有很多很棒的草藥和滋補劑，有助於強化免疫系統，消減壓力。這裡是我喜歡的幾種：

- 靈芝蘑菇：有助於調節免疫力，為調理素。
- 西伯利亞人參：有助於提高元氣，適應壓力。
- 亞洲人參：溫性，比西伯利亞品種更滋養。
- 美國人參：比其他人參更寒性和鎮靜效果，但還是準備一包來提高免疫力。
- 黃耆：有助提升氣和延長端粒[28]，幫助長壽。

28 端粒：是染色體末端的DNA重複序列，其功能為保持染色體的完整性和控制細胞分裂週期。

上述草藥和滋補品可以和本書第三章與第六章提到的「城市修道者湯食譜」一起烹調。在第六章的延伸資源中，我又納入了一些。

採購傳統中藥配方的地方

中藥配方是神奇的藥，但你會想要確保你是從一個信譽良好的地方得到他們。很多在亞洲種植的東西是不受管制的，並含有討厭的化學物質和重金屬。因為這是一個不斷變化的情況，我列出了一個我喜歡的地方列表，並會經常更新，加入新的公司，或者原本的公司評價變差，需要除名。請在這裡查看：

theurbanmonk.com/resources/ch1

太極練習

這裡有一些太極氣功影片：

theurbanmonk.com/resources/ch1/taichi

咖啡因替代品

- 檸檬水：通常只要一杯熱水與一片檸檬片，就能完成在杯子裡注入喜悅的儀式，而且有助身體排毒。
- 碳酸水：這是一個很好的飲料，可以整天啜飲。
- 熱蘋果酒：美味且不含咖啡因，這有助於滿足味蕾，給我們一些點心。
- 胡椒薄荷茶：它有助於移動肝氣，刺激我們的能量自然流動，而不會有攝取咖啡因那種抽動的感覺。

心率變異分析（HRV）

這項分析已經有一段時間了，有些專業人士很相信它。心臟數學研究所（The Heart Math Institute）正在做大量的研究，許多組織已經接受HRV是壓力和恢復力的指標。你可以在這裡找到更多資訊：

heartmath.com/

第二章

四計數呼吸靜坐音樂

我為本章所傳授的內容製作了一個額外的靜坐音樂。這首音樂是在一個有多位傑出工程師的專業錄音室錄製。好好享受吧！

theurbanmonk.com/resources/ch2

時間膨脹的氣功練習短片

這是另一個你可能想看的練習法。影片中是由我示範，如此你便可以得知大概的速度、節奏和姿態。

theurbanmonk.com/resources/ch2

蠟燭靜坐影片示範

同樣地，很多這些練習幾千年來都是直接傳授的。這裡是我示範這種練習的短片。我需要你把它做得很熟練，如此一來，你的修行才會有進展。

theurbanmonk.com/resources/ch2

日曆與生產力應用程式

每天都有新的這類應用程式，所以我建立了一個頁面，列出我喜歡的時間管理和生產力應用程式最新列表。隨著可穿戴設備和量化的自我運動蓬勃發展，留意這裡有什麼新的東西很重要。

在這裡查看這些資源：

theurbanmonk.com/resources/ch2

腦波靜坐音樂

在這個領域表現傑出的兩家公司都歷史悠久。相較之下，有很多年輕新貴無法經受時間的考驗，也有很多虛張聲勢的冒牌者。這裡是我喜歡的兩家公司：

- 門羅學院（The Monroe Institute）：他們差不多是開啟這個風潮的人，多年來迭有佳作。他們有過沉浸經驗，背後有大量的強大數據，這些傢伙非常厲害。monroeinstitute.org/
- 中心研究（Centerpointe Research）：這家公司也已經成立多年了。我親自使用這些東西，也推薦給病人。它效果很好，而且真的可以緩和壓力，重建恢復力。centerpointe.com/

以下是我為你建立的一些曲目：

theurbanmonk.com/resources/ch2/braintracks

第三章

黴菌資源

bulletproofexec.com/moldy-movie-toxic-mold-exposure-documentary/

城市修道者氣功練習（第一級和第二級）

這些是很有力量的練習，能活化你的氣、提升你的精、激化你的神……沒有開玩笑。雖然有一個條件：

你必須做這些練習！我就是為了我的讀者（你！）製作了這些影片，並希望你好好利用它們。早上做第一級，晚上做第二級，以獲得最佳效果。這將平衡陰陽，並幫助你設定晝夜韻律的基調。

影片連結：theurbanmonk.com/resources/ch3

滋補草藥

補品已幫助數百萬人找回他們的魔力，當然也可以幫助你。在第三章，我列出了我喜歡的補品草藥。你可以在這裡找到我推薦的優良補品公司名單：

theurbanmonk.com/resources/ch3

有關湯的食譜，請參閱第六章第三四一頁的條目。

排毒指南

Well.org建立了一個全面的排毒指南，我想與你分享。在一股腦跳進一個清理或排毒程序之前，有很多事情需要考慮，而本指南可以陪伴你走過這一段。

theurbanmonk.com/resources/ch3

功能性健身（Functional Fitness）

- 蒂姆．布朗博士（Dr. Tim Brown）：多年來一直與精英運動員合作，真正走在運動醫學的尖端。這是他的網站：intelliskin.net/
- 艾瑞克．古德曼博士（Dr. Eric Goodman）：他的「基礎訓練」（Foundation Training）課程很棒。可以在這裡查看：Foundationtraining.com/

- 布拉格的帕菲爾‧寇勒（Pavel Kolar）：也做了一些很棒的事。你得在這裡看看：rehabps.com/REHABILITATION/Home.html

腎上腺重設：亞蘭‧克里斯提安森博士（Dr. Alan Christianson）

亞蘭‧克里斯提安森博士完成了一些神奇的成就，他是英雄。他是一位傑出的自然醫學博士，擅長毒性和腎上腺問題。你可以造訪他的網站：drchristianson.com/

至於其他合格的醫生，請查看功能醫學研究所的網站：functionalmedicine.org

第四章

咖啡互換品

在第一章的延伸資源中，我分享了一些咖啡因替代品，在此，我想推薦一些咖啡互換品。

如果你打算喝咖啡，我建議Bulletproof：bulletproofexec.com

這東西很棒又乾淨，而Dave Asprey是一個風流倜儻的人。大部分人與咖啡相安無事，但這一部分給那些睡不著的人，需要咖啡因減量。如果你需要休息，這裡有一些咖啡替代品：

綠茶：它具有咖啡因與L-茶氨酸很好的平衡，能幫助你保持平靜與興奮。

瑪黛茶：自然的刺激性，這東西提供一點興奮感，讓工作順利完成。

南非茶：這種非洲紅茶營養豐富、美味，輕度刺激。

電磁場資源

網路上有一大堆關於這個主題的資源，但對電磁場產品而言，那還是蠻荒西部，所以我不會放進任何連結，因為科學界仍未有定論，而且市面上販賣各種令人質疑的產品。造訪我的資源頁面，可獲取有關此主題的最新訊息：theurbanmonk.com/resources/ch4

電磁場是我們的文化中，必須處理的一個問題，但是現在有很愛製造恐慌的公司，販賣他們宣稱為「量子」的產品，卻沒有真正的科學佐證。我會請我的團隊做功課，並放上最合理的相關文章和資源。

牆面屏蔽

lessemf.com/wiring.html/emfsafetystore.com（頁面已被重新導向：http://www.lessemf.com/）

鎮靜睡眠冥想

這一個連結是我用雙腦同步共振（Holosync）技術當背景建立的音樂，目的是幫助你的睡眠：

theurbanmonk.com/resources/ch4

戴上耳機，讓音樂輕輕地引導你到更深、更放鬆的大腦狀態。

法拉第籠（Faraday Cages）

法拉第籠能阻擋靜電和慢磁場，在裡面產生無電磁波的區域。它是以發明人邁可・法拉第（Michael Faraday）命名，被用於科學實驗。法拉第於一八三六年發明了這種理想的空心籠子，最近被想辦法避免暴露於電磁波的人拿來使用。我曾睡在一個已經「法拉第處理過」（Faradayed out）的絕緣房間，並且有了一個多年來睡眠品質最好的夜晚之一。值得一看。

這裡有一個關於如何構建自己的法拉第籠的部落格：

thesurvivalistblog.net/build-your-own-faraday-cage-heres-how/。

第五章

匍匐爬行與四肢爬行

我們正學到，當我們從嬰兒成長到幼兒，會通過某些發展曲線。在現代，在當父母把孩子放進氣墊遊戲器材和其他道具，防止他們到處漫遊時，有些發展階段就被跳過了。我們現在看到一些發展障礙出現在孩子（和成人）身上，他們跳過匍匐爬行，直接四肢爬行，或者直接太快從四肢爬行進展到走路。有一些大型的機構正在處理這種問題，並發現明顯的學習障礙、平衡感問題和行為問題。父母也看到了當他們回到「3D」世界的好處，並且必須再次從地面使用自己的身體。這裡有一個很好的資源：

rehabps.com/REHABILITATION/Home.html

你也可以在下面的資源頁面，找到一些我喜歡的額外設施：

theurbanmonk.com/resources/ch5

功夫蹲馬步

中國功夫的主要姿勢稱為「蹲馬步」，是許多練習的基礎。這是一個可以常做的姿勢，因為它能加強腿和臀部、改善平衡，將壓力離開下背部，並有助於為身體產生更多的能量。

要蹲好馬步，從你的兩腳一起開始，然後你的腳跟盡量打開，之後以你的腳拇趾掌丘同樣做一次。以腳跟為基礎再做一次，最後把你的腳拇趾掌丘帶到一半，讓腳趾向前。這是這個姿勢適當的寬度。現在，停下來，身體往下沉。你的重量應該平衡在兩腳與兩腳跟的中心點，骨盆也應該不偏不倚。這意味著你的屁股沒有向後突出，也沒有往內縮。沉住與定住，一面呼吸到下丹田。這裡是蹲馬步的圖片：

更多資訊，請查看：

theurbanmonk.com/resources/ch5

坐姿對健康產生的後果

——2003-2004年美國久坐行為所花費的時間。《美國流行病學雜誌》(*American Journal of Epidemiology*)，第167卷第4期，2008年。網址：http：//aje.oxfordjournals.org/content/167/7/875.full.pdf+html

——美國成人休息時間坐著與潛在死亡率的關係，《美國流行病學雜誌》，第172卷第4期，2010年。網址：http://aje.oxfordjournals.org/ content / 172/4 / 419.full.pdf + html ？sid = 89f676d6-cad1-4552-9a16-efb73ae68137

——彭寧頓生物醫學研究中心(Pennington Biomedical Research Center，引自「坐著會致命嗎？」《紐約時報》，2011年4月14日。)網址：http://www.nytimes.com/2011/04/17/magazine/mag-17sittingt.html

——姿勢分布的個體差異：在人類肥胖中可能扮演的角色，《科學雜誌》，第307卷，第5709期，2005年1月。網址：www.sciencemag.org/content/307/5709/584.abstract ？sid = b27f80a3-1e62-4759-b104-b5171391c8f7

——站著與坐著燃燒的卡路里，李文斯壯基金會（Livestrong Foundation），2011年8月。網址：ww.livestrong.com/article/73916-calories-burned-standing-vs.-sitting/

——運動生理學與非活動生理學：了解脂蛋白脂肪酶調控的一個基本概念，《活動與運動科學期刊》（*Exercise and Sports Science Reviews*），第32卷，第4期，2004年10月。網址：http://journals.lww.com/acsm-essr/Abstract/2004/10000/Exercise_Physiology_versus_Inactivity_Physiology_.7.aspx

功夫桌式姿勢（Desk Kung Fu Stances）

一旦你學會蹲馬步，就可以開始練習一系列的其他姿勢，鍛鍊不同的腿部肌肉、建構氣、帶來更大的穩定性。我把一個基本的完整動作整理在一起，這是我在許多合作的公司教授的。在每次休息時間，做每個動作五分鐘，只要呼吸到你的下丹田。這是幾個教你怎麼開始的動作，你也可以造訪我在這裡建立的影片：

theurbanmonk.com/resources/ch5

桌式練習Desk Exercises

Well.org為我們的企業客戶建立了一種很好的小型迴路練習。它有助於保持一天的順暢和樂趣，令人心情激昂。這是其中一個影片連結：

theurbanmonk.com/resources/ch5

接地墊

柯林特・歐伯（Clint Ober）和史提芬・辛納屈博士（Dr. Stephen Sinatra）發明了一種墊子，可以接到電源插座的接地線，把你的電子接通到地面。你可以把它放在桌子下，床下，或任何你經常活動的地方。更多資訊請看這裡：

earthing.com/

環境設計

建構你的環境，讓它最符合你活動的需求是非常重要的。這個環境要讓你必須站起來走動。坐在地上，周圍放些能使你變得更好的有用的器具。讓自己被優質的食物，也就是高營養、低熱量的食物包圍。冰箱裡只有優質的食物。使用自然光，呼吸新鮮空氣。城市修道者檢視他每一個面向的環境，並採取行動優化它們。你如何讓你的車更友善？你能做什麼，以避免搭機時姿勢肌不會垮下？每一個角落都要檢查。花時間思考你去的所有地方，以及你這個星期花費的時間，看看你可以如何改善你的生活，獲得更好的心情、表現、姿勢和敏捷度。

半圓平衡球閉眼運動

這可能很難想像，所以我為你放了一個示範影片在這裡：

theurbanmonk.com/resources/ch5

第六章

健康德國泡菜食譜

1顆甘藍，去核心，切碎至相當均勻的質地。

1顆洋蔥，切碎（這是一種很好的菊糖形式的益生源）。

新鮮蒔蘿（依口味），切碎。

1大湯匙藏茴香籽。

2大湯匙無碘鹽。

在一個大碗裡，放入甘藍和洋蔥。加入蒔蘿、藏茴香籽和鹽，攪拌結合。緊密壓實進一個大的梅森罐（或同類型罐子，把全部都塞進去），確認任何空氣氣泡都被擠出來。在每個瓶子的頂部留下一到一吋半的空間（一顆甘藍夠放進一個大梅森罐。）

讓瓶子微開一個星期，以便發酵，然後密封。

你可以在一個星期內吃這些德國泡菜，但它放愈久，味道更好。三個星期是理想的時間。

這裡是我和珊莫爾・波克（Summer Bock）[29]一起做德國泡菜的影片：

www.theurbanmonk.com/resources/ch6

湯

城市修道者用湯來恢復元氣，滋補身體。在過去，我們會在陶鍋裡熬藥材湯，但是今天，我們有慢燉鍋，實在太棒了。在下面的食譜中，只要把材料一起放進一個慢燉鍋，讓它熬煮至少六小時。如果添加大骨，最少熬煮二十四小時，並加一點醋幫忙分解。

至於草藥，這裡是乾淨的烹飪與藥草供應商名單：

theurbanmonk.com/resources/ch6

道家補品湯食譜

將你選的乾豆放在一個碗裡，用水浸泡一晚。第二天，瀝出豆類，放在一邊。

選擇草飼牛肉（後腿肉）或羊腿，加到慢燉鍋裡。肉有溫性的特質，能提高你的陽氣，所以可適需要添加。如果你不需要「補」，可以把整隻雞切成大塊，留下骨頭，並放在慢燉鍋裡。如果你是素食者，只需添加更多的豆子。

選擇新鮮的多種季節性蔬菜（如芹菜、花椰菜、甜椒、胡蘿蔔和豌豆），並切成均勻塊狀。地瓜很適合添加味道。把蔬菜和預先浸泡的豆類放進慢燉鍋，攪拌混合。

接下來，加入以下草藥攪拌：

6顆紅棗（幫助造血）。

6公克黃耆（這些不可食用，但會增強湯的養份，幫助你提升氣。你可以把它們留在湯裡，但不要吃。）

6公克人參（這也是一種強力的補劑。如果你煮得夠久，這些可以吃。）

最後，我喜歡添加一杯糯米，讓它更像粥。

以高溫烹飪六小時。讓它稍微冷卻，趁熱吃。

道家補品

這道湯使用帶骨羊腿，並且加上你選的季節性蔬菜。把它們和以下藥材一起加進慢燉鍋：

6公克何首烏（這是一個強健元氣的強大的滋補品）。

3公克陳皮（這是曬乾的橘皮，有助於讓氣流動）。

少量的枸杞（喜馬拉雅果）。

如果你需要更多的陽能，你還可以加3～6公克的杜仲促進活力。

燉煮八個小時（如果你放進大骨，要煮更久），並趁熱喝。

---

29 珊莫爾・波克：美國一位做發酵食品的專家。

家庭園藝指南

Well.org為初學者製作了一個極佳的家庭園藝指南。可在這裡查看：

well.org/homegardening

正確禁食

Well.org還有一個很棒的禁食指南，可以幫助你決定哪一種類型的禁食對你最好。在這裡查看：

well.org/fasting

單元不飽合脂肪酸

並不是所有的脂肪都是不健康的。單元不飽和脂肪酸（MUFA）是一種健康類的脂肪。用不飽和脂肪，例如單元不飽和脂肪酸和多元飽和脂肪取代較不健康的脂肪，如飽和脂肪和反式脂肪，是一個很好的方式。

藉由攝取這種脂肪改善你的風險因子，可能有助於降低心臟病的風險。MUFA可能會降低你的總膽固醇與低密度脂蛋白（LDL），但保持你的高密度脂蛋白（HDL）。

以下是富含MUFA的食品列表：

橄欖油

堅果，如杏仁、腰果、山核桃和夏威夷豆

芥花籽油

酪梨

堅果油

橄欖

花生油

消化酶

不同的酶會分解不同類型的食物。你可能有一個特定問題的缺陷，也許你整個系統現在正面臨挑戰。你可以試驗最困擾你的那種食物所對應的酶。這裡是一個不同類型酶的列表，以及它們分解的東西：

- 蛋白酶和肽酶會將蛋白質分解成小肽和氨基酸。
- 脂肪酶會將脂肪分解成三分子脂肪酸和甘油分子。
- 澱粉酶會將碳水化合物如澱粉和糖分解成簡單的糖，如葡萄糖。
- 你可以吞一顆含有三種主要類型的營養保健食品，或者分開攝取，看看它們如何對應不同的食物。更認識你的身體，會產生一些偉大的智慧。

第七章

安靜步行的影片

這是一個有點不尋常，所以讓我告訴你它看起來像怎樣：

theurbanmonk.com/resources/ch7/naturewalk（page not found）

原始技能課程

學習如何用我們最原始的技能在野外求生，能增強我們的能力，而且也是很美妙的事。克里夫．哈吉斯

（Cliff Hodges）就是這樣的人。他已經從事這項工作很長一段時間，不像某些這一行的人是邪教怪人。這裡是他的學校的連結：

Adventureout.com/

戶外探險學校

多年來已經有幾個學校是帶孩子去野外的。身為父母，你會希望你的孩子有這種經驗，以下兩個團體都有良好的紀錄。

全國戶外領導學校（The National Outdoor Leadership School）：nols.edu/

往外定向（Outward Bound）：outgoingbound.org/

這裡是一個尋找其他學校很好的指引：outdoored.com/。

第八章

以心為中心的冥想

再一次，讓我們告訴你這是什麼樣子：

theurbanmonk.com/resources/ch8

五種動物影片

這是不常見的，所以你需要看它。這裡有一個影片，陪你看每一種，以及如何「玩」這些動物：

theurbanmonk.com/resources/ch8

卡爾．托頓（Carl Totton）教授

我主要的老師。他是一個天才和活寶箱。

taoistinstitute.com

走出舒適圈

有一些很棒的方法讓你走出蝸居世界，交一些朋友並面對一些恐懼。我喜歡公開演講和表演即興喜劇。國際演講協會（Toastmasters）已經投入這方面很多年了，所屬的俱樂部遍布各地。他們透過給予大量練習，幫助正常人面對公開演講的恐懼。這會改變人生。

這裡有他們的連結：toastmasters.org/。

關於即興表演，你必須搜尋當地的學校。我住在洛杉磯有優勢，這裡有一堆這類的東西。但部分的城鎮有喜劇俱樂部，這是一個起步的好地方。找看看他們是否提供正式訓練，或者這方面訊息。你也許可以參加一個在地的團體，並在裡面表演。這會很有趣，並幫助你不要太把自己想成太重要。

第九章

債務諮詢

陷入債務一點都不好笑，太多的人受制於這種負擔。你需要一個計畫逃離它，而且永遠不要陷在那種負擔下。這需要一些紀律，但非常值得。這裡有一個資源，讓你踏出第一步：

nfcc.org/

媒體學院

Well.org 一直在幫助小型企業加快，以及執行線上業務與媒體戰略，成效卓著。大多數企業家和小企業知道他們需要上網和曝光，但對於從哪裡開始、要做什麼很迷惘。Well.org建立了一套全面的課程，專門幫助有這些困難的人。來看一看：

media.well.org/

B型企業

這些是前瞻的方式。立意美善的公司正朝這個方向移動，而且如火如荼進行著。如果你在產業界工作，我強烈建議你們考慮成為一個共益企業，並通過認證過程。

bcorporation.net/

Game Changers 500

這家公司是由我的朋友安德魯．休伊特（Andrew Hewitt）創立，它正在改變遊戲規則。基本上，什麼是有點名堂、做出一點改變的五百大公司？我們如何重塑一個公司的價值，我們使用什麼標準？這是與《財星》500大，這個完全以利潤角度，無視於永續性的評比，有很大的對比反差。

來看看這個很棒的資源：

Gamechangers500.com/

永續基金

現在已經有自覺資本投入一些偉大的行動，我一直在關心它的動態。我們已經建立了一個最新的資源，列出永續基金訊息，並且以行動支持。這張表將持續更新，請造訪這裡：

theurbanmonk.com/resources/ch9

讓我們用我們的錢投票，真正推動我們想要在這個世界上看到的改變。

第十章

道家丹田冥想影片

讓我告訴你，當我做這個練習時，看起來如何：

theurbanmonk.com/resources/ch10

第三眼冥想

同樣地，讓我們確認你的兩隻手這時放在正確的位置。這個影片將引導你完成這項練習：

theurbanmonk.com/resources/ch10

野外公司

REI是一間很棒的公司，他們可以協助你得到裝備，順利出門。你會需要一口爐子、取決於你在哪裡的蔽護處，也許你還需要一只水過濾器和其他裝備。它不必然要花一大筆錢。你可以租某些裝備，然後慢慢增加你的器材。隨時準備一個週末包，然後從那裡愈走愈遠。你可以找到公告板上張貼的有組織的健行團，可以在那裡遇見各式各樣有趣的人。

請參閱：rei.com/。

他們是一個合作社，是許多種永續企業可以回饋的一個很好的例子。
出門去，祝你玩得開心！

◎致謝

首先，我想感謝我親愛的妻子。她忍受了多年來，我一直在製作電影和旅行全世界。她一直是我生命中的磐石，一直帶著愛陪伴我、鼓勵與支持我。

我的孩子是我生命的光，我為他們和他們的孩子做這些事。

我的父母努力工作，篳路藍縷展開新生活，給我們所有的機會，讓我們能走到今天這個地方……謝謝你們。

還要謝：

我的姐姐，她是我做這一切的好伙伴，全程都相信我。

我的家人，表親、阿姨、叔叔、祖父母、連襟以及大家族。他們使我成為我，並且用愛抓住了我。

我的朋友，他們一直相信我，並加入我生命中許多瘋狂的冒險。我愛你們全部。

特別感謝卡爾·托頓博士，他一路支持我的訓練與教育；也特別感謝我那令人讚嘆的Well.org團隊，他們工作如此努力，讓世界變成更美好的地方。

人生顧問 0274
城市修道者

作　者—佩德蘭．修賈
譯　者—游淑峰
主　編—李筱婷
執行企劃—曾睦涵
美術設計—張　巖
董事長
總經理—趙政岷
出版者—時報文化出版企業股份有限公司
10803台北市和平西路三段二四〇號三樓
發行專線—（〇二）二三〇六六八四二
讀者服務專線—〇八〇〇二三一七〇五
（〇二）二三〇四七一〇三
讀者服務傳真—（〇二）二三〇四六八五八
郵撥—一九三四四七二四時報文化出版公司
信箱—臺北郵政七九～九九信箱
時報悅讀網—http://www.readingtimes.com.tw
電子郵箱—books@readingtimes.com.tw
法律顧問—理律法律事務所　陳長文律師、李念祖律師
印　刷—勁達印刷有限公司
初版一刷—二〇一七年九月十五日
定價—新台幣四二〇元

時報文化出版公司成立於一九七五年，
並於一九九九年股票上櫃公開發行，於二〇〇八年脫離中時集團非屬旺中，
以「尊重智慧與創意的文化事業」為信念。

行政院新聞局局版北市業字第八〇號

國家圖書館出版品預行編目資料

城市修道者 / 佩德蘭．修賈 (Pedram Shojai) 著；游淑峰譯. --
初版. -- 臺北市：時報文化, 2017.09
面；　公分. -- (人生顧問；274)
譯自：The urban monk : Eastern wisdom and modern hacks to stop time and find success, happiness, and peace

ISBN 978-957-13-7122-1(平裝)

1.成功法　2.自我實現　3.靈修

177.2　　　106015225

ISBN 978-957-13-7122-1
Printed in Taiwan